中公新書　2453

カレン・アームストロング著
小林朋則訳

イスラームの歴史

1400年の軌跡

中央公論新社刊

監修者のことば

名古屋商科大学　池田美佐子

現在、世界のムスリム（イスラーム教徒）人口は一六億人とも一七億人ともいわれる。世界で五人に一人以上がムスリムということになる。キリスト教徒に次いで第二位の数であるが、ムスリムの急速な人口増加率を考慮すると、やがてキリスト教徒を抜き世界最大になると予測されている。

そのムスリムの半数以上は、日本に近い東南アジアや南アジアなどに住んでいる。たとえば、インドネシアでは二億人以上のムスリムがおり、バングラディシュ、パキスタン、インドを合わせた南アジアのムスリムは五億人近くにのぼる。

グローバル化が進むなかで、近年日本でもムスリムを見かけるようになった。観光地ではヘジャーブを被《かぶ》った東南アジアからの観光客に出会うこともあるし、大学ではムスリム留学生の数も増えている。一部の学生食堂や一般レストランでは、豚やアルコールを摂取しないムスリムに配慮し、「ハラール」メニューを提供している。また、巨大なムスリム市場を意識した日本企業がハラール業界やファッション業界へ参入する動きも、わずかながら始まっている。

とは言え、日本人が直接ムスリムと接する機会はまだまだ少ない。また、イスラーム地域との歴史的な繋《つな》がりも浅く、とくに中東に関しては一九七〇年代のオイルショック以降、原油供給地として認識されるようになったにすぎない。そのため、「イスラームのイメージは？」と聞かれると、ほとんどの人は、「過激」「紛争やテロ」「こわい」「戒律が厳しい」など、ネガティブな答えをする。

ムスリムとの接点がない日本人のイメージは、テレビ、新聞、インターネットなどメディアによって作られる。メディアが伝える「イスラーム」は政治や紛争に関連したものがほとんどで、とくに最近ではＩＳ（イスラミック・ステート）やヨーロッパ各地のテロ事件など、暴力や残忍さを印象づけるものが多い。そのため、直面する政治状況や紛争についてムスリムはどう思っているのか、さらには、ムスリムは日々どのようなことに喜怒哀楽を感じ、どのような生活をしているのか、メディアはまず教えてくれない。このように、日本人の多くが持つイスラーム認識は、イスラームの全体像のわずか一部を切り取った情報に依拠している。

欧米においても、イスラームに対してネガティブな見解を持つ人々は多い。しかし、事情は日本と若干異なる。まずは、歴史的な問題である。キリスト教文化が支配する欧米では、中世の十字軍の遠征以来、イスラームを敵視する伝統が基盤にある。

イスラーム敵視の背後には移民事情もある。二〇一五年だけでも一〇〇万人以上の移民や難民がヨーロッパに流入したが、ムスリムのヨーロッパへの移民はずっと以前から始まっている。現在、フランス、イギリス、ドイツでは、住民の約五から八パーセントがムスリムといわれ、移民の国アメリカでもムスリム人口は増えている。もちろん、これらムスリムのほとんどは暴力とは全く無縁であることは言うまでもなく、欧米にも国内のムスリムとの共存を訴える人々は数多くいる。しかし、二〇〇一年の九月一一日にアメリカで起きた同時多発テロ事件は、欧米の人々のイスラームに対する警戒心を一気に高めた。反イスラーム感情が増大し、さらに二〇〇四年のマドリードでの列車爆破事件にはじまる一連のテロは、イスラーム敵視に拍車をかけた。

とりわけ、9・11事件がアメリカ人に与えた衝撃は測りしれなかった。冷戦の終結とソ連の崩壊によって、自由と民主主義に基づく世界をアメリカが主導すると思われた矢先に起きた事件であった。アメリカの財力と軍事力を象徴する「世界貿易センター」と「ペンタゴン」が想像を絶する方法で攻撃されたのであった。

事件後、アメリカでは反イスラーム感情が噴出した。しかし一方で、この事件は一体何だったのか、イスラームはアル・カーイダに象徴されるような暴力的な宗教なのか、その答えを真摯に求めた人々も少なからずいた。彼らは手がかりを求め、行き着いた答えの一つが、本書、カレン・アームストロングの『イスラームの歴史』であった。この本は事件後、何週間にもわたってニューヨークタイムズ紙のベストセラーのリストにあげられた。著書が広く読まれただけでない。アメリカの連邦議会、国務省、国連など数多くの機関がイスラームについて彼女のアドバイスを求めた。

なぜ、人々はアームストロングに答えを求めたのであろうか。彼女は専門分野に特化したアカデミックな学者ではないし、大学でイスラームを専攻したわけでもない。しかし、並々ならぬ努力と知性を持って独学で勉強し、膨大なイスラームについての知識を身につけた。そして何より、イスラームから偏見やステレオタイプを取り除き、公正な社会の実現を希求する本来のイスラームの姿を、人々の心に響くように伝えることを自らに課した。そうすることで、ムスリムと非ムスリムの間に横たわる心理的な深い溝を埋めることを願った。多くの人々が彼女に引きつけられた理由は、ここにあるのではないだろうか。

まえがき

どの宗教であれ、その外面史は信仰のあるべき姿とかけ離れているように思えることが多い。そもそも霊的探究は内面を探る旅であり、魂の遍歴であって権力をめぐる政治ドラマではない。集中すべきは典礼・教義・瞑想《めいそう》による修練・心の探索であって、目先の利害の衝突に心を奪われるべきではない。もちろん宗教にも、魂と無関係の生活はある。宗教指導者たちは、国家に対抗して世俗の問題に対処しなくてはならないこともあり、中には、そうしたことに嬉々《きき》として携わる者も多い。信仰の異なる者がいれば、絶対的真理の独占状態が脅かされると思って、これと戦い、同じ宗教を信じる相手でも、従来の説に異なる解釈、つまり異端の説を唱えるのであれば、これを迫害する。また、キリスト教の司祭であれユダヤ教のラビ（聖職者）であれ、イスラームのイマーム（指導者）であれシャーマンであれ、宗教指導者が普通の政治家とまったく同じように俗世の野望の虜《とりこ》になることも非常に多い。

しかし、こうしたことは普通いずれも神聖な理想を汚す冒瀆《ぼうとく》行為と見なされる。この種の権力闘争は宗教が本来携わるべきものではなく、霊的生活から逸脱した無価値なものであって、宗教人なら俗塵《ぞくじん》を離れた所で目立たぬよう人知れず静かに暮らすのが当然とされている。実際、多くの宗教では修道僧や神秘主義者が俗世を離れて隠遁《いんとん》生活を送るが、それは、歴史に現れる騒ぎや争いは真に宗教的な生活とは相いれないと考えているからだ。

ヒンドゥー教では、歴史は刹那ごとに移ろいゆくもので実体がなく、重要ではないとされる。古代ギリシアの哲学者たちは、流れゆく外的事象の根底にある永遠の法則に関心を向け、現実の事象が真剣な思想家の本格的な興味の対象となることはありえなかった。キリスト教の福音書では、イエスがたびたび弟子たちに、私の言う天の国はこの世のものではなく、信じる者の中にのみ存在すると、わざわざ明言している。天の国は派手な政治的ファンファーレとともに到来するのではなく、からし種が育つように人知れず静かに大きくなるという。近代西洋では、宗教を政治と分離することが重視されてきた。これを政教分離または世俗化と言い、もともとはフランスの啓蒙《けいもう》思想家たちが、宗教を国政運営の腐敗から救い出して本来のあるべき姿に近づけるための手段と見ていたものだった。

一方で宗教者は、その思いがどれほど真摯なものであっても、神や聖なるものを、この現世で探し求めなくてはならない。また、自分たちには理想を実現させて社会を変える義務があると感じている場合も多い。隠遁生活を送る者であっても、生きている時代から逃れることはできず、修道院の外で何が起きているのかよく分からなくとも、そうした外界の出来事から否応なく影響を受ける。戦争、疫病、飢饉《ききん》、景気後退、内政事情など、その国の数々の事件が修道院での生活に入り込み、修道士たちの宗教的な物の見方を変えることもあるだろう。

実際、歴史上さまざまな悲劇が起こると、しばしば人は、それがなぜ自分の身に起きたのか理解できず、生きる気力を奪われ、一連の出来事に究極の意味を見いだそうとして霊的探究に向かうことが多い。それゆえ、歴史と宗教の間には共生関係が存在する。私たちは、仏陀《ぶっだ》が説いたように、人生は苦であるとの認識に至ると、それに突き動かされて、絶望に陥らないようにしてくれる別の道を探し求めるのである。

そうした宗教的な生活が抱える最大のパラドックスは、それが日常生活を越えた次元の存在すなわち超越者を求めるものでありながら、私たちは人間である以上、この超越的な実在を現世の物質的な現象を通じてしか経験できないということだろう。人々は、岩に神を感じ、山に神を感じ、寺院にも、法典にも、書かれた文書にも、自分以外の人間にさえも、神を感じる。しかし、超越者を直接体験することは絶対にできず、法悦は常に「地に足をつけたまま」下界の物や人を通して体験される。宗教者たちは、修練によって、見せ掛けにすぎない表面の裏側に目を向け、その内側にある聖なるものを見いだそうとする。そのためには、創造的な想像力を使わなくてはならない。

かつてフランスの哲学者ジャン＝ポール・サルトルは、想像力とは存在しないものを考える能力だと定義した。人間は、想像力を持っているがゆえに宗教的な生き物であり、生まれながらにして、隠された意味を探し求め、生きているという確かな実感を抱かせてくれる法悦体験を求めてやまない存在なのだ。だからどの宗教も、信心深い者たちに対して、その宗教特有の世俗的象徴に意識を集中し、そこに独力で神を見いだすようにと説いている。

イスラームでは、ムスリムは歴史の中に神を見いだそうとしてきた。その聖典クルアーン（コーラン）は、ムスリムに歴史的な使命を与えている。その第一の責務は、公正な共同体を建設し、社会を構成する人々が、最も弱く虐げられやすい者も含め、みな無条件で大切にされるようにすることだった。そのような社会を作り、そこで生きることは、神の意思に沿う生き方であり、ゆえに神の暗示が与えられると考えられた。ムスリムは歴史をよりよいものにしていかなくてはならず、そのため国家の政治は霊的生活からの逸脱ではなく、宗教の本質そのものであった。ムスリム共同体の政治的安定は、きわめて重要な問題だったのである。これを欠点だらけで悲劇の多い現実の歴史の中で実現するのは、宗教的な理想の例に漏れず、不可能と言っていいほど困難だったが、ムスリムたちは失敗しても、そのたびに立ち上がって再び挑戦しなくてはならなかった。

ムスリムたちは、独自の儀式や神秘主義、哲学、教義、聖典、法律、宗教建築などを発展させたが、その点は他の宗教と変わるところはない。しかし、こうした宗教上の事業は、どれもムスリムたちがイスラーム社会で次々と起きた政治的事件を何度も苦悩しながら観察し熟考した結果から直接生まれたものだ。もし国の制度がクルアーンに示された理想から外れていたり、政治指導者が無慈悲で税の取り立てが過酷だったり、イスラームを信じていないのが明白な敵から自分たちの共同体が屈辱を受けたりした場合、ムスリムは人生が持つ究極の目標や価値に対する自分の信仰が危険にさらされていると感じた。そのときは、あらゆる努力を払ってイスラームの歴史を正しい道に戻さなくてはならない。さもなければ、宗教活動全体が破綻し、人生の意味が失われてしまう。

つまり政治は、いわばキリスト教徒にとってのサクラメント（秘跡／聖礼典）と同じようなものだった。この政治という場でムスリムは神の存在を感じ、政治を通じて神の意思をこの世界で効果的に実現させることができた。ゆえにムスリム共同体の歴史的な試練と苦難――政治的暗殺、内乱、侵略、王朝の盛衰など――は、宗教的な内的探究とかけ離れたものではなく、イスラームのあるべき姿の本質に関わる問題であった。キリスト教徒が聖像の前で思いに沈むのと同じように、ムスリムは自分の時代で現に起きている出来事や過去の歴史を熟考し、創造的想像力を使いながら、隠された神の真意を見いだそうとした。だから、ムスリムたちの外面史を探ることは、単なる副次的な興味の対象などではありえない。なぜなら、イスラームの大きな特徴のひとつは歴史に聖なるものを見いだすことだったからである。

目次

地図

地図作成／ケー・アイ・プランニング

凡例

一、本書は、Karen Armstrong, *ISLAM: A Short History*, Weidenfeld &Nicolson,2001の全訳である。

一、原著者の注は（ ）、訳者による注は［ ］で示した。

一、読みやすさを考え、適宜改行を加え、小見出しを付した。

一、訳語については原則として『岩波イスラーム辞典』（岩波書店、二〇〇二年）に準拠し、上記にない語については『新イスラム事典』（平凡社、二〇〇二年）など他の資料を参照した。また一部、日本での慣用表現に改めたものもある。

一、クルアーンの章句の引用については、井筒俊彦訳『コーラン』（岩波文庫、改版二〇〇九年）を用いた。

第1章　イスラームの成立

I　預言者ムハンマド――アラブ社会とその思想

貧富の差の拡大とムハンマドの苦悩

西暦六一〇年の聖なるラマダーン月に、ひとりのアラブ商人が世界の歴史を変える体験をした。ムハンマド・イブン・アブドゥッラーは、毎年この時期になるとアラビア半島西部ヒジャーズ地方のマッカ（メッカ）近郊にあるヒラー山の山頂で洞窟に籠もり、祈りをささげたり断食をしたり、貧しい者に施しをしたりしていた。彼は以前から、アラブ社会は危機に見舞われていると感じ、心を悩ませていた。

この数十年で、彼の属するクライシュ族は、周辺の国々との交易で裕福になっていた。マッカは人々でにぎわう商業都市となったが、誰もが我先に富を求める中で、部族の昔ながらの価値観がいくつか失われていた。かつてのクライシュ族は、遊牧民の掟《おきて》に従い部族内で弱者の面倒を見ていたが、それが今では、同じ部族で自分たちより貧しい者たちを食い物にして金を稼ごうとしている。また、マッカとアラビア半島全域では信仰をめぐる不安も広がっていた。アラブ人は、当時ビザンツ帝国とペルシア帝国で信仰されていたユダヤ教とキリスト教を、自分たちの奉じる伝統的な多神教より立派なものだと思っていた。一部の者は、アラブの神々の最高神アッラー（この名は、まさに「神」を意味していた）は、ユダヤ教徒とキリスト教徒が敬う神と同じなのだが、この神はアラブ人に預言者を遣わしてくれず、アラビア語による聖典も授けてくれなかったと信じるようになっていた。実際、出会ったユダヤ教徒やキリスト教徒から、お前たちアラブ人は神様の計画から締め出されているのだと言われ、嘲笑されることが多かった。

アラビアでは、各地で部族どうしの争いが絶えず、復讐《ふくしゅう》に復讐で応える殺戮《さつりく》の連鎖が続いていた。アラビアに住む心ある人々の多くにとって、アラブ人ははるか昔に文明世界から追放され、神からも見捨てられた迷える民族であった。しかし、それがラマダーン月一七日の夜に一変した。この晩ムハンマドは、圧倒的な力を持つ何かにいきなり襲われ、体をギリギリと締めつけられると、やがて自分の口からアラビア語による新たな聖典の最初の数語が流れ出てくるのに気がついた。

伝道生活の開始

初めの二年間、ムハンマドはこの体験について口を閉ざしていた。新たな啓示を受けても、そのことは妻ハディージャと、そのいとこでキリスト教徒のワラカ・イブン・ナウファルにしか打ち明けなかった。ふたりは、これは神から授けられた啓示に違いないと確信していたが、ムハンマドはようやく六一二年に覚悟を決めて教えを説き始め、徐々に信者を増やしていった。その中には、いとこのアリー・イブン・アビー・ターリブ、友人のアブー・バクル、有力家門ウマイヤ家の若い商人ウスマーン・イブン・アッファーンなどがいた。信者の多くは貧しい一族の者たちで、かなりの数の女性も含まれていた。また、マッカで新たに生まれた不平等をアラブ人の気質に合わないものだと感じ、不満を抱く者も信者になった。

ムハンマドの教えはシンプルだった。彼は、神について新たな教義をアラブ人に説いたわけではなかった。そもそもすでにクライシュ族の大半は、ユダヤ教徒やキリスト教徒と同じように、アッラーがこの世界の創造主であり、最後の審判の日に人類を裁くのだと信じていた。ムハンマドは、新たな宗教を開いているつもりなどなく、ただ、古くからある唯一神への信仰を、それまで預言者を遣わされたことのなかったアラブ人にもたらしているのだと考えていた。彼は、自分の懐だけを豊かにするのは間違いで、富を分かち合い、最も弱く虐げられやすい者が大切にされる共同体を建設するのが正しい道だと主張した。もしクライシュ族が行いを改めなければ、生きる上での基本的な掟に背いている以上、その社会は（かつて存在した数々の不公正な社会と同じように）滅びるだろうと説いた。

これが、新たな聖典の中核となる教えだった。この聖典は「読誦《どくしょう》」を意味するクルアーンの名で呼ばれたが、それはムハンマド自身も含め信者の大半が読み書きできず、章（スーラ）

が読み上げられるのを聞いて教えを理解したからだった。その後もクルアーンの啓示は、信者たちの小さな共同体で危機や問題が起こったときを中心に、二一年間にわたって節やスーラ単位でムハンマドに下った。啓示を授かる体験は苦痛に満ちたもので、ムハンマド自身「啓示を受けるときは、魂が肉体から引きはがされたのかと思わぬことはなかった」と語っている(Jalal al-Din Suyuti, *Al-Itqān fi 'ulūm al-Qur'ān* in Maxime Rodinson, *Mohammed*, trans. Anne Carter, London, 1971, p. 74)。当初は、その衝撃のあまりの恐ろしさに全身が震え、暑い日でも寒い日でもダラダラと汗を流し、とてつもない重苦しさを感じ、聞き覚えのない音や声を耳にしたりした。

純粋に世俗的な視点から見れば、ムハンマドはアラブ人が直面していた深刻な諸問題を、当時のほとんど誰よりも深いレベルで感じ取り、さまざまな出来事に「耳を傾ける」中で、政治的に実行可能なだけでなく、精神も啓蒙するような解決策を探して、自己の内面へ苦しみながら深く切り込んでいかなくてはならなかったと言える。また彼は、新たな文学形式と、アラビア語による散文と韻文の傑作を生み出すことにもなった。事実、最初期の信者にはクルアーンの見事な美しさに引かれて入信する者が多かった。その章句は、彼らの心の奥底にあった強い願望と共鳴し、偉大な芸術がそうであるように人々の知的先入観を打ち破り、頭脳レベルではなく心のレベルで、生き方をすべて変えたいという思いを抱かせた。

このようにして改宗した中でも特に劇的だったのがウマル・イブン・ハッタープの場合だ。

当初ウマルは、古くからの多神教に帰依しており、ムハンマドの教えに激しく反発して、この新宗教を何としてでも根絶せねばと考えていた。しかし、アラビア語の韻文にも秀でていた彼は、クルアーンの言葉を初めて聞くや、その卓越した表現力に圧倒された。ウマルによれば、言語表現が、その内容に対する疑念をすべて打ち破ったのであり、「コーランを聞くと、心がなごみ、泣いた。イスラムが私に浸み込んだ」と語っている（Muhammad ibn Ishaq, *Sirat Rasul Allah*, trans. and ed. A. Guillaume, *The Life of Muhammad*, London, 1955, p. 158.［イブン・イスハーク『預言者ムハンマド伝1』後藤明・医王秀行・高田康一・高野太輔訳、岩波書店、二〇一〇年より訳文引用］）。

アッラーへの服従

この新宗教は、やがてイスラーム（「服従」の意）と呼ばれるようになった。ムスリム（イスラーム教徒）とは、この言葉どおり全身全霊でアッラーに服従し、人類は互いに公正と平等と思いやりを持って行動しなくてはならないとするアッラーの命令を守る者のことである。この服従の態度を具体的に示したのが、ムスリムが義務として日に三回すべきとされた礼拝（サラート）での平伏礼《へいふくれい》だ（礼拝の回数は、後に一日五回に増やされた）。かつての部族時代の道徳では平等が重んじられ、アラブ人は君主制という考えを認めず、奴隷のように地面にはいつくばることを嫌っていた。だがサラートでの平伏礼は、当時マッカで急速に広まっていた強烈な傲慢さやうぬぼれをへし折ることを目的としていた。平伏の姿勢を取らせることでムスリムを再教育し、優越意識や自己本位な態度を捨てさせ、そうしたものは神の前では何の意味もないことを意識させようとしたのである。またムスリムには、クルアーンの厳しい教えに従うため、収入の一定割合を貧しい者に喜捨（ザカート）として与える義務が課せられた。さらに、貧者が生活苦で飲食もままならないことに思いを致すため、ラマダーン月には断食を行うこととされた。

つまり、社会正義はイスラームのきわめて重要な徳目だったのである。ムスリムには、その第一の義務として、富の公平な分配が行われ、思いやりが実践される共同体（ウンマ）を建設することが命じられた。このことは、神に関するどの教義よりもはるかに重要だった。逆に神学的推論は、クルアーンではザンヌと呼ばれ、誰がどうやっても確認することのできない超言語的な事柄について空理空論をもてあそぶものとして、否定的に捉えられていた。そのような難解なドグマについて議論するのは無意味と思われていたのである。それよりはるかに重要なのは、神の示した方法に従って生きる努力（ジハード）をすることだった。

ウンマの政治的・社会的繁栄は、ムスリムにとって宗教的な意味を持つことになる。もしウンマが栄えれば、それはムスリムが神の意思に従って生きていることの証《あか》しとなる。そして、真に「イスラーム的」な共同体で生きるという経験は、全身全霊で神に服従することにつながるので、超越者である神からの暗示をムスリムにもたらすものだと考えられた。だから、ウンマが災難に見舞われたり屈辱を受けたりすると、それがどんなものであっても、ムスリムは激しく動揺する。その激しさは、例えばキリスト教徒が、誰かが神を冒瀆するため聖書を踏みつけたり、キリストの肉体を象徴するミサ用のパン（聖体）を引きちぎったりするのを見たときに受けるショックと同じと思ってもらえばいい。

新たな価値の胎動

このような社会的関心は、ヤスパースのいう「軸の時代」（紀元前七〇〇年頃〜前二〇〇年頃）に発展した数々の偉大な世界宗教が視点のうちに必ず含んでいた重要な要素だ。この時代に、現在知られている文明が発達するとともに、人間らしい博愛の精神を今なお育み続けている自覚的な思想・宗教が登場した。中国の道教と儒教、インド亜大陸のヒンドゥー教と仏教、中東の一神教、ヨーロッパの理性主義などがそうだ。これらの思想は、すべてそれまでの原始的な信仰を改革するものだった。商人的経済が成立して社会の拡大・複雑化が進むと、旧来の信仰はもはや社会に合わなくなり、新たな思想的取り組みが商人的経済に支えられて始まった。国家が大きくなって人々の活動範囲が広がると、それまで限られた地域で信仰されていた宗教は通用しなくなったのである。そこで軸の時代の宗教は、次第に重点を唯一神あるいは超越性を示す究極の象徴へと移していった。また一部の思想は、自分たちの社会が抱える根本的な不公平に関心を寄せた。近代以前の文明は、どれも経済的には農業生産の余剰分を基盤としていた。

つまり農民の労働力に依存していたわけだが、その文明が生み出す高度な文化は、もっぱらエリート層だけのもので、文明を支える農民たちは享受することができなかった。これに対抗して、新たな思想は思いやりの大切さを強調した。

それまでのアラビアは、文明世界から取り残されていた。厳しい気候のせいでアラブ人は絶えず飢えに苦しめられ、余剰農産物を得てサーサーン朝ペルシアやビザンツ帝国と肩を並べることなど、できるはずがないと思われていた。しかし、そうした状況は、クライシュ族が市場経済を発展させるようになると変わり始めた。多くの人はまだ旧来の信仰で満足していたが、それでも唯一神を崇拝する風潮は高まり、さらに先ほど見たように、マッカで発展し始めた新たな文明がもたらす不平等に、じわじわと不安が広がっていた。こうしてアラブ人にも、軸の時代に生まれたような宗教を自分たちも手にする準備が整った。

だからと言って、伝統を何から何まで否定したわけではない。軸の時代の預言者や改革者たちは、全員が旧来の原始宗教を基盤として自分たちの宗教儀式を作り上げており、その点ではムハンマドも同じだった。ただし彼は人々に、当時アラビアで盛んだったマナート、アッラート、ウッザーなどの女神への崇拝をやめさせ、アッラーのみを敬えと命じている。こうした異教の神々は、力の弱い部族長のようなもので、従う者たちをしっかりと保護できないため災いの元になっているとクルアーンは説いている。クルアーンには、一神教についての哲学的な議論はいっさい出てこない。訴え方が実利的で、そのため現実的なアラブ人には効果があった。

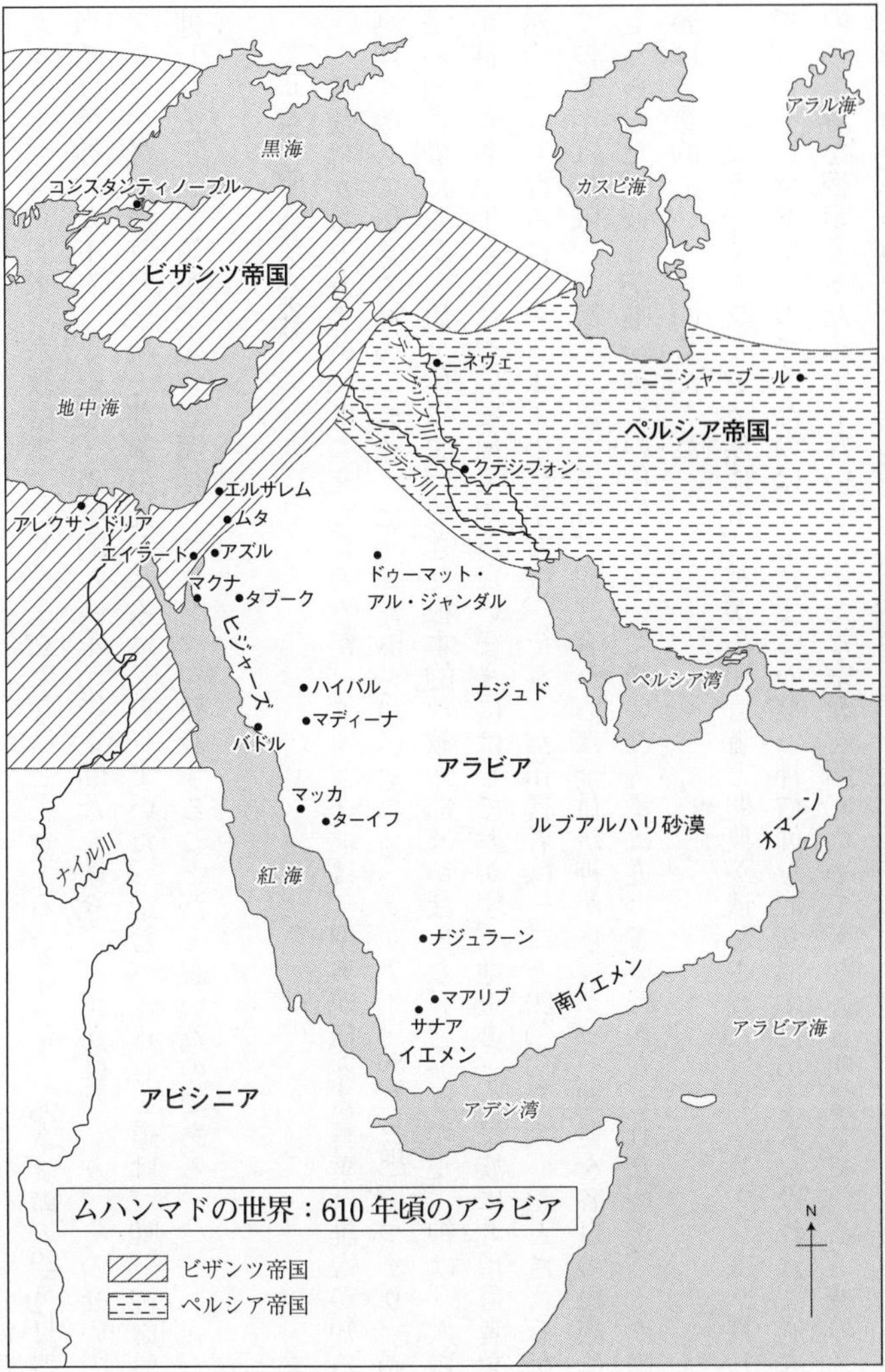

ムハンマドの世界：610年頃のアラビア

クルアーンは、旧来の宗教はまったく役に立たないと主張する（クルアーン25章3節、29章17節）。当時は精神的な不安が蔓延《まんえん》し、破壊的な戦争が絶え間なく続き、不正がはびこり、そのせいでアラブの最も優れた伝統と部族の掟が踏みにじられていた。進むべき正しい道は、唯一神を信仰し、公正と平等が支配する団結したウンマを建設することだと説いたのである。

公正と平等を説く宗教

この説はかなり急進的に聞こえただろうが、クルアーンは、聖典が伝える言葉は誰もが知る真理を改めて伝える神の「お諭《さとし》」にすぎないと説いている（クルアーン80章11節）。つまり、過去の預言者たちが人類全体に説いてきた根本的な教えにほかならないというのだ。神は、人類が自分たちの生き方について何も知らないままにはしておかず、地上のどの民族にも預言者を送った。ちなみにイスラームの伝承では、そうした預言者は一二万四〇〇〇人いたとされるが、この数字は無限を象徴する数である。預言者たちは全員が神から授かった聖典を各自の民族にもたらした。彼らが唯一神への信仰について説いた言葉は違っていたかもしれないが、その内容は本質的にいつも同じだった。

そしてようやくクライシュ族にも、神から預言者と聖典が遣わされた。クルアーンは一貫して、ムハンマドがやってきたのは、それまでの唯一神信仰を取り消すためでもなければ、過去の預言者を否定するためでもないし、新たな宗教を開くためでもないと明言している。彼のメッセージは、アブラハムやモーセ、ダビデ、ソロモン、イエスらが伝えたものと同じなのである（クルアーン2章129～132節、61章6節）。クルアーンには、この五人のように当時のアラブ人に知られていた預言者しか出てこないが、現代のムスリム学者たちは、もしムハンマドが仏教徒やヒンドゥー教徒について、あるいはオーストラリアのアボリジニやネイティヴ・アメリカンについて知っていたら、クルアーンでは彼らの賢者たちも認められていただろうと論じている。なぜなら、正しく導かれて唯一神にひたすら帰依し、人が作った神像の崇拝を認めず、公正と平等を説く宗教は、すべて同じ神を源泉としているからだという。実際ムハンマドは、ユダヤ教徒やキリスト教徒には、当人が特に望まない限り、イスラームを受け入れるよう求めたりはしなかった。両教徒には、完全に有効な啓示がすでに与えられていたからである。クルアーンは、「宗教には無理強いということが禁もつ」（クルアーン2章256節）だと明確に主張し、ムスリムに対してユダヤ教徒とキリスト教徒の信仰を尊重すべきだとして、次のように説いている。なお、クルアーンでは両教徒を「アフル・アル＝キターブ」と呼んでおり、この語はふつう「啓典《けいてん》の民」と訳されるが、むしろ「先行する啓示の民」と訳した方が正確だろう。

それから、お前たち、啓典の民と論争する場合には、立派な態度でこれにのぞめ。と言っても、特に不義なす徒輩《やから》を相手にする時は別だが。こう言っておくがよい、「わしらは、わしらに下されたものも、お前がたに下されたものも信仰する。わしらの神もお前がたの神もただ一つ。わしらはあのお方にすべてを捧《ささ》げまつる」と。（クルアーン29章46節）

伝統の尊重とカァバ崇拝

独創性を称賛し、伝統をすべて捨て去る態度は、近代以降の文化の産物にすぎない。近代以前の社会では連続性が何より重要だった。ムハンマドには、過去や他の信仰共同体と完全に縁を切る気などなかった。むしろ、新たな聖典をアラビアの精神世界に根づかせたいと思っていた。

だからムスリムは、昔からの習慣だったカァバでの儀式を行い続けたのである。カァバとは、マッカの中心地にある立方体状の神殿で、アラビアで最も重要な信仰の中心地だった。その歴史はムハンマドの時代ですでにかなり古く、カァバにまつわる崇拝儀礼のもともとの意味は忘れ去られていたが、当時もなおアラブ人に崇敬され、毎年ハッジ（大巡礼）のため多くの人が半島各地から集まってきていた。巡礼者は、まずカァバの周りを反時計回りに七周し、カァバの壁にはめ込まれている黒石に接吻《せっぷん》する。この黒石は、かつてこの地に落ちた隕石《いんせき》のようで、そのためこの場所が天界と関連づけられることになったらしい。以上の儀式（これをタワーフと言う）はいつ実施してもかまわないが、ハッジのときは、これに加えて、カァバに隣接するサファーの丘から駆け足で谷を横断してマルワの丘まで行き、そこで礼拝をする。それからマッカの郊外へ移動して、アラファートの平原で徹夜し、その後に一同でムズダリファの谷へ行って、ミナーの谷で岩に向かって小石を投げ、頭髪をそり、巡礼の最終日であるイード・アル＝アドハーには、犠牲祭を執り行った。

カアバ崇拝の中核にあったのは、共同体の理想的な姿だった。マッカとその周辺地域では、一切の暴力が常に禁じられていた。このことは、クライシュ族が交易で栄える重要な要因となった。暴力禁止によって、アラブ人は部族間の報復戦を恐れることなく交易を行えるようになったからだ。またハッジの期間、巡礼者は武器の携帯や口論および狩りでの殺生を禁じられたほか、虫を殺したり怒りの言葉を口にしたりすることさえ禁止されていた。こうしたことは、どれもムハンマドが理想とするウンマの姿に完璧にかなうもので、自らも熱心にカアバを詣では、たびたびタワーフを行い、神殿の横ではクルアーンを朗誦《ろうしょう》することにしていた。

カアバは、正式にはナバテア人の神であるフバルにささげられたもので、その周辺には、おそらく一年の日数を意味するのだろう、偶像が三六〇体配置されていた。しかしムハンマドの時代には、カアバは最高神アッラーの神殿として崇敬されていたらしい。このことから分かるように、すでに当時、アッラーを一神教徒の崇拝する神と同一視する考えが広まっており、事実、ビザンツ帝国との国境地帯に住み、キリスト教に改宗していた北方部族のアラブ人も、異教徒たちに交じってハッジを行っていた。だが、それなのにムハンマドは、布教活動の当初ムスリムに、偶像崇拝と関係のあるカアバに背を向けさせ、啓典の民にとって神聖な都市であるエルサレムに向かってサラート礼拝を行わせていた。これは、アラブ人を一神教徒の一員にしたいというムハンマドの強い願いの表れだった。

支配層との対立

ムハンマドはわずかながら支持者を獲得し、やがて約七〇の家族がイスラームに改宗した。マッカの有力者たちは、当初はムスリムを無視していたが、六一六年までには、父祖の宗教をあしざまに罵っているとしてムハンマドを激しく敵視し、奴《やっ》は単なるペテン師で、預言者の振りをしているにすぎないと非難するようになった。とりわけ怒りの矛先が向けられたのは、クルアーンにある最後の審判の描写で、彼らはこれを、幼稚で道理に合わないものだと言って認めなかった。当時のアラブ人は死後の世界を信じておらず、そのような「お伽話《とぎ》し」（クルアーン25章4～7節）を信用したりはしなかった。

それでも、クルアーンが最後の審判というユダヤ・キリスト教的な教義によって彼らの非情な資本主義の根幹を揺さぶっていることには、強い不安を感じていた。クルアーンはアラブ人に、最後の審判では部族の富や権力は何の助けにもならず、各人は自らの功罪によって裁きを受け、なぜ貧しい者の世話をしなかったのか、なぜ蓄財に励むばかりで財産を分かち合わなかったのかと詰問されるだろうと警告している。クライシュ族のうち新時代のマッカで大成功を収めている者たちは、この種の話を快く思うはずがなく、反発する声が高まっていった。その中心となったのは、アブー・ハカム（イスラームの伝承では「無知な男」を意味するアブー・ジャフルの名で呼ばれている）、きわめて頭脳明晰《めいせき》でムハンマドとは旧知の仲だったアブー・スフヤーン、および熱心な多神教徒のスハイル・イブン・アムルだった。反対派は、全員が先祖伝来の信仰を捨てるという考えに不安を抱いていて、しかも親族の中にイスラームへの改宗者がいたし、そして何より、ムハンマドがマッカの支配権を奪取しようと企《たくら》んでいるのではないかと危惧していた。クルアーンでは、ムハンマドは政治上の務めを持つ者ではなく、ただナジール（警告する者）にすぎないと述べられているが（クルアーン74章1～5節と8～10節、88章21～22節）、反対派からすれば、アッラーから指示を受けていると言い張る者が自分たちのような普通の人間の指図をいつまでも受け続けるはずがないと思われた。

迫害と聖遷

関係は一気に悪化していった。アブー・ジャフルは、ムハンマドの一門を排斥し、クライシュ族がムスリムと結婚したり商売したりするのを禁じた。これで誰もムスリムに食料を売ることができなくなった。この禁令は二年続き、それによる食料不足が原因なのか、ムハンマド最愛の妻ハディージャが亡くなり、さらに禁令によって一部のムスリムが確実に経済的破滅へと追いやられていった。イスラームに改宗した奴隷は虐待の標的にされ、手足を縛られて焼けつくような太陽の下に放置された。中でも最大の打撃となったのは、六一九年、禁令が解かれた後にムハンマドの伯父《おじ》で保護者（ワリー）だったアブー・ターリブが亡くなったことだ。ムハンマドは孤児で、幼いときに両親を失っていた。アラビアの非情な報復の伝統によれば、死んだら敵《かたき》を取ってくれる保護者を持たない者は殺されても文句は言えず、ムハンマドは後見人になってくれそうなマッカの族長を見つけるのにたいへん苦労していた。マッカでウンマの立場を守るのは日に日に難しくなっており、どうしても新たな解決策を見つけなくてはならなかった。

だからムハンマドは、マッカの北約四〇〇キロにあるオアシス集落ヤスリブの族長たちから使節が派遣されてくると、その話に喜んで耳を貸した。ヤスリブには、多数の部族が遊牧生活をやめて定住していたが、それまで荒野で数百年にわたって戦いを続けていたため、平和共存できずにいた。集落全体が、次々と起こる激しい抗争に悩まされていた。定住した部族には、すでにユダヤ教に改宗した者や、祖先にユダヤ教徒を持つ者がおり、そのためヤスリブの人々は一神教の考え方に慣れ親しんでいて、旧来の多神教だけにこだわってはおらず、住民がひとつの共同体でともに暮らせるような新しい解決策を何としてでも見つけたいと思っていた。ヤスリブからの使節団は、六二〇年のハッジの時期にムハンマドに話を持ち掛け、イスラームに改宗してムスリムたちと誓約を結び、双方が今後は互いを攻撃せず、共通の敵に対して互いに防衛し合うことを約束した。やがて、六二二年にムスリムたちは、家族単位でひそかにマッカを抜け出し、ヤスリブへの移住（聖遷、ヒジュラ）を開始した。新たな保護者を亡くしたばかりのムハンマドも、暗殺計画を逃れてアブー・バクルとともに脱出した。

イスラームの誕生

このヒジュラをもって、ムスリム時代の開始とされる。なぜなら、これ以降ムハンマドはクルアーンの理想を完全に実施できるようになり、イスラームが歴史の重要なファクターとなったからだ。これは革命的な一歩だった。ヒジュラは単なる住所変更ではない。イスラーム以前のアラビアでは、部族こそ何よりも大切なものだった。血を同じくする一族を離れて別の集団に加わるなど前代未聞で、基本的に冒瀆的なことであり、クライシュ族としては、この背信行為を見逃すことなどできなかった。彼らは、ヤスリブのウンマを殲滅《せんめつ》すると宣言した。

すでにムハンマドは、血縁ではなく共通のイデオロギーで結ばれた部族連合体のリーダーになっていたが、そうした連合体ができたこと自体、アラブ社会では考えられない画期的なことだった。クルアーンの宗教に改宗するよう強制された者はひとりもおらず、ムスリムと多神教徒とユダヤ教徒は全員同じひとつのウンマに属し、三者が争い合うことはなく、互いに保護し合うことを約束していた。このような尋常ならざる新たな「超部族」が出現したとのうわさはすぐに広まり、当初は誰からもすぐ崩壊するものと思われていたが、やがてこのウンマが原動力となって、ヒジュラからちょうど一〇年後、預言者ムハンマドが亡くなる六三二年までに、アラビア半島に平和をもたらすことになった。

ヤスリブは、完璧なムスリム社会の原型となったことから、「あの都市」という意味でアル＝マディーナ（メディナ）と呼ばれるようになった。ムハンマドがマディーナに到着してまずしたことのひとつは、簡素なモスク（アラビア語では「マスジド」と言い、「平伏する場所」を意味する）を建てることだった。それは粗末な建物で、初期イスラームの理想である質素さをよく表していた。屋根は数本の木の幹で支えられ、キブラ（礼拝の方向）を示す石が置かれ、ムハンマドは木の幹に立って説教した。以後、すべてのモスクはできる限りこのモデルに従って建設されることになる。中庭もあり、そこにムスリムたちが集まってウンマに関わる事柄について、宗教上のことはもちろん、社会や政治から軍事に至るまで、あらゆる問題を議論した。ムハンマドと妻たちは、中庭の一角にある数棟の小さな小屋に住んだ。キリスト教の教会は、俗世の活動から切り離された、礼拝のみを行う専用施設だが、モスクではどんな活動も排除されなかった。クルアーンの世界観では、聖なるものと世俗的なもの、宗教的なものと政治的なもの、性的行為と礼拝行為は、いずれも明確に二分できないとされる。人生のすべてが潜在的に神聖なものとなりえるので、すべてを神の領域に持ち込まなくてはならなかった。その目的はタウヒード（一にすること）、つまり統一された共同体で人生のすべてを統合することにあり、それによってムスリムは唯一の存在である神の暗示を得られると考えられた。

ムハンマドには何人も妻がおり、西洋ではそのことが性的関心を大いにかき立ててきたが、ムハンマドが後世のイスラーム世界の支配者たちのように官能の快楽にどっぷりと浸っていたと考えるのは間違いだろう。マッカ時代のムハンマドは、一夫多妻が一般的だったアラビアにあってハディージャとしか結婚せず、一夫一妻を守っていた。ハディージャはかなり年上だったが、子供を少なくとも六人産み、そのうち娘四人だけが成人できた。マディーナに移ると、ムハンマドは偉大なサイイド（首長）となったので大きなハレムを持つものと思われたが、この時期の結婚は大半が政略結婚だった。新たな超部族を結成したので、特に親しい仲間と婚姻関係を結び、結束を固めたいと願ったのである。新たに最愛の妻となったのはアブー・バクルの娘アーイシャだが、ウマル・イブン・ハッターブの娘ハフサとも結婚した。さらに、自分の娘のうちふたりをウスマーン・イブン・アッファーンとアリー・イブン・アビー・ターリブに嫁がせている。これ以外の妻の多くは年上で、保護者がいないか、ウンマの同盟者となった部族の族長にゆかりのある女性だった。後の妻たちは誰もムハンマドの子供を出産しなかった（妻のうちには数えられないが、ムハンマドの愛妾《あいしょう》でキリスト教徒だったマーリヤは、男児イブラーヒームを産んでいる。しかしイブラーヒームは夭折《ようせつ》し、ムハンマドは大いに嘆き悲しんだ）。

妻たちが喜びではなく悩みの種になることもあった。あるとき、戦いの後に戦利品の分け方をめぐって妻たちが口論していたのを見て、イスラームの価値観に厳格に従って暮らすことができないなら全員と離婚すると恫喝《どうかつ》したこともある（クルアーン33章28〜29節）。それでも、ムハンマドが女性と一緒に過ごすのを心から楽しむことのできる稀有《けう》な男性のひとりだったことは確かだ。男性の友人の中には、彼が妻たちから反抗され口答えされても寛容な態度を崩さないことに驚く者もいた。ムハンマドはこまめに家事を手伝い、自分の衣服は自分で繕い、妻たちと時間を過ごすようにした。妻のひとりを遠征に連れていくことも多く、その際はよく妻に助言を求め、その言葉を真剣に受け止めた。実際、妻の中で最も賢いウンム・サラマのおかげで反乱を未然に防いだこともあった。

女性解放は、ムハンマドにとって重要な課題だった。クルアーンは、西洋で女性の権利が認められるより数百年も前に、相続権を女性に与えている。クルアーンは、ムハンマドの妻たちについて一定程度の隔離居住とヴェール着用を定めているが、すべての女性にヴェール着用を求めたり、家屋の隔離された一角で別に暮らすよう強制したりする文言はない。このような習慣は、ムハンマドが死んで三〜四世代後に採用されたものだ。その時期のムスリムは、ビザンツ帝国のギリシア系キリスト教徒を模倣しており、もともとはキリスト教徒が以前から女性にヴェールを着用させ、居室を隔離していたのである。さらにキリスト教からは女性蔑視も取り入れた。

そもそもクルアーンでは、男性と女性は神の前では対等なパートナーであり、同等の義務と責任を負うとされている（クルアーン33章35節）。その一方でクルアーンは、一夫多妻を認めるようになった。これは当時ムスリム男性がマッカとの戦争で命を落とし、女性が保護者のいないまま放置されていたためで、男性は四人まで妻を持つことが認められたが、その条件として、妻全員をまったく公平に扱い、誰かひとりだけを寵愛《ちょうあい》する素振りさえ見せてはならないとされた（クルアーン4章3節）。マディーナでの初期のウンマでは、女性たちも公的な活動に制限なく参加し、中にはアラブの慣例に従って、戦闘で男性とともに戦った者もいた。女性たちはイスラームを抑圧的な宗教とは感じていなかったようだが、キリスト教の歴史と同じく、やがて男性が信仰の主導権を奪い取り、イスラームを当時優勢だった父系制に沿うよう改めたのである。

キブラの変更

マディーナに移った最初の数年間に、重大な出来事がふたつ起こった。もともとムハンマドは、ユダヤ教を奉じる部族と密接に協力できるものと大いに期待しており、ヒジュラの直前には、イスラームをユダヤ教に合わせるため、いくつかの習慣（例えば、ユダヤ教徒が安息日［土曜日］の準備をする金曜日の午後に集団礼拝を行うことや、ユダヤ教の贖罪《しょくざい》の日に断食を行うことなど）を採用していた。それだけに、マディーナのユダヤ教徒から本物の預言者と認められなかったときの失望感は、人生最大と言っていいほど大きかった。ユダヤ教徒にとって預言者の時代はすでに終わっていたのだから、ムハンマドを認められないのは当然なのだが、クルアーンではマディーナのユダヤ教徒との論争がかなりの部分を占めており、この件にムハンマドが苦悩していたことがよく分かる。クルアーンには、ノアやモーセら預言者の物語が出てくるが、その一部は聖書の物語と違っていた。そうした物語がモスクで唱えられると、多くのユダヤ教徒があざ笑った。また、ユダヤ教徒の主要三部族は、ムハンマドが勢いを増していることに反感を抱いていた。彼らは、ムハンマドがマディーナに到着する以前は威勢を誇る集団を形成していたため、地位を脅かされていると感じ、彼を排除しようと考えていた。

しかし、小規模な一門に属するユダヤ教徒には友好的な者もいて、ユダヤ教聖典に関するムハンマドの知識を広げてくれた。そうして得た知識の中で特にムハンマドを喜ばせたのは、創世記でアブラハムには息子が正妻の子イサクだけでなく、女奴隷ハガルに産ませたイシュマエル（アラビア語ではイスマーイール）もいたと述べられていることだった。アブラハムはやむを得ない事情でハガルとイスマーイールを荒れ野に追放したが、神は母子を救い、イスマーイールもアラブ人という偉大な民族の父になるだろうと約束した（聖書「創世記」16章、18章18～20節）。アラビアでの言い伝えによると、ハガルとイスマーイールはマッカに落ち着き、アブラハムが訪ねてくると、アブラハムとイスマーイールは協力してカアバ神殿（もともとアダムが建てたものだったが、すっかり荒廃していた）を再建したという（D. Sidersky, *Les Origenes dans legendes musulmans dans le Coran et dans les vies des prophetes*, Paris, 1933）。これはムハンマドにとってうれしい内容だった。アラブ人は神の計画から締め出されていたのではなく、カアバは一神教の立派なお墨つきを得ていたと思われたからだ。

六二四年までには、マディーナのユダヤ教徒の大半にムハンマドを預言者として認める気などないことが明らかになった。さらにムハンマドは、ユダヤ教徒とキリスト教徒の間には（ムハンマドは両者が同じ信仰に属していると思っていたのだが）実際には神学をめぐって重大な違いがあると知って、ショックを受けた。彼は、啓典の民の全員がこのような恥ずべき宗派争いを容認しているわけではないと思ったようだが、それでも驚きは大きかった。六二四年一月にムハンマドは、最も独創的な意思表示と言うべき行動を取った。サラート礼拝の最中、彼は集まった信者たちに、エルサレムから向きを変えてマッカの方角に向かって礼拝するよう命じたのである。このキブラ変更は、いわば独立宣言だった。エルサレムではなく、ユダヤ教やキリスト教と何の関係も持たないカアバの方へ向くことで、ムスリムたちは無言のうちに、ユダヤ教の律法やキリスト教の福音が啓示される前の、唯一神への信仰が相争う派閥にまだ分裂していなかった時代の、アブラハムによる本来の純粋な一神教に自分たちは戻るのだという意志を示した（クルアーン2章129～132節、3章58～62節、2章41節）。それは、ムスリムは神のみに向かって礼拝するのであり、神そのものでなく人間が作った制度や既存の宗教の前で礼拝するのは偶像崇拝にほかならないという宣言だった。

己《おの》が宗教を分裂させて、派閥をなした人々、あのような徒《やから》とお前は何のかかわりもありはせぬ。（中略）言ってやるがよい、「わしは、神様がまっすぐな道に導いて下さった。（その道こそは）正しい宗教、イブラーヒーム（アブラハム）の信仰だ。彼は純正な信仰の人だった。偶像崇拝者のたぐいではなかった」と。言ってやるがよい、「我が祈りも、我が勤《ごん》行《ぎょう》も、我が生も、我が死も、すべては挙げて万有の主、アッラーに属す。（以下略）」（クルアーン6章159節および161〜162節）

キブラの変更は、すべてのアラブ人ムスリムに歓迎され、特にヒジュラでマッカから移住してきた者たちは喜んだ。これでムスリムは、自分たちの真摯な思いをユダヤ教徒やキリスト教徒にバカにされながら彼らの後をとぼとぼとついていく必要はなくなり、神に直接つながる自分たちだけの道を進むことになった。

マッカ軍への勝利と勢力の拡大

もうひとつの重大な出来事は、キブラ変更の直後に起きた。ムハンマドらマッカからの移住者たちは、マディーナで生計を立てる術《すべ》を持っていなかった。耕す土地は十分になく、たとえあったとしても、彼らは商人・実業家であって、農耕民ではなかった。アンサール（援助者）と呼ばれたマディーナの人々にも彼らを無償で世話する余裕はなく、そのため移住者たちはガズウ（略奪目的の襲撃）を実施した。略奪は、アラビアでは一種の民族的娯楽であると同時に、たいへん貧しくて全員に行き渡るほどの富がない国では、富を手っ取り早く再分配する方法でもあった。

略奪隊は、敵対する部族の隊商や派遣団を襲って金品や家畜を奪うが、報復を避けるため相手を殺さないよう配慮した。同盟者や「従属者」(弱小なため強力な部族の保護下に入った者)となった部族を襲撃の対象とするのは禁じられていた。移住者たちは、クライシュ族に迫害されて故郷を追われたため、この裕福なマッカの隊商を狙った略奪《ガズウ》を開始し、それによって利益を得たが、自分の出身部族に略奪を行うのは慣例を破る重大な違反行為だった。

略奪隊が緒戦で一定の成果を上げると、六二四年三月、ムハンマドは移住者の大部隊を率い、その年で最大のマッカの隊商を途中で襲うため紅海沿岸部へ向かった。クライシュ族は襲撃のうわさを聞くと隊商を守るため大軍を差し向けたが、マッカ軍は、バドルという町の水飲み場でムスリム軍に予想外の大敗を喫した。マッカ軍は兵力こそ多かったものの、戦い方は昔ながらの蛮勇頼みの戦法で、族長がそれぞれ自分の軍勢を率いてバラバラに戦った。それに対してムハンマドの軍勢は十分に訓練を積み、ムハンマドの指揮下でまとまって戦った。このとき遊牧民であるベドウィンの一部が、強大なクライシュ族の敗北する様子を実際に目撃しており、この大敗北はベドウィン諸部族に強い印象を残すことになった。

その後はウンマにとって試練の日々が続いた。マディーナの多神教徒の一部が、新参者であるムスリムたちの力に反感を抱き、マディーナから追放しようとしたため、ムハンマドはそうした敵対勢力と戦わなくてはならなくなった。もちろんマッカにも対処しなくてはならない。

マッカでは、今度はアブー・スフヤーンが対ムハンマド戦争の指揮を執り、マディーナのムスリムに対して二度、大攻勢を仕掛けた。彼の狙いは、単に戦闘でウンマを破るだけでなく、ムスリムを根絶やしにすることにあった。砂漠の厳しい掟では、戦いに中途半端な処置などなかった。勝利した側の部族長は可能なら敵を皆殺しにするのが当然だったため、ウンマは存亡の危機に直面した。

六二五年にマッカ軍はウフドの戦いで勝ってウンマに大打撃を与えたが、二年後にはムスリム軍が塹壕《ざんごう》の戦いで大勝した。この戦いでは、その名のとおりムハンマドがマディーナの周囲に塹壕を掘って町を守った。クライシュ族は、依然として戦争は正々堂々とやるものだと考えていて、このような卑怯《ひきょう》な策略など聞いたことがなかったため、塹壕にぶつかると大混乱し、騎馬軍団は無力化した。ムハンマドが数で勝るクライシュ族を再び破った（マッカ軍の一万に対し、ムスリム軍は三〇〇〇だった）ことが、転機となった。これによって遊牧諸部族はムハンマドに見込みありと判断し、クライシュ族は完全に落ち目だと見なされた。クライシュ族が戦う際に祈りをささげた神々が力になってくれなかったのは明白だった。多くの部族がウンマの同盟者になりたがり、ムハンマドは、加盟を求める部族に対し、仲間を攻撃せず互いの敵と戦うことを誓約させて、強力な部族連合を作っていった。マッカ市民の中からも、亡命してマディーナへのヒジュラを行う者が出始めた。存亡の危機が五年続いた末に、ついにムハンマドは、ウンマが今後も存続するとの確信を得ることができた。

マディーナでのユダヤとの闘い

マディーナで、このムスリム興隆の最大の犠牲となったのがユダヤ三大部族であるカイヌカーウ族とナディール族とクライザ族だった。この三部族はムハンマドを破滅させようと考え、それぞれが独自にマッカと同盟を結んだ。三部族とも強力な軍勢を持ち、その勢力範囲は、攻め寄せるマッカ軍に合流したりウンマを後ろから攻めたりするのに好都合な場所にあったため、明らかにムスリム側の脅威となっていた。

カイヌカーウ族は、六二五年にムハンマドに対して反乱を企てて失敗すると、アラブの慣習に従ってマディーナから追放された。ナディール族は、ムハンマドが不安の解消に努め、特別な協定を結んでいたにもかかわらず、ムハンマドの暗殺を計画していたため、ことが露見するとやはり追放された。追放後は、近くにあったユダヤ教徒の集落ハイバルに移り住み、北方のアラブ諸部族の間でアブー・スフヤーンへの支援を取りつけた。このようにナディール族はマディーナから追放されてからの方がいっそう危険な存在となったため、同じくユダヤ教徒のクライザ族が塹壕の戦いでマッカ軍に加担したときは、一時はムスリム軍の敗戦が必至と思われたこともあり、ムハンマドは一切容赦しなかった。クライザ族は男性七〇〇人が殺され、女性と子供は奴隷として売り払われた。

クライザ族の虐殺は恐ろしい出来事だったが、これを現代の基準で評価するのは間違いだろう。当時は非常に原始的な社会だった。ムスリム自身も皆殺しを危うく逃れたばかりで、もしムハンマドがクライザ族を追放しただけだったら、ハイバルのユダヤ教徒と合流して反対勢力が増え、ウンマは新たな戦争に直面していたことだろう。七世紀のアラビアでは、アラブの族長はクライザ族のような裏切り者に情けを掛けてはならないものとされていた。

この虐殺は、ハイバルに対する冷酷なメッセージになると同時に、マディーナで多神教徒の指導者たちが反乱ユダヤ教徒に味方して起こしていた反抗を鎮めるのにも役立った。これは生きるか死ぬかの戦いであり、命がけであることは誰もが最初から分かっていた。ただし、この争いはユダヤ教徒全般への敵意を示すものではなく、裏切った三部族に対するものでしかなかった。その後もクルアーンは、ユダヤ教の預言者を尊敬し、ムスリムには啓典の民を敬うよう説き続けている。小規模のユダヤ教徒集団はマディーナに住み続け、やがてユダヤ教徒はキリスト教徒とともに歴代のイスラーム帝国で信教の自由を完全に享受することになる。反ユダヤ主義はキリスト教徒が始めた悪行だ。ムスリム世界でユダヤ教徒への憎悪が顕著になるのは、一九四八年にイスラエルが建国され、その後にアラブ人がパレスチナを失ってからにすぎない。

重要な点なのではっきり言っておくが、ムスリムは反ユダヤ的な作り話をヨーロッパから持ち込まなくてはならず、『シオン長老の議定書』など悪意に満ちた反ユダヤ的文書をアラビア語に翻訳しなくてはならなかったが、それは反ユダヤ主義的な伝統がもともとなかったからなのだ。このように、ユダヤ人への敵意は最近のものにすぎないが、一部のムスリムたちは、裏切ったユダヤ三大部族とムハンマドの争いについてクルアーンが言及している箇所を引用して、自分たちの偏見を正当化しようとしている。彼らは、そうした章句を文脈から切り離すことで、クルアーンのメッセージをゆがめ、ユダヤ教への憎しみなどまったく持っていなかったムハンマドの態度を曲解しているのである。

マッカの奪回、無血開城

ムハンマドがクライザ族に対して断固たる処置を取ったのは、争いをできるだけ早く終わらせるためだった。クルアーンでは、戦争は世の破滅であるから、ムスリムはあらゆる手を尽くして平和と日常生活をできるだけ速やかに回復できるようにしなくてはならないと説いている（クルアーン8章61節）。当時のアラビアは暴力の絶えない社会で、ウンマは平和への道を戦いによって切り開かなくてはならなかった。ムハンマドがアラビア半島で目指していたような大規模な社会変革は、流血なしに成し遂げられることはめったにない。しかし、塹壕の戦いでマッカに屈辱的大敗を負わせ、マディーナの反対派を抑え込むと、ムハンマドは、ジハードを終えて平和攻勢を仕掛けるときが来たと思った。

六二八年三月、彼は紛争の幕を閉じる大胆で独創的な策に出た。マッカへのハッジを行うと宣言し、同行してくれる志願者を募ったのである。巡礼者は武器の携帯を禁じられているため、ムスリムたちは敵の本拠地へ無防備なまま直接乗り込み、その身を敵意と怒りに燃えるクライシュ族の手に委ねることになる。それでも約一〇〇〇人のムスリムが同行を申し出、一同は伝統的な白い巡礼着を身にまとうと、マッカに向けて出発した。もしクライシュ族が、アラブ人がカアバに近づくのを禁じたり、正式な巡礼者を攻撃したりしたら、神殿の守護者という神聖な義務に反することになる。それでもクライシュ族は、市の外側の暴力が禁じられている地域に巡礼者たちが到着する前に襲撃しようとして部隊を派遣したが、ムハンマドは軍勢を回避し、味方となったベドウィンの助けを借りて聖域の境界に無事到着すると、フダイビーヤ村に野営して事態が動くのを待った。

ついにクライシュ族は、この平和的な示威行動に押されてウンマと和議を結んだ。和議締結は、どちらの陣営からも不評だった。ムスリムの多くは戦いを求め、和議を屈辱だと思ったが、ムハンマドは何としてでも平和的な手段で勝利を手にしようと決めていた。

フダイビーヤが、もうひとつの転機となった。さらに多くのベドウィンが感心し、イスラームへの改宗は、もはや押しとどめることのできない流れとなった。やがて六三〇年にクライシュ族が和議を破ってムハンマドの同盟部族を攻撃すると、ムハンマドは兵一万を率いてマッカへ進軍した。この大軍に迫られると、クライシュ族は現実主義者らしくその意味するところを悟り、負けを認めて城門を開き、ムハンマドは一滴の血も流すことなくマッカを占領した。そして、カアバの周囲にあった偶像を破壊すると、この神殿を改めて唯一神アッラーにささげ、それまでハッジで行われていた多神教的儀式の数々を、アブラハムとハガルとイスマーイール

（イシュマエル）の物語と結びつけてイスラーム的な意味づけをした。

クライシュ族でムスリムになるよう強制された者はいなかったが、ムハンマドの勝利により、アブー・スフヤーンなど主だった敵の何人かは、昔からの宗教が消滅したことを思い知った。ムハンマドが六三二年に最愛の妻アーイシャに抱かれて亡くなった時点で、アラビアのほぼすべての部族が同盟者として、あるいは改宗したムスリムとしてウンマに加わっていた。ウンマのメンバーは当然ながら互いに攻撃してはならないのだから、報復の連鎖が続く部族どうしの醜い争いは終わりを告げた。ムハンマドは、戦いに疲弊したアラビアに独力で平和をもたらしたのであった。

Ⅱ　正統カリフ時代——六三二～六六一年

ウンマを維持するための指導者

ムハンマドの生涯と業績は、その後のムスリムたちの精神的・政治的・倫理的あり方に影響を与えることになった。彼の業績はイスラーム的な「救済」体験を表しているが、その「救済」とは、アダムが犯した「原罪」を贖《あがな》って永遠の命を得ることではなく、神から人類に求められたことを実行する社会を築き上げることにある。そうすることでムスリムは、イスラーム以前のアラビアに存在した政治的・社会的混乱から救い出されただけでなく、神の望みを実現できる唯一の方法である神への心からの服従をいっそう容易に行える環境も与えられた。

ムハンマドは、神への完全服従の典型的な模範となり、ムスリムは、後に見るように、霊的生活と社会生活でこの模範に従おうと努力するようになった。ムハンマドは、神と同格の者として崇敬されるのではなく、理想的な完全人間だと考えられた。神への服従が完全無欠だったので、社会を変革してアラブ人が仲よく暮らせるようにできたのだと思われたのである。イスラームという語は、語源的にはサラーム（平和）と関係があり、実際、初期の頃にイスラームは団結と協調を推し進めていた。

ところで、ムハンマドがこれほどの成功を収めたのは、神の啓示の受け手となったからである。クルアーンを構成するお告げは、生涯を通じて神から下されていた。危機に直面したり窮地に陥ったりすると、ムハンマドは自分の内面に深く入り込み、神から与えられる解決策に耳を傾けた。その意味で彼の生涯は、超越的存在と、俗世間の暴力的で不安と困惑を生み出す数々の出来事との間で絶え間なく対話を続けた一生だった。クルアーンが当時進行していた公的な事件を取り上げ、政治に神の導きと光明をもたらしているのは、こうした事情による。しかしムハンマドの後継者たちは預言者ではなく、各自が持つ人間としての洞察力に頼らざるをえなかった。では、彼らはどうやってムスリムがこの神聖な命令に建設的かつ真正面から取り組み続けるようにさせたのだろうか？　彼らの統治するウンマは、マディーナ時代のような、全員が顔見知りで官僚機構など必要なかった小さな共同体ではなく、規模ははるかに大きくなり、複雑さも次第に増していた。ムハンマドの新たな代理人（ハリーファ。慣用で「カリフ」と呼ばれる）が、まったく異なる環境の中で最初のウンマの本質を維持するには、どうすればよいのだろうか？

初代カリフ、アブー・バクル

こうした難問に取り組んだのが、ムハンマドの跡を継いだ最初の四人のカリフだった。彼らは全員がムハンマドのごく親しい仲間（教友）で、マッカとマディーナでは指導的役割を果たしていた。この四人がいわゆる「正統カリフ」で、その原語「ラーシドゥーン」は「正しく導かれた者たち」を意味し、彼らの統治時代はムハンマド時代と並ぶ形成期となった。後のムスリムたちは、この動乱と栄光と悲劇に満ちた時代をどう評価するかによって、自分たちのあり方と神学を形作っていくことになる。

ムハンマドの死後、指導的立場のムスリムたちは、ウンマがどのような形をとるべきかを決定しなくてはならなかった。それまでアラビアには「国家」という政治制度はなかったから、「国家」を作るべきだとは思っていなかった者はいただろう。各部族がそれぞれ自分たちのイマーム（指導者）を選ぶべきだと考える者もいたようだ。しかし、ムハンマドの教友であるアブー・バクルとウマル・イブン・ハッタープは、ウンマは団結してまとまった共同体でなくてはならず、ムハンマド時代のように単一の統治者を置くべきだと主張した。一部には、ムハンマドは男性親族のうち最も近縁なアリー・イブン・アビー・ターリブに跡を継いでほしいと思っていたはずだと信じる者たちがいた。アラビアでは、血縁は神聖なもので、部族長の特別な資質は代々子孫に伝わるものと考えられており、一部のムスリムたちは、アリーはムハンマドの特殊なカリスマをいくらか受け継いでいると信じていた。アリーが敬虔《けいけん》な信仰心の持ち主であることに疑問の余地はなかったが、彼はまだ若く、経験も浅かったため、アブー・バクルが賛成多数でムハンマドの跡を継ぐ初代カリフに選ばれた。

背教との戦い

アブー・バクルの在位（六三二～六三四年）は短かったが、決定的に重要だった。彼を大いに悩ませたのが、いわゆる背教《リッダ》との戦いだ。多くの部族が、ウンマから離れてかつての独立を回復しようとしたのである。しかし、これを広範囲で棄教が起きたと考えるのは間違いだろう。この反乱は、もっぱら政治的・経済的理由によるものだった。イスラーム同盟に加わったベドウィンの大半は、ムハンマドの宗教の細かい点にほとんど関心を抱いていなかった。現実主義者だったムハンマドも、結んだ同盟の多くが純粋に政治的なもので、アラビアの荒野で日常的な、ある族長が別の族長と力を合わせただけのことだと理解していた。族長の中には、自分が盟約を結んだ相手はムハンマドであってその後継者ではなく、彼が死んだ以上、ウンマに属する部族を自由に襲撃してかまわないと思う者もいたであろう。こうした態度は、ムスリムからの反撃を招く結果になった。

ただ注目すべきは、反乱部族の多くが自分たちの反乱に宗教的な正当性を与える必要があると感じていたことで、リーダーたちはしばしば自ら預言者を名乗ってクルアーン風の「啓示」を作り出した。それほどまでにアラブ人の味わった体験は強烈なものだった。ただし、その体験は、多くの者にとっては回心《かいしん》によって得られる個人的な信仰ではなかったという点で、今日的な意味で言う「宗教的」なものではなかった。

ムハンマドは従来の枠組みを打ち破り、それによって突然アラブ人は――一時的だったにせよ――初めて統一的な共同体の一員となり、身をすり減らすばかりの絶え間ない戦争の重荷から解放された。彼らはムハンマドが活動した短い年月の間に、宗教的変化と結びついた、まったく異なる生き方を送る可能性を垣間見《かいまみ》たのである。ウンマから離脱したいと思った者たちでさえ、そうした出来事のあまりの衝撃に、預言者としての視点からしか考えることができなかったのだ。どうやらこの背教との戦争の頃からムスリムたちは、背教の預言者たちからの異論に対抗するため、クルアーンで明確に述べられていることではないが、ムハンマドは最後にして最大の預言者だったと主張するようになったようだ。

第二代カリフ、ウマル・イブン・ハッターブ

アブー・バクルは、知恵と温情で反乱を鎮め、アラビア統一を成し遂げた。反乱部族の不平

を巧みに処理し、帰順した者には一切報復をしなかった。帰順した中には、稼ぎの大きい近隣諸国への略奪《ガズウ》に参加できるかもしれないと思って戻って来た者もおり、周辺諸国への襲撃が第二代カリフ、ウマル・イブン・ハッターブの治世（六三四〜六四四年）で猛烈な勢いで進められた。この略奪遠征は、半島でイスラームによる新たな平和がもたらされたことで生じた問題に対処するためのものだった。

それまでの数百年間、アラブ人は富の不足を略奪によって補ってきたが、イスラームによりウンマに属する部族は互いに襲撃し合うのを禁じられたため、これができなくなった。ムスリムが略奪をやめても何とか細々と暮らしていけるようにするには、どうすればいいのだろうか？ ウマルは、ウンマに秩序が必要なことを理解していた。無法者たちを統制下に置き、それまで襲撃や報復に費やされてきたエネルギーを今後は共同体全体の活動へ向けてやる必要があった。その明らかな解決策が、近隣諸国の非ムスリム共同体に次々と略奪を仕掛けることだった。攻撃の矛先を外へ向ければウンマの統一は維持される。さらに、カリフの権威も増すと考えられた。

アラブ人は伝統的に王制を嫌い、支配者が君主のように振る舞えば必ず疑いの目を向けた。しかし、軍事作戦の実行中や新たな牧草地へ移動するときには族長の権威に従った。そこでウマルはアミール・アル＝ムウミニーン（信徒たちの長）と名乗り、ムスリムたちは、各自が自分で決めることのできる事柄以外の、ウンマ全体に関する問題については彼の決定に従った。

周辺諸国への略奪遠征

かくしてウマルの指揮下、アラブ人はイラク、シリア、エジプトへ進撃し、次々と見事な勝利を上げた。カーディスィーヤの戦い（六三七年）でペルシア軍を破り、余勢を駆ってサーサーン朝ペルシアの首都クテシフォンを陥落させた。これでムスリムは、軍勢さえ整えば、すぐにもペルシア帝国全土を征服できるまでになった。一方、ビザンツ帝国では頑強な抵抗に遭い、ビザンツの中核地域であるアナトリアには領地を獲得できなかった。

それでもムスリムはパレスチナ北部のヤルムークの戦い（六三六年）で勝利を収めると六三八年にはエルサレムを占領し、六四一年までにシリア、パレスチナ、エジプトの全土を支配した。ムスリム軍はさらに北アフリカ沿岸を進んでキレナイカまでを征服した。バドルの戦いからたった二〇年で、アラブ人は広大な帝国を手にしたのである。拡大は続いた。ムハンマドの死から一〇〇年後には、イスラーム帝国は西はピレネー山脈から東はヒマラヤ山脈にまで広がった。

これもやはり奇跡であり神の恩寵《おんちょう》の現れであると思われた。イスラームが成立する以前、アラブ人はよそ者として蔑まれる存在だった。それが驚くほどの短期間に、ふたつの世界帝国に大勝利を収めたのだ。この征服体験は、自分たちに何かとてつもないことが起きたのだという感覚をいっそう強めた。こうして、ウンマの一員であることは、かつての部族時代には味わ

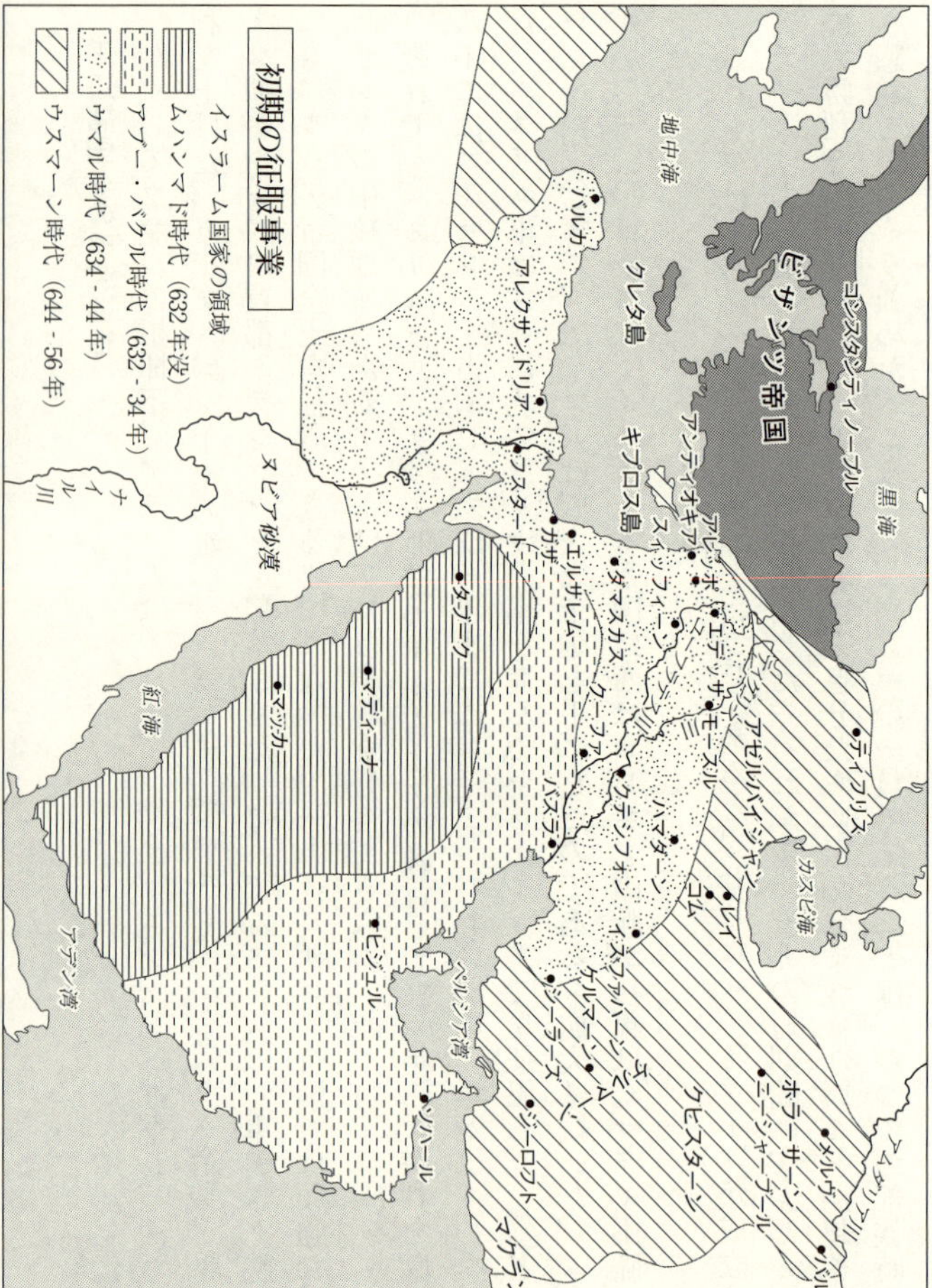

初期の征服事業
イスラーム国家の領域
ムハンマド時代（632年没）
アブー・バクル時代（632 - 34年）
ウマル時代（634 - 44年）
ウスマーン時代（644 - 56年）
地中海
バルカ
アレクサンドリア
クレタ島
ビザンツ帝国
コンスタンティノープル
黒海
アンティオキア
キプロス島
アレッポ
スィッフィーン
エデッサ
モースル
フスタート
ナイル川
ヌビア砂漠
ガザ
エルサレム
ダマスカス
クーファ
バスラ
タブーク
マディーナ
マッカ
紅海
アゼルバイジャン
ティフリス
カスピ海
レイ
コム
ハマダーン
クテシフォン
イスファハーン
ケルマーン
シーラーズ
ヒジュル
ペルシア湾
ソハール
アデン湾
クヒスターン
ホラーサーン
ニーシャープール
メルヴ
バルフ
アムダリア川
ジーロフト
マクラーン
インダス川
アラビア海
N

ったこともなければ想像もできなかった超越的な体験となった。

しかも彼らの成功は、正しく導かれた社会は神の法にかなっているのだから必ず繁栄すると説くクルアーンのメッセージが正しいという証明にもなった。神の意思に服従した途端に何が起きたのかを見てみれば、そう思うのも当然だろう。キリスト教徒は、イエスが十字架に掛けられて死ぬという、一見すると失敗や敗北と思われる事件に神の恩寵を見たが、それに対してムスリムは、政治的成功を神の恵みのしるしだと感じ、自分たちの人生に神が顕現した証拠だと実感していた。

「イスラームの家」という世界観

ただ、ここで明言しておきたいのは、アラブ人がアラビア半島から進撃を開始したのは、「イスラーム」の残忍な力に駆り立てられたからではなかったという点だ。欧米人は、イスラームは暴力的・好戦的な宗教で、征服した被支配民族に剣を突きつけて改宗を強制したと思い込んでいることが多い。これは、ムスリムの拡大戦争に対する間違った解釈だ。この遠征に宗教的な要素は何ひとつなく、ウマルも自分が神から世界征服を命じられたなどとは少しも思っていなかった。ウマルと軍勢の目的はまったく現実的なもので、彼らが求めていたのは略奪による利益と、ウンマの統一を守る共通の活動だった。これまでもアラブ人は何百年にもわたり、半島の外に住む豊かな定住民を襲撃しようとしてきた。今回がそれまでと違っていたのは、たまたま勢力の空白期と一致したことだ。ペルシアとビザンツ帝国は、何十年もの間、互いに国力をすり減らしながら長期にわたり何度も戦争を続けていた。両国とも疲弊していたのだ。ペルシアでは、派閥争いが起きたのに加え、洪水で農業が壊滅的な打撃を受けていた。しかもサーサーン朝の軍人は大半がアラブ人かその子孫で、アラブ人が攻めてくると相手方に寝返った。一方ビザンツ帝国では、ムスリム軍はビザンツの中核地域であるアナトリアへは進撃できなかったものの、シリアと北アフリカの属州ではギリシア正教会の宗教的不寛容のせいで地元住民が離反しており、アラブ人が攻めてきても帝国を助けようとはしなかった。

その後、ムスリムが大帝国を築いてから、イスラーム法によってこの征服事業に宗教的な解釈が与えられ、世界はダール・アル＝イスラーム（イスラームの家）と、これと常に戦争状態にあるダール・アル＝ハルブ（戦争の家）に分けられることになる。しかし現実には、ムスリムはこの時点で勢力拡張が限界に達したことを認め、非ムスリム世界と平和的に共存していた。

クルアーンは、戦争を無条件で是認しているわけではない。正しい価値観を守る自衛の戦いは正義の戦争だという考えを展開してはいるが、殺人や侵略行為は非難している（クルアーン2章194節および251節、22章40節）。しかも、アラブ人がいったん半島を出てみると、周りにいるのはほとんど誰もが、神から本物の聖典を授かった啓典の民ばかりだった。そのためイスラームへの改宗を強制することはなかった。それどころか、八世紀半ばまでは改宗が推奨されることとさえなかった。ムスリムの考えでは、ユダヤ教がイサクの子孫の宗教であるように、イスラームはイスマーイール（イシュマエル）の子孫のための宗教だった。また、昔からアラブの部族民たちは、保護の対象を立場の弱い従属者（マワーリー）にも広げていた。新たな帝国に住むユダヤ教徒・キリスト教徒・ゾロアスター教徒が、いったんズィンミー（保護下に置いた被支配民）になったら、何があっても彼らを略奪したり襲撃したりすることはできない。従属者を厚遇し、困ったときは助け、危害を加えられたら報復するのは、アラブ人の間ではいつの時代も名誉に関わる問題だった。ズィンミーは、軍事的保護を受ける代わりに人頭税（ジズヤ）を支払い、クルアーンで認められているとおり、自分が信じる宗教を信仰するのを許された。実際、一部のキリスト教徒は、ギリシア正教会から異端として迫害されていたため、ビザンツよりもムスリムに支配される方がはるかによいと思っていた。

ウマルの死と第三代カリフ、ウスマーン・イブン・アッファーン

ウマルは、正しい規律を維持しようとの決意を固めていた。まず、アラブ軍人には勝利の成果を享受させなかった。征服地は、将軍に分け与えたりせず、それまでその土地を耕してきた者たちにそのまま預け、ムスリム国家に地代を支払わせた。ムスリムは都市に移り住むのを許されなかった。その代わり、入植用に新たな「軍営都市」（ミスル）を戦略上の要地に建設した。イラクのクーファとバスラ、イランのコム、ナイル河畔のフスタートなどがそうだ。古くからある都市では、ダマスカスだけがムスリムの中心地となった。各ミスルにはモスク

が建てられ、ここでムスリムの軍人たちは金曜礼拝に出席した。こうした軍営都市では、軍人たちはイスラームにのっとった生活を送るよう教えられた。ウマルは、家族の大切さを重視し、飲酒には厳しく、ムハンマドのように普段から質素に暮らす禁欲の美徳を奨励した。ただし、軍営都市はアラブ人だけが住む飛び地で、クルアーンの世界観に適合できる伝統が外国の地で存続する場所でもあった。この時点では、イスラームは基本的にアラブ人の宗教だった。改宗したズィンミーも、必ずどれかひとつの部族の「従属者」となってアラブ人の制度の一部にならなくてはならなかった。

しかし、この勝利の期間は突然終わりを告げた。六四四年一一月、ウマルがマディーナのモスクで、個人的な恨みを抱くペルシア人捕虜に刺されて死んだのである。正統カリフ時代の末期は、暴力に満ちたものとなった。

第三代カリフには、ムハンマドの教友六名によってウスマーン・イブン・アッファーンが選ばれた。彼は前任のふたりよりも性格の弱い人物だったが、在位当初の六年間、ウンマは繁栄を続けた。ウスマーンの統治は順調で、ムスリムは新たな領土を獲得した。ビザンツ帝国からキプロスを奪って、その勢力をついに地中海西部から駆逐したし、北アフリカでは軍勢が現リビアのトリポリにまで達した。東方では、ムスリム軍はアルメニアの大部分を占領してカフカース山脈を越え、ムスリムの支配地域を中央アジアのアムダリア川、アフガニスタンのヘラート、インド亜大陸のスィンド地方にまで広げた。

軍人、ムスリム、宗教権威らの不満

だが、こうして次々と勝利を上げていたにもかかわらず、軍人たちは次第に不満を募らせていた。彼らは激変に見舞われていた。わずか一〇年あまりの間に、厳しい遊牧生活から、まったく異なる職業軍人としての生活スタイルへと移ったのである。夏は戦闘に明け暮れ、冬は故郷から遠く離れた軍営都市で過ごす。今では膨大な距離を移動するようになったため、遠征による疲労は増し、手に入る戦利品も以前より少なくなっていた。それでもウスマーンは、軍の指揮官やマッカの裕福な一族がイラクなどの国々に私有地を設けることを許そうとせず、そのため彼の人気は低く、特にクーファとフスタートでは不満が高まっていた。

また、ウスマーンが自分の属するウマイヤ家の者を高い地位につけたことに、マディーナのムスリムが反発した。ウマイヤ家出身の役人には非常に有能な者が多かったのだが、それでも身内びいきだとの批判が上がった。例えば、ウスマーンはシリア総督に、ムハンマドのかつての敵アブー・スフヤーンの息子ムアーウィヤを任命している。ムアーウィヤは立派なムスリムで、真面目《まじめ》な性格と的確な状況判断で知られる有能な行政官だった。しかし、預言者ムハンマドのアンサール（援助者）だったことを今なお誇りにしているマディーナのムスリムたちにしてみれば、自分たちがアブー・スフヤーンの子孫の後塵《こうじん》を拝するなどあってはならないことだった。

また、クルアーンを暗記して宗教上の最高権威となっていた暗唱者たちも、クルアーンをめぐるウスマーンの方針に激怒していた。軍営都市で使用する聖典を特定の版に限ることとし、暗唱者の多くが愛用していた、細かい点に違いのある異本を禁止にしたからである。不満を抱く者たちは、次第にムハンマドのいとこアリー・イブン・アビー・ターリブに期待を寄せるようになった。どうやらアリーは、かつてウマルとウスマーンの方針に反対し、「軍人の権利」を支持して中央権力に立ち向かったことがあったようだ。

六五六年、不満は最高潮に達し、公然と反乱が起きた。アラブ軍人の一団がフスタートからマディーナに帰還して正当な報酬を求めたが、無視されると、ウスマーンの質素な家を取り囲み、押し入ってウスマーンを暗殺した。反徒たちは、新たなカリフとしてアリーを推戴《すいたい》した。

Ⅲ 初の内乱とウンマの在り方の模索

最後の正統カリフ、アリー

アリーは推されて当然の人物と思われていた。幼い頃はムハンマドの家で育ち、預言者が推し進めていた理想をよく身につけていた。軍人としても優秀で、副官たちを励ますために書いた手紙は、正義を守る必要性と、被支配民族に思いやりをもって接する大切さを説くもので、今もムスリムの名文として高く評価されている。しかし、ムハンマドと親しい間柄だったものの、その即位はすべての人々に受け入れられたわけではなかった。アリーを支持していたのは、マディーナのアンサールと、ウマイヤ家の台頭を苦々しく思っていたマッカ市民たちだった。また、いまだに伝統的な遊牧生活を送るムスリムの支持も受けていて、特にそうした人々はイラクに多く、同地の軍営都市クーファはアリー派の拠点となった。一方、ウスマーンもアリーと同じくムハンマドの娘婿で、最初期にイスラームへ改宗したひとりだったから、暗殺事件の衝撃は大きく、これをきっかけにウンマ内部で五年にわたる内乱が始まった。アラビア語では、これを「試練の時」という意味で「フィトナ」と呼ぶ。

少し遅れて、ムハンマド最愛の妻だったアーイシャが、同族のタルハや、ムハンマドのマッカ時代からの教友ズバイルとともに、ウスマーン暗殺犯を罰しないアリーを批判して反旗を翻した。軍隊は地方にいたので、反徒たちはマディーナを出てバスラへ移動した。アリーは難しい立場に置かれていた。アリー自身もウスマーン殺害に驚いていたに違いなく、敬虔な人物として、これを見過ごすことなどできなかった。しかし彼の支持者たちは、ウスマーンはクルアーンの理想に沿う公正な政治を行っていなかったのだから殺されて当然だと主張した。アリーは熱烈な支持者たちと縁を切ることができず、クーファに移って、そこを本拠地とした。それから軍隊を率いてバスラへ向かい、反乱軍をやすやすと破った。この戦いは、反乱軍と行動をともにしていたアーイシャがラクダに乗って戦闘の様子を見ていたことから「ラクダの戦い」と呼ばれている。

アリーは勝利すると、支持者を要職に就け、財産を分け与えたが、それでも完全な「軍人の権利」は認めず、かつてペルシア帝国が税収の大半を得ていたクーファ周辺の肥沃な農業地帯サワード地方を軍人らの私領とするのを許さなかった。彼は、味方を満足させられないばかりか、ウスマーン殺害を非難しなかったことで強い疑いの目も向けられるようになっていった。

アリーとウマイヤ家の対立

シリアでは、アリーの即位は認められておらず、ムアーウィヤがダマスカスを本拠地として対抗していた。彼はウスマーンと同族であり、ウマイヤ家の新たな家長である以上、その敵《かたき》を討つのはアラブの族長として当然の義務であった。彼はマッカの裕福な一門から支持を得ていただけでなく、シリアのアラブ人からも、強力で賢明な統治を高く評価されて支持されていた。そうしたムアーウィヤの立場にアリーは一定の共感を抱いていたらしく、当初は何も対策を取らなかった。しかし、ムハンマドの親類や教友が互いに争い合おうとする現状は、きわめて憂慮すべきものだった。ムスリムどうしの一体感を醸成し、ウンマをひとつにまとめて、そこに神の唯一性が反映されるようにすることこそ、ムハンマドの使命だったからだ。

抗争の激化という忌まわしい事態を避けるため、両陣営は六五七年、ユーフラテス川上流のスィッフィーンで戦った後、話し合いによる解決を図ったが、協議はまとまらなかった。ムアーウィヤの支持者たちはクルアーンの紙片を槍《やり》の先につけ、中立派のムスリムに、神の言葉に従って両陣営間の調停を行ってほしいと呼びかけた。調停の内容はアリーに不利だったらしく、支持者の多くはアリーを説得して調停を受け入れさせようとした。これで強気になったムアーウィヤは、アリーを退位させ、イラクに軍隊を送り、エルサレムで自らカリフを名乗った。

ハワーリジュ派弾圧とアリー暗殺

一方、アリー支持者のうち一部の急進派は、調停を受け入れるのを拒否し、アリーが屈服したことに憤慨した。いわく、ウスマーンはクルアーンの規範に従った行動ができていなかった。それなのにアリーは、ウスマーンの犯した悪事を正すことができず、不正の支持者と妥協したのだから、彼は真のムスリムではない。そう考えた彼らは、今のウンマはクルアーンの精神に背いていると主張してウンマから離脱し、別に指導者を選んで独自のグループを作った。この急進派はハワーリジュ派（退去した者）と呼ばれ、最初に離脱した者たちはアリーの弾圧を受けて一掃されたが、彼らの運動は帝国全土で信奉者を得た。その多くはウスマーン時代の親族重用に懸念を抱き、クルアーンの平等主義的精神を実践したいと考えていた。

ハワーリジュ派は常に少数派だったが、その見解は重要だった。なぜなら、政治がウンマの道徳性に影響を及ぼして神学の新たな展開を招いたという点で、ムスリムの重要な傾向を示す最初の事例だったからである。ハワーリジュ派は、イスラーム共同体の支配者は最も強い権力者ではなく最も熱心なムスリムであるべきで、ムアーウィヤのように権力を追い求める者がカリフになってはならないと主張した。神は人間に自由意志を授けたが、神は公正であるから、ムアーウィヤやウスマーンやアリーのような、イスラームに反して背教者となった悪人を必ずや罰するであろう。そう説くハワーリジュ派は、急進派ではあったが、ムスリムたちに、誰がムスリムで誰がムスリムでないかという問題を考えさせることになった。政治指導者のあり方は宗教思想として非常に重要だったため、これを契機に、神の本質と運命と人間の自由についての議論が起こった。

アリーは、ハワーリジュ派を厳しく弾圧したことで大幅に支持を失い、クーファからも離反者が出た。一方ムアーウィヤは着実に勢力を広げ、アラブ人の多くは中立を保った。再び調停が試みられ、別の人物をカリフ位に就けるため候補者探しが行われたが、不調に終わった。ムアーウィヤの軍勢は、アラビアで彼の支配に抵抗する勢力を破り、六六一年にはアリーがハワーリジュ派の人物に殺された。クーファでアリーへの忠節を守っていた者たちは息子のハサンを擁立するが、ハサンはムアーウィヤと和解し、年金をもらってマディーナに退去すると、その後は政治に一切関与せずに過ごし、六六九年に没した。

正統カリフ時代の幕切れ

かくしてウンマは新たな段階に入った。ムアーウィヤはダマスカスを首都と定め、ムスリム共同体の統一回復に取り掛かった。しかし、すでにひとつのパターンが出来上がっていた。イラクのムスリムとシリアのムスリムは、今では互いに敵対感情を抱いていた。

後になると、アリーは現実政治の論理に敗れた立派で敬虔な人物だったと考えられた。男性として最初にイスラームに改宗した者であり、ムハンマドの男性親族のうち最近親者だった人物を殺害したのは、当然ながら不名誉な事件と見なされ、ウンマの道徳的健全性に深刻な疑問を投げ掛けた。アリーは、アラブ人の通説により、ムハンマドの類まれなる資質の一部を受け継いでいたと考えられ、その男性子孫は優れた宗教的権威として尊敬された。敵からだけでなく味方からも裏切られたアリーの運命は、生きている限り逃れられない不正を表す象徴となった。

やがてムスリムの中から、在位中のカリフの言動に反対し、ハワーリジュ派のようにウンマから離脱して、真のムスリム全員に、イスラームの道徳規範を高める努力（ジハード）に参加するよう呼びかける者が出てきた。その多くは、シーア・アリー（アリー党）の一員と名乗るようになる。

だが、ほかの者たちはもっと中立的な立場を取った。彼らは、不和が流血の事態に発展してウンマを引き裂いたことに愕然《がくぜん》とし、以後イスラームでは、統一がそれまで以上に重要視された。多くの者がアリーに不満を抱いていたが、ムアーウィヤが理想には程遠いことも分かっていた。

次第に人々は、四人の正統カリフの時代を、ムスリムが敬虔な人物に統治されていた時代と見なし、正統カリフは預言者ムハンマドに近しい人たちだったが、悪人らによって倒されたのだと考えるようになった。第一次内乱で起きた出来事は象徴的なものとなり、対立していた諸党派は、この悲劇的な出来事を踏まえて、自分たちに課せられたイスラームの使命を理解しようとした。だが、中心地がムハンマドと正統カリフの町マディーナからウマイヤ家の拠点ダマスカスへ移ったことについては、誰もがこれは単なる政治上の処置ではないと感じていた。ウンマは預言者ムハンマドの世界から遠ざかろうとしているように思われ、その存在理由を失う恐れがあった。そうした中、ムスリムのうち人一倍敬虔で危機意識の強い者たちは、ウンマを正しい道に引き戻す新たな方法を見つけ出そうと決意していた。

第2章　イスラーム国家の発展

Ⅰ　ウマイヤ朝と第二次内乱

ウマイヤ朝の創始

カリフとなったムアーウィヤ（在位六六一～六八〇年）は、帝国の統一回復を成し遂げた。ムスリムたちは内乱に衝撃を受けており、同胞のアラブ人から遠く離れた軍営都市で、いつ反旗を翻すとも知れない被支配民族に囲まれて過ごすのがどれほど危険か、実感していた。あのような破滅的な内乱を起こす余裕などない。彼らは強力な政府を求め、有能な支配者だったムアーウィヤは、それを提供することができた。

彼は、ウマルが実施していたアラブ人ムスリムと現地住民とを分離する制度を復活させ、アラビアの一部ムスリムたちから依然として声高に求められていた占領地での私領設営の権利は、引き続き認めなかった。改宗も積極的には推進せず、効率的な行政機構を作り上げた。このためイスラームは、征服者であるアラブ人エリートの宗教であり続けた。当初アラブ人は、帝国統治の経験がまったくなかったため、かつてビザンツ帝国やペルシア帝国の政府に仕えた非ムスリムの知識と経験に頼っていたが、やがて、そうしたズィンミー（被支配民）たちを次第に高い地位から排除していった。

続く一〇〇年の間にウマイヤ朝のカリフたちは、ムスリム軍が征服した多種多様な地域を、共通のイデオロギーによって統一帝国へと徐々に変容させていくことになる。それは確かに偉業であった。しかし、その宮廷は豊かな文化と豪奢《ごうしゃ》な生活様式をおのずと発達させていき、多くの点で普通の支配階級と何ら変わりないものとなった。

そこにジレンマがあった。数百年来の経験から、農業経済に基盤を置く近代以前の帝国を統治するのに有効な方法は専制君主制しかないとされ、専制君主制の方が、将軍たちが日常的に権力闘争を繰り広げる軍事寡頭《かとう》制よりはるかに望ましいと見なされていた。ひとりの人間に特権を与え、その前では富める者も貧しき者も等しく無力な存在となるほど強大な権力を持たせるという発想は、今日の民主主義的時代にはとうてい容認できるものではないが、ここで思い出してほしいのは、民主主義は、科学技術によって富を限りなく再生産する工業社会が成立して初めて可能となったもので、西洋近代の到来以前は考えられなかったという点だ。近代以前の世界では、君主の力が誰にも抵抗できないほど強ければ、その君主は自ら戦いを始めることはなく、有力者どうしで対立が起これぱこれを収め、貧民のために出された嘆願を無視することもなかった。そのため君主制を支持する気持ちは非常に強く、後に見るように、大帝国の各地に実力者が割拠して実権を振るったときでさえ、彼らは形式的に君主への忠誠を誓い、表向きは君主の家臣として振る舞っていた。

ウマイヤ朝の歴代カリフは、広大な帝国を統治し、その領域はさらに拡大を続けていた。彼らは、平和を維持するには自分たちも専制君主になるほかないと気づくことになるが、それをどうやってアラブの伝統と調和させ、どうやってクルアーンの徹底的な平等主義と矛盾なく両立させればよいのかが問題となった。

シーア派の分裂

ウマイヤ朝初期のカリフたちは専制君主ではなかった。ムアーウィヤも、アラブ人の族長のように共同体の代表者として統治した。アラブ人が昔から王制に不信を抱いていたのは、いくつもの小集団が同じわずかな富を奪い合わなくてはならない地域に王制は不向きだったからである。王朝支配の仕組みがなかったのも、常に最も優秀な人物を族長とする必要があったからだ。しかし内乱により、後継者争いがどれほど危険なものか明らかとなった。ウマイヤ朝のカリフを「世俗的」支配者と考えるのは間違いだろう。ムアーウィヤは、イスラームの通説によると、宗教的な人物で、敬虔なムスリムであった。彼は、かつて数多くの偉大な預言者が活躍し、ムスリムにとって最初のキブラ（礼拝の方向）でもあった町エルサレムの神聖さが守られるよう全力を尽くしたし、ウンマの統一を維持することにも懸命に取り組んだ。

その統治の根底にあったのは、全ムスリムは兄弟であり、互いに争ってはならないとするクルアーンの教えだった。彼は、クルアーンの教えに基づき、ズィンミーに宗教的自由と個人的権利を認めている。しかし、ハワーリジュ派など一部のムスリムは、内乱の体験から、イスラームはこれにとどまるものでなく、公私の両面にわたってもっと大きな意味を持つべきだと考えるようになっていた。

つまり、農業国家の求めるものとイスラームの求めるものとが衝突する可能性があったのであり、この衝突は、ムアーウィヤの死後、悲惨な形で現実となった。彼は以前から、カリフ位の継承を安定的に進めるにはアラブ人の伝統を破らなくてはならないと考えており、死ぬ前に息子を後継者に決めた。こうして即位したのがヤズィード一世(在位六八〇~六八三年)である。

しかし、これにはすぐさま反発の声が上がった。クーファでは、熱心なアリー支持派がアリーの次男フサインこそ指導者になるべきだと訴え、マディーナにいたフサインは、支持者とその妻子から成る小集団を連れてイラクへ向かった。しかし、その間にクーファの人々はウマイヤ家の総督に脅されて支持を撤回してしまう。それでもフサインは、預言者ムハンマドの一族が真のイスラーム的価値観を求めて行進する様子を見ればウンマはその第一の義務を思い出すだろうと考え、降参するのを拒んだ。クーファ近郊にあるカルバラーで、フサインとその支持者たちはウマイヤ軍に包囲され、虐殺された。フサインは、幼子を抱えたまま、最後に殺された。

ムハンマドの孫がこのような悲劇的な死を遂げたことに全ムスリムが嘆き悲しんだが、とりわけシーア・アリー（アリー党）を名乗る人々は、フサインの最期を知って、ムハンマドの子孫に対する思いをいっそう強くした。シーア派のムスリムにとってカルバラーの悲劇は、アリー殺害と同様、人生に蔓延するかに思われる根深い不正の象徴となった。さらにこの事件は、政治が流血も辞さないほど宗教と相いれない様相を示している以上、宗教上の義務を過酷な政治の世界に組み込むのは不可能であるようにも思われた。

第二次内乱とカリフ位の世襲化

さらに深刻だったのが、かつてラクダの戦いでアリーと戦って敗死したズバイルの息子アブドゥッラー・イブン・ズバイルがヒジャーズ地方で反乱を起こしたことだ。この反乱は、権力をウマイヤ家から奪い返してマッカとマディーナに取り戻すことで初期ウンマ本来の価値観に戻ろうとする試みでもあった。六八三年にウマイヤ軍はマディーナを占領したが、同年にヤズィード一世と後継の若い息子ムアーウィヤ二世が相次いで急死すると、その混乱のためマッカ攻撃は中止になった。ウンマは再び内乱によって分裂したのである。

イブン・ズバイルは、カリフとして幅広い承認を得たが、六八四年にハワーリジュ派が反乱を起こしてアラビア半島中部に独立国を作ると、他の地域から切り離されてヒジャーズで孤立した。ハワーリジュ派は、イラクとイランでも反乱を起こした。クーファでは、シーア派が死んだフサインの敵《かたき》を討ってアリーの別の息子を推戴するべく蜂起した。反徒たちは、みなクルアーンの平等主義的理想を主張したが、最後に勝利したのは、ムアーウィヤ一世のはとこでシリア軍を擁するウマイヤ家のマルワーン一世とその子アブドゥルマリクだった。六九一年までに敵対勢力はすべて平定され、翌年にはイブン・ズバイルが敗死した。

アブドゥルマリク（在位六八五～七〇五年）はウマイヤ朝による支配を回復するのに成功し、治世最後の一二年間は平和と繁栄に恵まれた。まだ専制君主ではなかったが、第二次内乱の後は明らかに専制君主への道を進んでいった。各地のアラブ人族長に対抗してウンマの結束を守り、反徒を屈服させ、断固たる決意で中央集権政策を推し進めたのである。ペルシア語に代わってアラビア語が帝国の公用語となり、クルアーンの章句をあしらったイスラーム初の貨幣が鋳造された。

六九一年には、エルサレムに岩のドームが完成した。これはエルサレムで初の主要なイスラーム建築物で、キリスト教徒が多数を占める聖都でイスラームの優位を高らかに主張した。それは、イスラームが確固たる地位を占めたという宣言だった。さらに岩のドームは、イスラーム特有の建築・芸術様式の基礎も築いた。人の手による造形は超越性を満足に表現できず、礼拝者の気を超越性からそらしてしまう恐れがあることから、具象的な芸術は禁止された。代わりにドーム内部は、神の言葉であるクルアーンの章句で装飾された。ドームそのものは、後にムスリム建築の主要な特徴となるが、これはすべての信者が望む霊魂の昇天を象徴する巨大なシンボルであると同時に、タウヒード（神の唯一性）の完璧な調和も表している。ドームの内部空間には、無限の天空を指し示すドームの外観とまったく同じものが再現されている。これは、人間世界と神の世界とが、あるいは内面世界と外部世界とが、ふたつでひとつの完全な単一体を構成する要素として互いに補完し合っていることを示している。ムスリムはだんだんと自信を深め、独自の精神世界観を表現するようになっていった。

こうした状況の変化に伴い、ムスリムと被支配民族とを隔てていた厳しい規則が徐々に緩和されていった。非ムスリムが軍営都市に移住し始めた。農民がムスリムの農場で働き、アラビア語を話すようになった。商人はムスリムとの交易を開始した。まだ改宗は奨励されていなかったものの、帝国の官吏の中にイスラームを信奉する者も出てきた。しかし、旧来の分離政策が崩れてくると、人々の間にアラブ人ムスリムの特権に対する不満が生まれてきた。ハワーリジュ派とシーア派に対する弾圧は悪い印象を残し、アブドゥルマリクの耳にも、アラビアと軍営都市ではイスラームの理想をもっと厳格に適用すべきだと訴える新たなイスラーム運動が起きているとの報告が届いていた。アブドゥルマリクは、こうした新たな思想に興味を持ちはしたが、クルアーンに支持されているのは自分の政策の方だと主張した。しかし、こうした新しい信仰運動の信者たちの中には、クルアーンはもっと積極的な役割を担うべきで、単なる支持や後ろ盾として利用するのではなく、人生の指針を示すものとすべきだと考える者もいた。

II　イスラームの思想運動

宗教運動の社会背景

二度の内乱は、きわめて重要な問題をいくつも投げ掛けた。信心深い指導者（イマーム）を殺害する社会が神に導かれていると言えるのか？　どのような人物がウンマの指導者となるべきか？　カリフになるべきなのは、最も敬虔なムスリムなのか（これはハワーリジュ派の考え）、預言者ムハンマドの直系子孫なのか（これはシーア派の主張）、それとも、ウマイヤ家の人々に数々の欠点があっても、ムスリムは平和と統一のためウマイヤ朝の支配を受け入れるべきなのか？　第一次内乱で正しかったのはアリーなのか、ムアーウィヤなのか？　そもそもウマイヤ朝は、どれほどイスラーム的なのか？　あれほどぜいたくな暮らしを送り、大多数の民衆が貧困に苦しんでいるのを放置する支配者が、真のムスリムと言えるのか？　さらに、イスラームに改宗した非アラブ人の立場も問題だ。彼らはアラブ諸部族のどれかの「従属者」（マワーリー）にならなくてはならない。これは排他主義と不平等であり、クルアーンとはまったく相いれない慣行ではないのか？

こうした政治的議論から、今日の私たちが知るイスラームという宗教と信仰が現れ始めた。クルアーンの暗唱者など危機意識を持つ人々は、ムスリムであるとはいったいどういうことなのかと問うた。彼らは、社会は第一にイスラーム的であるべきで、アラブ的であることは二の次と考えていた。クルアーンは、人間生活全体のタウヒード（統合）について説いているが、それは、個人の行動すべてと国家の制度すべてとが神の意思への根本的な服従を表現するものでなくてはならないことを意味していると考えられた。

キリスト教では、その成立段階でキリスト教徒がイエスの性質と人格について、罵詈雑言《ばりぞうごん》もたびたび飛び交う激しい議論を行って、神と救いと人間のありようについて独自の見解を発展させた。この、キリスト教で四～五世紀に起きたキリスト論をめぐる大論争と同じ役割をイスラームで果たしたのが、内乱後にムスリムたちがウンマの政治指導者について進めた激論だった。

カダル派による内的生活と体制批判

こうしたムスリムによる新たな信仰の先駆けにして最高の模範であるのがハサン・バスリー（七二八年没）である。ハサンはマディーナに生まれ、ムハンマドの親族に近い人々の中で育ち、ウスマーンが死ぬまで同地で過ごした。その後バスラへ移ると、ムハンマドの禁欲的な生活スタイルに立ち返ったような、この世の財産に対する蔑視を基礎とする霊的生活を実践した。

やがてハサンはバスラで最も有名な説教師になり、その禁欲生活は、宮廷のぜいたく三昧を反政府運動の種になりかねないほど鋭く明快に批判するものとなった。ハサンはバスラで一種の宗教改革を開始し、弟子たちにクルアーンについて深く考えるよう説き、そうした熟考と、内省と、神の意思への全面服従は、人が望むものと神が人に望むものとの葛藤を和らげるのだから、これこそ真の幸福の源であると説明した。ウマイヤ朝を支持してはいたが、非難すべきときに非難する権利はあると明言していた。

彼が選んだ学派は、神の予定（カダル）を研究したことからカダル派と呼ばれている。それによれば、人間は自由意志を持ち、自分の行動に責任を負っているという。特定の行動を取るよう神の予定で決定づけられてはいない。なぜなら神は公正であり、人間に自力ではどうしようもない状況でも高潔に生きよと命ずることはないからである。よって、カリフは自分の行為に責任を持たなくてはならず、神の明確な教えに背いている場合は非難されなくてはならない。

カリフのアブドゥルマリクは、ハサンがこのような反乱につながりかねない教えを広めていると聞くと、宮廷に呼びつけたが、ハサンは人望が非常に厚かったため、カリフも敢《あ》えて罰することができなかった。修練を積んだ内的生活を政府への政治的反対運動に結びつけるというのは、ムスリムの根強い伝統だが、それはハサンから始まったのである。

ムウタズィラ学派の創始

カダル派は、ウンマの統一を守れるのはウマイヤ朝だけだと思われたので、その支配を受け入れた。そのため、ウマイヤ家を死に値する背教者と見なすハワーリジュ派と対立した。ハサンの弟子ワースィル・イブン・アター（七四八年没）は、この極端な両派から「身を引いた」（イウタザラ）穏健なムウタズィラ学派を創始した。この学派は、人間の意志の自由を重視し、宮廷のぜいたくな生活を批判し、全ムスリムの平等を主張するという点ではカダル派と同じだ。しかしムウタズィラ学派は、神が公正であることを強調し、自分のために他人を不当に利用するムスリムには非常に批判的だった。政治問題では、アリーとムアーウィヤの正邪について、人の心の中は神にしか分からないと言って、その判断から「身を引いた」。

この点はハワーリジュ派の極端な主張と真っ向から対立するが、ムウタズィラ学派は積極的に政治に関わることが多かった。クルアーンではムスリムに「善を勧め悪を抑える」（クルアーン49章12節［この章句に該当する箇所はない。ここでは井筒俊彦訳『コーラン』の22章41節から訳文を引用した］）よう説いており、ハワーリジュ派と同様、ムウタズィラ学派の一部もこの教えを非常に真剣に受け止めていた。シーア派の反乱を支持した者もいたし、クルアーンの理想にかなう生き方をしていない支配者をハサン・バスリーのように激しく非難する者もいた。

ムウタズィラ学派は、その後一〇〇年以上にわたってイラクの知識人世界で主流となった。ムウタズィラ学派で展開された合理的な神学（カラーム）では、神の厳密な唯一性・単一性が強調され、この唯一性・単一性はウンマの一体性に反映されていると考えられた。

ムルジア派と法学研究の起こり

別の学派であるムルジア派も、アリーとムアーウィヤの正邪については、重要なのは人の内面的気質であるとして、判断を下さなかった。いわく、ムスリムはクルアーンにあるとおり判断を「延期」(イルジャーウ)しなくてはならない(クルアーン9章106〜107節)。だから、何の落ち度もないうちからウマイヤ家を正統性のない支配者と決めつけたり追放したりするべきではないが、クルアーンの規範に背いた場合は厳しく非難すべきだという。

この学派の最も有名な支持者が、クーファ出身の商人アブー・ハニーファ(六九九〜七六七年)だ。彼はイスラームに改宗すると、法学(フィクフ)という新たな学問分野を開拓した。フィクフは、やがてイスラームの信仰に多大な影響を与え、ムスリム世界の高等教育で主要科目として教えられることになる。またフィクフは、内乱後に生まれた広範囲にわたる不満に起源を持っていた。人々は各自の家やモスクに集まっては、ウマイヤ朝による統治の問題点について話し合い、どうすればイスラームの根本信条に従って社会を運営できるのかを議論した。

法学者たちは、何から何まで神の意思に完全に服従する公正な社会を築けというクルアーンの命令を、信仰上の夢ではなく実現可能なものとするための厳密な法的規範を確立したいと考えていた。バスラ、クーファ、マディーナ、ダマスカスの各都市では、こうした初期の法学者(ファキーフ)たちが、各地の実情に即した法制度を考案した。そのとき問題となったのは、クルアーンには法律的な部分がほとんどなく、たとえあったとしても、きわめて単純な社会しか想定していないという点だった。そのため一部の法学者は、ムハンマドと教友たちが特定の状況でどう振る舞ったのかを突き止めるため、彼らに関する「話」や「言い伝え」（ハディース。複数形はアハーディース）を集め始めた。

別の法学者たちは、自分の都市のムスリムたちが実践している慣行（スンナ）から時代を逆にたどって、この町へ最初に教友が入植した頃の様子を明らかにしようとした。そうすれば真のイルム、つまり、何が正しく、どう振る舞えばよいのかについての知識を得られると考えたのである。

アブー・ハニーファは、ウマイヤ朝時代で最大の法学者となり、今日もなおムスリムたちが従う法学の学派（マズハブ）を開いた。自身は著作をほとんど残さなかったが、弟子たちが彼の教えを後世に伝えた。また後の法学者たちは、わずかに異なる理論を展開して新たな学派を創始した。

イスラーム史学

イスラーム史学も、これと同じ議論の場から生まれた。ムスリムたちは、現在の諸問題への解決策を導き出すには、ムハンマドと正統カリフの時代を振り返らなくてはならないと考えるようになった。カリフは、クライシュ族の一員がなるべきなのか、それともアンサール（マッカからの移住者を受け入れたマディーナのムスリム）の子孫が就いても容認されるのか？　この件についてムハンマドは何らかの意見を述べているか？　後継者選びについてムハンマドはどんな準備をしていたのか？　ウスマーン殺害後に本当は何が起きたのか？

こうした議論を受け、ムハンマド・イブン・イスハーク（七六七年没）などの歴史家たちは、ハディースの中からクルアーンの章句についてムハンマドが特定の啓示を受けた歴史的状況と関連づけて説明しているものを集め始めた。それをもとにイブン・イスハークは預言者ムハンマドの詳細な伝記（スィーラ）を執筆し、その中でアンサールの善行と、ムハンマドと対立したマッカ市民の非道とを強調した。明らかに彼の立場は、ムスリムがアブー・スフヤーンの子孫に支配されるのは適切でないとするシーア派に近かった。こうして史学は、信念に基づく政権批判を正当化する宗教活動となった。

つまり、ウンマの政治的健全さは、新たに起こり始めたイスラーム信仰の中核だったのである。カリフとその政府は、農耕社会を基盤とする帝国であれば必ず悩まされる諸問題と格闘し、強力な君主制を作り上げようとしていたが、敬虔な者たちは、そのような解決策すべてに断固反対していた。つまり、統治者の行動と政策は、ごく初期の段階から、ムスリム世界の禁欲主義、神秘主義、イスラーム法学、および初期の神学理論に重大な影響を与える宗教的意義を持っていたのであった。

Ⅲ　ウマイヤ朝末期——七〇五～七五〇年

中央集権と混乱

アブドゥルマリクは、敬虔な信徒たちの不満をよそに、息子のワリード一世に跡を継がせた。このとき初めて、イスラーム世界で世襲がすんなりと受け入れられた。ウマイヤ朝は絶頂期に達した。ワリード一世の時代、ムスリム軍は北アフリカでの征服活動を続け、スペインにまで勢力を伸ばした。ここが、拡大を続けたイスラーム勢力の最西端となった。

ムスリム軍は七三二年にトゥール・ポワティエの戦いでカール・マルテルに敗れたが、ムスリムたちはこれを大敗北だとは見ていなかった。よく欧米人はこの戦いの重要性を誇張するが、実際には歴史を変えた一大決戦などではなかった。アラブ人には、イスラームの名において西方のキリスト教世界を何としてでも征服しなければならないなどという気持ちは——宗教的なものであれ何であれ——まったくなかった。それどころか、ヨーロッパはまったく魅力のない地域と思われていた。あのような辺境の未開の地では交易を行うチャンスなどほとんどなく、戦利品もたいして期待できず、おまけに気候も厳しいとなれば、そう思ったのも当然だろう。

しかしその帝国も、ウマル二世（在位七一七～七二〇年）の治世が終わる頃には苦境に陥っていた。近代以前の帝国は、どれも寿命が限られている。余剰農産物を基盤としているため、

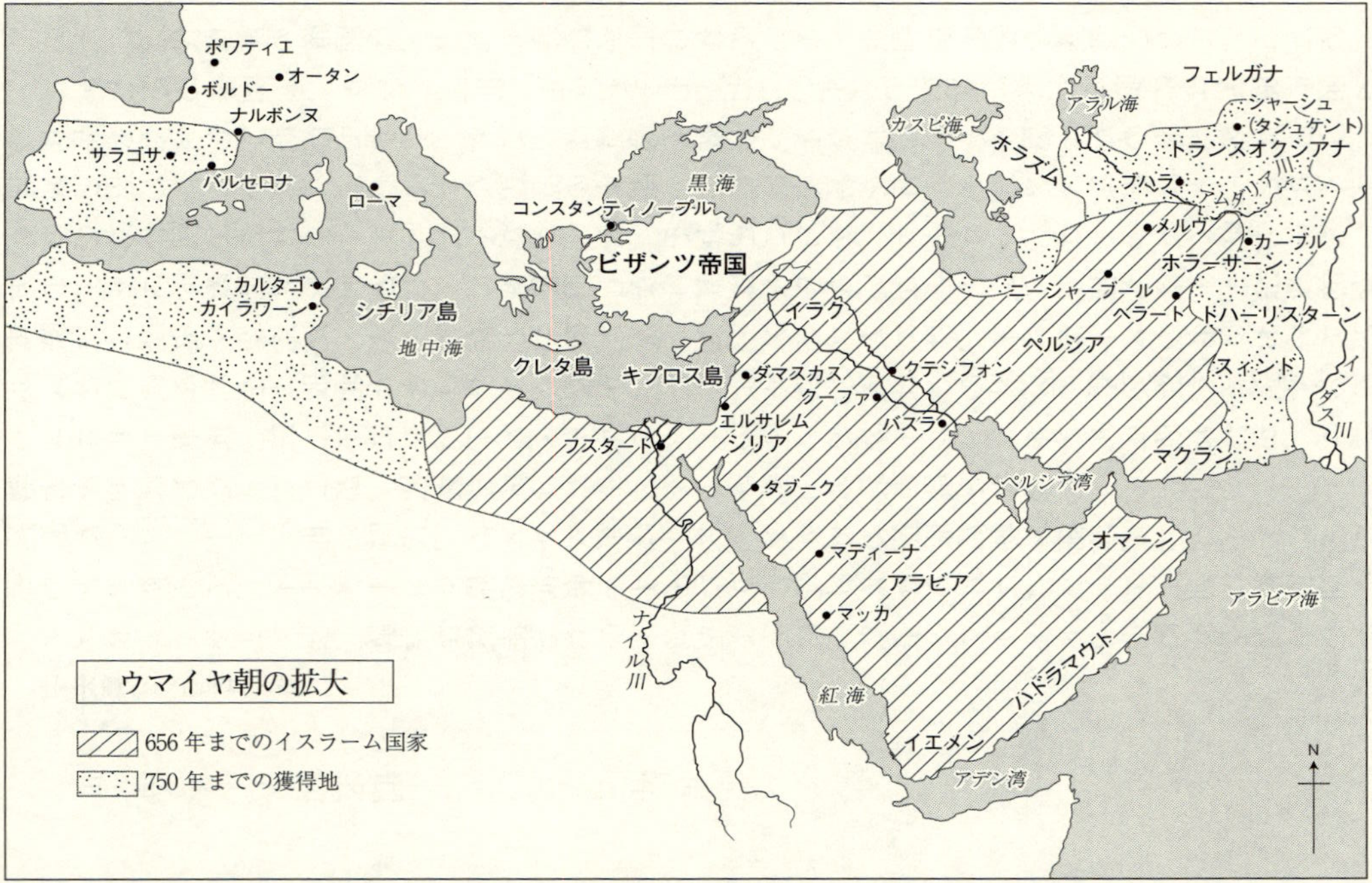
ウマイヤ朝の拡大
656 年までのイスラーム国家
750 年までの獲得地
ポワティエ
オータン
ボルドー
ナルボンヌ
サラゴサ
バルセロナ
ローマ
カルタゴ
カイラワーン
シチリア島
地中海
クレタ島
キプロス島
コンスタンティノープル
ビザンツ帝国
黒海
カスピ海
アラル海
ホラズム
フェルガナ
シャーシュ
(タシュケント)
トランスオクシアナ
ブハラ
アムダリア川
メルヴ
カーブル
ホラーサーン
ニーシャーブール
ヘラート
ドハーリスターン
イラク
ペルシア
クテシフォン
ダマスカス
クーファ
バスラ
エルサレム
シリア
フスタート
スィンド
インダス川
マクラーン
ペルシア湾
タブーク
オマーン
マディーナ
アラビア
アラビア海
マッカ
ナイル川
ハドラマウト
紅海
イエメン
アデン湾
N

拡張を続ける大国家が資源を使い果たしてしまうときが必ずやってくるからだ。ウマルは、コンスタンティノープル攻略という無謀な試みの代償を払わなくてはならなかった。これは失敗に終わったのみならず、人的資源と装備を大量に失うことにもなった。またウマルは、カリフとして初めてズィンミーにイスラームへの改宗を奨励し、それに応えてズィンミーたちも、この勢いの止まらぬ新宗教に喜んで加わったが、それによって人頭税（ジズヤ）を納める必要がなくなったため、新政策は大幅な税収減を招く結果となった。

ウマルは敬虔な人物で、マディーナで生まれ、その地の宗教運動の影響を受けて育った。正統カリフを模範として行動しようと努め、イスラームの一体性という理想を強調し、どの地域も（個人的にはシリアが好きだったが）すべて平等に扱い、ズィンミーに対しては慈悲深く接した。民衆からの人気も非常に高く、そのイスラーム的諸政策は、敬虔なムスリムの支持を集めるのには役立ったものの、衰退期に入った帝国の経済にはマイナスだった。

彼に続くカリフたちの治世では反乱が頻発し、不平不満の声がたびたび噴出した。カリフが、ヤズィード二世（在位七二〇〜七二四年）のように腐敗していようと、ヒシャーム（在位七二四〜七四三年）のような敬虔な人物であろうと、たいして違いはなかった。ヒシャームは強力かつ有能なカリフで、帝国をもっと健全な経済基盤に戻すことができたが、それを実現するため国家の中央集権化を進め、専制的な支配を強めた。普通の専制君主に近づいていったのであり、これによって帝国は政治的に恩恵を受けた。

問題は、この種の専制支配は敬虔な信徒の忌み嫌うものであり、基本的にイスラーム的でなかったことだ。結局、クルアーンの規範に従って国家を運営するのは不可能だったのだろうか？　そうした思いが広がる中、シーア派が次第に動きを活発化させた。シーア派の指導者たちはアリーの子孫を名乗ったが、それは、ムスリムが公正な社会を新たに切り開くのに必要なイルム（知）を最もしっかりと守り伝えてきたのはムハンマドの家系であり、ムハンマドの家系の者のみが統治者になるべきだと信じていたからである。

同じシーア派でも急進的な者たちは、現在ウンマが抱えている問題はすべて最初の三人の正統カリフ（アブー・バクル、ウマル、ウスマーン）のせいであり、そもそも彼らがアリーを指導者にしなかったのが間違いだったのだと主張した。もっと過激なシーア派の一派（「極端派」という意味でグラートと呼ばれる）は、その多くが改宗者で、改宗前に信じていた宗教の要素をイスラームに持ち込んだ。彼らはアリーを（イエスのような）神の化身と見なし、反乱で殺されたシーア派の指導者たちは一時的な「幽隠《ゆういん》（お隠れ状態）」にあり、最後の審判の日に再び地上に現れ、公正で平和な理想郷を築くと信じていた。

アッバース家革命軍

ウマイヤ朝の支配から疎外されていると感じていたのは宗教者だけではなかった。イスラームへの改宗者（マワーリー つまり従属者）は、自分たちが二流扱いされていることに不満を抱いていた。アラブ人ムスリムの間でも部族どうしの対立があり、定住して被支配民族と融合したいと思う者もいれば、かつてのような領土拡張戦争を続けたいと考える者もいた。その一方で、イスラーム的な考え方がすでに広く浸透していたため、さまざまな反乱や暴動は、ほとんどすべてが宗教的なイデオロギーを掲げていた。

最終的にウマイヤ朝を倒した反乱も同様だった。反乱の中心となったアッバース家は、多くの人々がムハンマドの家系に属する人物に統治者になってほしいと願っていたことに乗じて、自家の指導者がムハンマドの叔父《おじ》アッバースと、その息子で高名なクルアーン暗唱者だったアブドゥッラーの子孫である点を強調した。彼らは七四三年にイランの諸地方で支持を集め始め、七四九年八月にはクーファを占領すると、翌年にウマイヤ朝最後のカリフ、マルワーン二世をイラクで破った。やがて帝国全土を従えると、アッバース朝のカリフたちは従来とまったく異なる社会を築いていった。

Ⅳ　カリフ制の最盛期、アッバース朝——七五〇～九三五年

ムスリムの平等の実現とバグダードの繁栄

アッバース家は、シーア派であるかのように巧みに装って支持を獲得したが、権力の座に就くや、シーア派の仮面を脱ぎ捨て、カリフ国家を伝統的な農耕社会に即した専制君主制にする

決意でいることを明らかにした。アッバース朝の初代カリフ、アブー・アッバース・サッファーフ（在位七五〇〜七五四年）は、ウマイヤ家の人物は見つけ次第、皆殺しにした。それまでは、アラブ人の高貴な一族を見境なく殺しまくるなど、考えられないことだった。二代目カリフのアブー・ジャアファル・マンスール（在位七五四〜七七五年）は、統治を進めるうえで危険と見なしたシーア派の指導者たちを全員殺害した。さらにこの時期のカリフたちは、神から王権を授かったことを示す称号を自ら名乗った。例えば、マンスールとは、勝利を得るため神が「特別な助け」を下されるという意味だし、息子が自称したマフディー（在位七七五〜七八五年。「神意により正しく導かれた者」の意）は、シーア派が正義と平和の時代をもたらす指導者を呼ぶのに使っていた言葉だった。

もしかすると、カリフのマフディーがこの称号を選んだのは、父によって指導者を虐殺されたシーア派を懐柔しようとしてのことだったのかもしれない。アッバース家は、ウマイヤ朝が倒れた一因が人々の不平不満にあったことをはっきりと認識しており、不満を抱く集団に譲歩しなくてはならないことを理解していた。彼ら自身はアラブ人だったが、内乱に勝利すると帝国内でアラブ人に特権的地位を与えてきた旧来の慣行を廃止した。首都をダマスカスからイラクへ移し、最初はクーファに入ったが、やがてバグダードに都を定めた。国内すべての地域を平等に扱うことと、特定の民族集団に特別な地位を認めはしないことを約束し、それによってマワーリーの不満を和らげた。

アッバース朝は、能力のある者なら誰でも宮廷や行政機関で出世できるという意味で、平等主義的な帝国だった。しかし、都がクーファからバグダードへ移ったというのには、また別の意味があった。これによってカリフたちは、軍営都市の持つ雰囲気と決別したのである。軍営都市は、かつての部族的規範に基づいて作られ、各街区が平等で独立したものになっていた。それに対してバグダードは、中心に有名な円形都市「円城」があり、そこに行政機関と宮廷が置かれ、王家が居住した。市場と、職人や官吏の家は周縁部に追いやられた。バグダードは立地がよく、ティグリス川沿いに位置し、近くにはイラクの農業地帯であるサワード地方があった。しかも、サーサーン朝ペルシアの首都クテシフォンにも近く、新たなカリフ制度は、このイスラーム以前の専制政治体制を模範にして作られた。

文芸復興

ハールーン・アッラシードがカリフの時代（在位七八六〜八〇九年）には、変革は完了していた。アッラシードは、正統カリフではなく古代の専制君主のように君臨した。臣下とは距離を取り、初期カリフ時代の特徴だった昔ながらの打ち解けた雰囲気は消えて、仰々しい威厳が取って代わった。廷臣は、御前《ごぜん》に出るときには地面に接吻した。アラブ人が神の前でのみ平伏していた時代には想像もできないことだ。呼びかけ方も、ムハンマドが普通の人間と同じくいつも個人名で気軽に呼ばれていたのに対し、カリフは「地上における神の影」と呼ばれた。後ろに死刑執行人を立たせて、カリフには生殺与奪の権があることを見せつけた。ウンマの問題について自ら直接指示することもなくなり、政治は宰相に任せた。カリフの役割は、派閥や政治工作の影響を受けない、最終審裁判所になることだった。さらに、金曜午後の集団礼拝を主導し、大きな会戦には自ら軍隊を率いて赴く。ただし、軍隊そのものも変質していた。もはやムスリムなら誰もが入れる人民の軍隊ではなく、アッバース家が権力の座に就くのを助けたペルシア人部隊であり、カリフの私兵と見なされていた。

こうしたことは、権力を奪取した当初のアッバース家に大いに望みを掛けていた宗教運動の関係者たちには、当然ながら受け入れがたいものだった。しかし、どれほど非イスラーム的であろうとも、この新たなカリフ制度は初期の頃に政治的・経済的な成功を収めていた。カリフの役割は人民に安全を保障することであり、アッバース朝の最盛期だったハールーン・アッラシードの時代には、帝国は空前の平和を享受した。反乱は容赦なく鎮圧され、民衆は、この政権には反抗しても無駄だと悟ったが、その代わり平穏無事な生活を送ることができた。

ハールーン・アッラシードは芸術と学問の保護者となり、大規模な文芸復興をもたらした。文芸批評、哲学、詩、医学、数学、天文学が、バグダードのほか、クーファ、バスラ、ジュンディーシャープール、ハッラーンなどで花開いた。こうした学術文化の繁栄にはズィンミーも貢献し、彼らは古典ヘレニズム時代の哲学文献と医学文献をギリシア語やシリア語からアラビア語に翻訳した。こうして得られた過去の学問を土台として、ムスリムの学者たちはこの時代に、それまでの全歴史を合わせたよりも多くの科学的発見をした。工業と商業も栄え、エリート層は優雅でぜいたくな暮らしを送った。

しかし、この政権が果たしてイスラーム的と言えるかどうかは判断が難しかった。カリフとその近臣は民衆と隔絶した豪華な生活に浸っており、その有り様はムハンマドと正統カリフの禁欲的な生活ぶりとはまったく正反対だった。クルアーンでは妻は四人までと定められていたが、それも無視してサーサーン朝の君主のように巨大なハレムを作った。こうした状況にもかかわらず、宗教改革者たちはアッバース朝の支配を受け入れるほかなかった。イスラームは現実的・実際的な宗教であり、殉教を呼びかけて無意味な犠牲を払えなどとは、普通は言わないものなのだ。

弾圧された諸宗派

こうした現実主義が特にはっきり表れていたのがシーア派だった。カルバラーでフサインが悲劇的な最期を遂げた後、その直系子孫たちは、多くの者からウンマを率いるべき正統なイマームと見なされながらも、マディーナに引きこもって敬虔な生活を送っていた。フサインの長男アリー・ザイヌルアービディーン（七一二／三年没）は、シーア派ではアリー、ハサン、フサインに続く者であることから第四代イマームとされる人物だが、彼は神秘主義者で、美しい祈禱《きとう》文集を残した（初期シーア派についてはよく分かっていない。アリーの男性子孫が神秘主義的傾向を持ったシーア派のグループから本当に崇敬されていたのか、それとも、直系子孫が絶え、「十二イマーム派」が明確な形で成立した後で、こうした物語が初期イマームについて考え出されたのか、はっきりしたことは分からない)。

第五代イマームのムハンマド・バーキル(七三五年没)は、クルアーンの秘教的解釈法を編み出した。これは、クルアーンには一語一語、一節一節に隠された意味(バーティン)があり、それを理解する方法は神秘的な精神集中法しかないとする考え方だ。世界各地のどの宗教にも、瞑想により奥義に到達するため独自に開発した手法があるが、それと同じことである。おそらく、このバーティンから、バーキルはイマーム位に関する新たな主張を展開したのだろう。

彼の異母弟ザイド・イブン・アリーは政治活動に熱心で、最後には七四〇年にウマイヤ朝に反乱を起こして殺されている。生前ザイドは自分こそイマームであると訴えたため、それに対抗してバーキルは、ムハンマドの特別なイルム(知)はアリーの直系子孫に伝えられていると主張した。いわく、どのイマームも自分で後継者を選び、クルアーンの聖なる意味を見いだすのに必要な奥義を授けてきた。この特別な指名(ナッス)を前任者から受けたイマームだけが、ムスリムの正統な指導者である。私――バーキル――はこのナッスを父から受けているが、ザイドは受けていない。それがバーキルの主張だったが、七四〇年の時点でこれを支持する者は少数だった。

シーア派信者の大半は、バーキルの神秘的で政治と距離を置く静寂主義よりザイドの革命的な政治行動を支持したが、アッバース朝が反体制派であるシーア派をすべて容赦なく弾圧してからは、第六代イマームのジャアファル・サーディク（七六五年没）の説を聞くようになった。自身もアッバース朝カリフのマンスールに投獄された経験を持つサーディクは、ナッス教義を再び取り上げて展開し、自分は指名を受けたイマームであるからウンマの真の指導者ではあるが、これをアッバース朝に主張するつもりはないと宣言した。そして、今後イマームは精神的指導者として神聖なイルムを人々に授け、クルアーンからバーティンを読み取る方法を指導するが、シーア派の信徒たちは、現今の危険な政治状況をかんがみ、自分の奉じる教義と政治信条を秘密にしなくてはならないと説いた。

しかし、こうした訴えは神秘主義的なものを好むエリート層にしか届かなかった。大半のムスリムは、もっと分かりやすい信心のあり方を求め、それを新たな形の信仰に見いだした。この信仰は、ウマイヤ朝末期に初めて現れたが、顕著に見られるようになるのは、ようやくハールーン・アッラシードの治世になってからだ。それは、キリスト教徒がイエスに帰依する態度に似ていた。

なぜなら、クルアーンを被造物ではなく、神とともに永遠の昔から存在した神の言葉がムハンマドに啓示された聖典の中で、いわば肉体を持つ人の形を取ったものと見なしたからだ。ムスリムは、神の姿を見ることはできないが、クルアーンの朗誦を聞くたびに神の言葉を耳にし、自分は神の前にいるのだという感覚を抱いた。啓示された語句を声に出して言うとき、それは神の言葉が自分の舌や口にあるということであり、聖典を携えているのは、神を自分の手に持っているということだ。こうした考えにムウタズィラ学派は衝撃を受けた。自派の唱える理性的な信仰と、神の単一性・唯一性に対する厳密な解釈とに反するものだったからである。これがクルアーンを第二の神とする教義のように思えたのだ。

しかし、秘教的なシーア派と同様、ムウタズィラ学派も少数の知識人集団向けにすぎず、このようにクルアーンを重視する信仰は非常に広く普及した。その支持者は、アフル・アル＝ハディース（ハディースの徒）と呼ばれたが、それは彼らが、ムスリム法は預言者ムハンマドの言葉と慣行（スンナ）をそのまま伝える「言い伝え」（ハディース）に基づくものでなくてはならないと主張したからである。

この点について、アブー・ハニーファの支持者らが、法学者はたとえハディースやクルアーンの章句に根拠を求めることができなくとも新しい法律を作る自由が認められるべきだと主張し、その際は法学者が「法解釈」（イジュティハード）の能力を行使しなくてはならないと考えていたのとは、明らかに異なっていた。

つまり、アフル・アル＝ハディースは保守的だったのである。理想化された過去を賛美し、正統カリフ全員を崇敬し、ムアーウィヤさえ、ムハンマドの教友だったという理由で尊敬した。ムウタズィラ学派がしばしば政治活動に熱心だったのとは異なり、「善を勧め悪を抑える」という義務はごく一部の者だけが実践すればよいのだと主張し、一般庶民は、カリフの宗教的な資格がどうあれ、カリフに従うべきだと考えた。こうした点は、もっと敬虔な運動を懐柔したいと願っていたハールーン・アッラシードには好都合で、彼はアフル・アル＝ハディースの反革命的な傾向に賛同した。ムウタズィラ学派はバグダードで支持を失い、アフル・アル＝ハディースは強気になってムウタズィラ学派を社会的に追放しようとした。権力者に嘆願してムウタズィラ学派の指導者を投獄してもらったことさえあった。

アッバース家は、宗教運動の実力をよく知っていたので、王朝を築くとすぐ自らの政権にイスラーム的な正統性を与えようとした。そのため、大衆の生活を規制するフィクフ（法学）の発展を奨励した。これは帝国内に亀裂を生んだ。庶民の生活はイスラーム法であるシャリーア［原義は「水場に至る道」］によって確かに律せられていくが、宮廷のメンバーや政府高官の間ではムスリムの従うべき道徳律は見られず、代わって、アッバース朝国家を順調に動かしていくためイスラーム以前の専制的な規範が守られた。

法体系の整備

ウマイヤ朝の時代は、それぞれの町が独自にフィクフを発展させたが、アッバース朝は法学者たちに、もっと統一的な法体系を整備せよと迫った。ムスリムの生活は、クルアーンの時代から大きく様変わりしていた。イスラームへの改宗が奨励されたため、ズィンミーは次第に数が少なくなっていた。もはやムスリムは、多数派である非ムスリムから隔離されて軍営都市で過ごす少数のエリート集団ではなくなった。今では多数派になっていたのだ。ムスリムの中には、まだ入信したばかりで、以前の信仰や習慣が抜けきっていない者もいた。一般大衆にイスラーム的生活を守らせるには、宗教制度をもっと分かりやすくして幅広く受け入れられるものにする必要があった。

ウラマー（知識人。ウラマーは複数形で、単数形はアーリム）という独立した階級が現れ始めた。裁判官（カーディー）の受ける訓練は厳しくなり、マフディーとアッラシードは、フィクフの後援者となって法学研究を奨励した。その結果、二名の傑出した法学者が後世に伝わる大きな業績を残した。

ひとりはマディーナのマーリク・イブン・アナス（七九五年没）で、彼は『ムワッタア』（踏みならされた道）と名づけた書物を編纂《へんさん》した。これは、マディーナでの慣習法と宗教的慣行を概説したもので、マーリクは、マディーナのものこそがムハンマドの共同体で実践されていた本来のスンナを今なお守り伝えていると考えていた。マーリクの弟子たちが師の学説を発展させて作ったのがマーリク学派で、同派はマディーナ、エジプトおよび北アフリカで優勢を誇った。

一方、現在のマディーナが本当に初期イスラームの姿を示す確かな模範なのかと疑問を抱く者もいた。ムハンマド・イブン・イドリース・シャーフィイー（八二〇年没）は、ガザの貧しい家に生まれ、マディーナでマーリクに師事して学んだ後、特定のイスラーム都市だけに依存するのは、その都市がどれほど由緒正しくても安全ではないと考えた。むしろ、あらゆる法学はムハンマドに関するハディースを基礎とすべきであり、そのムハンマドも、啓示を受けた解釈者と見なすべきであって、単なるクルアーンの伝達者と思ってはならないと訴えた。聖典にある指示と法律は、ムハンマドの言行つまりハディースに照らして考えれば理解できる。ただし、各ハディースはムハンマド本人まで直接さかのぼることができる敬虔なムスリムたちの系譜「伝承者の鎖」（イスナード）によって確実に支持されていなくてはならないと、シャーフィイーは主張した。イスナードは厳密に検証しなくてはならず、もしも鎖が途切れていたり、鎖の「輪」のどれかひとつが悪いムスリムだと判明したりしたら、そのハディースは無効としなくてはならない。

ここでシャーフィイーが目指したのは、アフル・アル＝ハディースと、アブー・ハニーファなどイジュティハード（法解釈）の必要性を主張する法学者とを和解させることだった。シャーフィイーは、ある程度のイジュティハードは必要だと認めながらも、それはムハンマドの慣行と現在の習慣との間の厳密な類推（キヤース）に限定すべきだと考えていた。シャーフィイーによると、イスラーム法には四つの法源（ウスール・アル＝フィクフ）があるという。その四つとは、クルアーン、ムハンマドのスンナ、キヤース（類推）、およびイジュマー（共同体の合意）だ。神は、ウンマ全体が間違っていてもかまわないなどとは思わないはずであり、だから、ある習慣がムスリム全員によって受け入れられているならば、その習慣は、たとえクルアーンの章句やハディースに根拠が見つからなくとも正しいと認めるべきだというのである。シャーフィイーの手法は、現代から見れば正確さという点で、ムハンマドのスンナが間違いなく歴史的事実であることを証明するものではなかったが、これをひな型として、充足感が得られる深遠な宗教体験をムスリムが確実に味わえる生き方が形作られていった。

イスラーム法の大成

シャーフィイーの画期的な業績を受け、他の学者たちも彼の基準に沿ってハディースの研究に取り組んだ。その結果、根拠が確かで権威の高いハディース集がふたつ、ブハーリー（八七〇年没）とムスリム・イブン・ハッジャージュ（八七五年没）によって編纂されてフィクフへの関心が高まり、やがて神聖な法律であるシャリーアに基づいた均質な宗教的生活が、広大なイスラーム帝国全土で形成された。

イスラーム法の根源的なよりどころとなったのは、完全人間としてのムハンマドだった。ムスリムたちは、ムハンマドの外的生活を些細《ささい》な部分まで模倣し、その食べ方、体の洗い方、愛し方、話し方、祈り方を再現することで、神に完全に服従したムハンマドの内的態度を獲得できると考えた。宗教上の思想や慣行が根づくのは、熱心な神学者が訴えるからでもなければ、確実な歴史的・合理的根拠があるのを証明できるからでもない。それが信者に神の超越性を実際に感じさせるからだ。今日もなおムスリムたちはシャリーアに深い愛着を感じているが、それはシャリーアによって彼らがムハンマドという模範的人物を非常に深いレベルで内在化し、ムハンマドを七世紀の人物ではなく、自分たちとともに日々を生きる存在と感じ、自分たちの一部としてきたからだった。

シャリーアの説く平等主義と現実社会の乖離

しかし、イスラームの信仰活動がどれもそうであるように、シャリーアにも政治的な側面があった。敬虔な者たちから腐敗していると見なされた社会への抗議が含まれていたのである。マーリク・イブン・アナスもシャーフィイーも、初期アッバース朝に対するシーア派の反乱に参加しているし、ふたりとも政治的見解のために投獄されたこともある。ただし投獄後、ふたりの学識を利用して帝国全土に統一的な法体系を作り出したいと考えたマフディーやハールーン・アッラシードによって釈放され、その庇護《ひご》を受けている。それはともかく、シャリーアは宮廷の貴族的で洗練された雰囲気を完全に否定した。カリフには預言者ムハンマドや正統カリフと同等の役割はなく、神聖な法を施行するのを許されているにすぎないと力説して、カリフの権限を制限した。それを受けて宮廷文化も、明記こそされていないが、非イスラーム的だと見なされた。

シャリーアの基本精神は、クルアーンと同じく平等主義を旨としていた。弱者を守る特別の規定があったし、カリフ国家や宮廷などの組織には、個々人の判断や信仰に干渉する権限はまったくなかった。ムスリムのひとりひとりが神の命令に従う責任をそれぞれ独自に持っており、いかなる宗教的権威も、組織（例えば「教会」など）も、専門化した「聖職者」集団も、神と個々のムスリムとの間に立つことはできない。ムスリムは全員が同じ立場にあり、選抜された聖職者や司祭が仲介者となることはありえなかった。つまりシャリーアは、宮廷とはまったく異なる基準に従って社会を再建しようとする試みであった。その目的は反体制文化と反対運動を作り出すことにあり、そうした動きは、ほどなくしてアッバース朝と対立することになった。

ハールーン・アッラシードの治世が終わる頃には、カリフ制の最盛期は明らかに過ぎ去っていた。そもそも、現代的な通信手段もなければ、現代的な強制手段もない時代に、これほど広大な領域を単一の政府がいつまでも支配し続けることなど不可能だった。実際、周辺地域の一部には、スペインのように離脱し始めたところもあった（スペインでは、逃げ延びたウマイヤ家の一員が七五六年に後ウマイヤ朝を建てていた）。経済は下降していた。ハールーン・アッラシードは、問題を解決しようとして帝国を息子ふたりに分割することにしたが、この処置は死後に兄弟間の内乱（八〇九～八一三年）を招くことにしかならなかった。これは、当時の宮廷に世俗的な考えが蔓延していたことを示している。かつての二度にわたる内乱《フィトナ》とは異なり、この争いにはイデオロギーや信仰にまつわる動機はなく、単に個人的野心がぶつかり合っただけにすぎなかった。最終的にマアムーン（在位八一三～八三三年）が勝者となって統治を始めた頃には、帝国は大きくふたつの勢力圏に分かれていた。ひとつは宮廷の貴族的集団であり、もうひとつはシャリーアに基づいて平等を重んずる「立憲主義」的なグループだった。

マアムーンは、自分の支配が脆弱《ぜいじゃく》であることを自覚していた。その治世は内乱で始まり、クーファとバスラではシーア派が反乱（八一四〜八一五年）を起こし、ホラーサーンではハワーリジュ派が蜂起した。マアムーンは、こうした異なる集団を説得して宗教的な緊張を和らげようとしたが、その政策は事態を悪化させただけだった。自身も知識人だった彼は、当然ながらムウタズィラ学派の合理主義的な側面に引かれ、同派を再び優遇した。また、アフル・アル＝ハディース（ハディースの徒）の大衆運動が、神の法は個々のムスリム全員が直接理解できると主張している以上、専制君主制と相いれないことも理解していた。ムウタズィラ学派は、権力の座に復帰すると、それまで長きにわたって自派を迫害してきたアフル・アル＝ハディースへの攻撃を開始した。「異端審問」（ミフナ）が始まり、人気の高かったアフマド・イブン・ハンバル（八五五年没）などアフル・アル＝ハディースの指導者たちは投獄された。イブン・ハンバルは民衆の英雄になった。

ムウタズィラ学派を擁護したことは、結果としてマアムーンに何の利益ももたらさず、大衆との溝を深めただけだった。ある時点でマアムーンは、シーア派に接近しようとして第八代イマームのアリー・リダーを後継者に指名したが、シーア派もムウタズィラ学派と同じく宗教的・学問的エリート集団であり、一般大衆の支持を得ることはできなかった。数か月後、リダーは都合よく死んだ。おそらく人手に掛かって殺されたのだろう。

政治的分裂の時代とスンナ派

その後のカリフたちも、シーア派を懐柔しようとして、ふたつの宗派の間を揺れ動いたが、実を結ばなかった。カリフのムウタスィム（在位八三三〜八四二年）は、君主制を強化しようとして軍隊を自分の私兵部隊にした。兵士となったのは、アムダリア川以東で捕まってイスラームに改宗していたトルコ人奴隷だ。しかし、これはカリフと大衆の溝をさらに深めることにしかならず、トルコ人兵士とバグダード市民との間に緊張が生じた。これを緩和するためムウタスィムは首都をバグダードの北約一〇〇キロメートルの地にあるサーマッラーへ移したが、これも彼の孤立をいっそう深めただけだった。

一方、トルコ人は現地の住民と普通の関係をまったく築けず、年を追うごとに権勢を増していき、ついにはカリフから帝国の実質的支配権を奪うまでになる。九世紀末から一〇世紀初めにかけては、シーア派のうち、まだ政治活動に携わっていて神秘的な静寂主義に転じていない主戦派による武装蜂起がますます増え、経済危機もさらに深刻になっていった。

しかし、この政治的分裂の時代は、後にスンナ派イスラームと呼ばれる集団が結成された時期でもあった。さまざまな法学者と、ムウタズィラ学派と、アフル・アル＝ハディースは、徐々に違いを埋めて接近していった。この過程で重要な役割を果たしたのがアブー・ハサン・アシュアリー（九三五年没）で、彼はムウタズィラ学派の神学とアフル・アル＝ハディースの神学とを両立させようと努力した。ムウタズィラ学派は、神を人間のように見なす考え方に強い懸念を抱いており、神は「人間的な」属性を一切持たないと主張していた。クルアーンには神が「話す」とか「玉座に座っている」という表現があるが、そういう言い方ができるはずがないし、神の「知識」や「力」について語ることもできるはずがないと考えるのである。

これに対してアフル・アル゠ハディースは、こうした慎重な態度のせいで神を感じる体験が無意味なものとなり、神は宗教的意味のない哲学的な抽象概念に堕してしまうのだと反論した。アシュアリーは、この意見に賛同するが、神の属性は人間の属性と同じものではないと言って、ムウタズィラ学派にも一定の理解を示した。クルアーンが被造物でない神の言葉であるのは間違いないが、それを表現する人間の言葉や、本を構成するインクと紙は被造物である。現実の背後にある神秘的な本質を探ろうとすることに意味はない。私たちが確かに知ることができるのは、具体的な歴史的事実だけだ。

アシュアリーの見解によれば、この世に自然法則というものは存在しない。この世は一瞬ごとに神の直接介入によって命令を受けている。自由意志も存在しない。人間は、神が人間の中で人間を通して考えるのでない限り、自分で考えることはできない。火が燃えるのは、火に燃えるという性質があるからではなく、神がそう望むからなのだ。それがアシュアリーの考えだった。

ムウタズィラ学派は、当初から大多数のムスリムにとっては難解すぎた。アシュアリー神学は、スンナ派の主流哲学となった。確かにそれは合理主義的な教えではなく、むしろ神秘主義的・瞑想的な思想だった。この思想では、ムスリムに、あらゆる所に神の存在を見いだし、クルアーンの教えのとおり、外面的現実の裏側に目を向け、そこに内在する超越的現実を見よと訴える。これは、具体的現実の中で神を直接体験したいという、アフル・アル＝ハディースの思想にはっきり見られた渇望を満たすものだった。また、これはシャリーアの精神と合致する哲学でもあった。ムスリムは、生活のありとあらゆる場面でムハンマドのスンナを守ることで、神に満たされた生活を送ったムハンマドと自分を同一視する。預言者であり神に愛された者（ハビーブ）であるムハンマドの行為を模倣する――孤児や貧者や動物に優しく接したり、食事時に礼儀正しく上品に振る舞ったりする――ことによって、自分も神から愛される。神の命令を日々の生活の隅々に組み込むことで、ムスリムはクルアーンに命じられた絶え間ない「神の想起」（ズィクル）を実践するのである（クルアーン8章2節、23章57～61節）。

一〇世紀半ばには、このシャリーア尊重の態度は帝国全土に根づいていた。公認の法学派が四つあり、そのどれもが、ムスリムの平等主義により等しく有効とされた。その四つとは、ハナフィー学派、マーリク学派、シャーフィイー学派、ハンバル学派で、最後のハンバル学派が、イブン・ハンバルとアフル・アル＝ハディースの思想を受け継ぐものである。現実には、この四学派に大きな違いはなかった。どのムスリムも自分の好きな学派を選ぶことができたが、たいていは地元で優勢な学派を選ぶことが多かった。

しかし、読者も察しているかもしれないが、スンナ派ムスリムを全員ひとつにまとめた第一の要因も、やはり政治的なものだった。神は共同体の取る形の中で体験されるが、このことがムスリムの個人的信仰にも影響を与えた。スンナ派ムスリムは全員がムハンマドと四人の正統カリフを崇敬した。ウスマーンやアリーのような失敗例もあったが、これら五人の支配者は、神への服従という点では現在の支配者よりはるかに優れた敬虔な者たちだった。シーア派は、アリーだけがウンマの正統なイマームだとして最初の三人の正統カリフを認めないが、スンナ派はそのようには考えない。

スンナ派の信仰は、シーア派の悲劇的な世界観よりも楽観的だ。スンナ派では、神は失敗や対立のときもウンマとともにいてくれることがあると主張する。共同体の統一は、神の単一性を表現するものであるから、神聖な価値を持つ。統一はどんな宗派分裂よりもはるかに重要だ。よって、平和のためには現在のカリフを、たとえ明白な欠点があったとしても承認することが大切である。もしムスリムがシャリーアに従って生活すれば、現在の腐敗した政治秩序を変革する反体制文化を生み出して、いずれは政治を神の意思に従わせることができるだろうと、スンナ派は考えたのである。

Ⅴ　秘教的思想運動

弾圧と信仰秘匿

スンナ派の信仰は多数派になったものの、ムスリム全員を満足させたわけではなかった。知識人や神秘主義に傾倒する人々は、これとは異なる宗教解釈を求めた。アッバース朝時代には、もっと複雑な形式のイスラーム哲学と霊的思想が四つ登場して、エリート層の支持を集めた。これらの思想は一般大衆には秘密とされたが、それは支持者たちが、こうした思想は知性の劣る者たちに誤解されやすく、祈りと瞑想を実践して初めて理解できると思っていたからだ。このような秘密主義は自己防衛策でもあった。

シーア派第六代イマームのジャアファル・サーディクは、信徒たちに身の安全のためタキーヤ（信仰秘匿）を実践せよと説いた。当時はシーア派にとって、政権側からの危険にさらされる苦難の時期であった。ウラマー（知識人）も、これら秘教的な思想集団の正統性に疑問を呈していた。タキーヤは、衝突を最小限に抑える効果があった。キリスト教世界では、体制側と異なる信条を掲げる人々は異端として弾圧されることが多かった。イスラームでは、反体制派と目されそうな人々は自分の思想について口を閉ざし、たいてい天寿を全うした。

加えて、秘密主義という方針には、もっと深い意味もあった。秘教思想家が唱える神話と神学的理解は、生き方そのものの一部だった。とりわけ神秘主義的な学説は、想像力と直観から妥当なものだと実感できるが、信徒以外の者が持つ普通の合理的な知力では必ずしも理解できるものではなかった。その効果を合理的に説明できず、完全に理解したいのなら多くの場合ある程度の感覚的訓練と経験を必要とするという点で、それは詩や音楽のようなものであった。

五行の実践

秘教思想家は、自分たちの考えが異端的とは思っていなかった。自分たちの方が、普通のウラマーよりも啓示に深い意味を見いだすことができると信じていたにすぎない。さらに思い出してほしいのは、イスラームでは信条や教義がキリスト教ほど重要ではないことだ。イスラームはユダヤ教と同様、人々に特定の生き方を求める宗教であって、特定の信仰命題を受け入れるよう迫るものではない。思想の正しさよりも行動の正しさを重視するのだ。秘教的な信条にひかれたムスリムは、誰もがイスラームに不可欠の義務である五柱（アルカーン）［五行とも言う］を守っていた。

全員が、「アッラー以外に神はなし。ムハンマドはアッラーの使徒である」というムスリムの短い信仰告白シャハーダを完全に受け入れていた。サラート（礼拝）を毎日五回行い、ザカート（喜捨）を実践し、ラマダーン月には断食をし、状況が許せば生涯に最低一度はマッカへのハッジ（巡礼）へ行く。五柱を守る者は、その信条がどうあれ誰もが真のムスリムだった。

すでに述べたように、シーア派の静寂主義は、アッバース家が権力の座に就いた直後にジャアファル・サーディクが説いていた。シーア派信徒も、スンナ派信徒と同じくシャリーアを熱心に尊重し、独自の法学派もあった（サーディクの名にちなんでジャアファル学派という）が、基本的には、同時代の人々にとって神のイルムの源泉である当代のイマームに導いてもらおうとした。

イマームは、絶対に間違うことのない精神的な指導者であり、完璧なカーディー（裁判官）である。スンナ派信徒と同様シーア派信徒も、最初のウンマのムスリムたちが、ムハンマドにクルアーンが次々と啓示される様子を目撃したのと同じように、神を直接経験したいと望んだ。神の啓示を受けたイマームというイメージは、シーア派が抱いていた、神の存在は真に瞑想にふける人にしか認識できないが、混乱していて危険な世界に確かに内在しているという考えを反映したものだった。

またイマームについての教義は、日常的な政治活動の悲劇的な状況の中で神の命令を具体化するのがきわめて困難であることも示していた。シーア派信徒は、イマームは全員が同時代のカリフに殺害されたと信じていた。とりわけ、第三代イマームのフサインがカルバラーで殉教した事件は、神の意思をこの世で実現しようとすれば危険が生じかねないことを如実に物語っていた。

一〇世紀には、シーア派信徒はフサインの命日にあたるアーシュラーの断食日（ムハッラム月一〇日）にフサインを公然と追悼するようになった。この日には、胸をたたいて涙を流しながら通りを練り歩き、ムスリムの腐敗政治がクルアーンの明白な命令に反して強きを助け弱きを挫《くじ》き続けている現状に、ひるむことなく反対していくと宣言する。ジャアファル・サーディクに従うシーア派信徒は政治と縁を切ったとはいえ、その反抗的な信仰活動の中核には、社会正義の実現を目指す情熱があった。

シーア派最大宗派、十二イマーム派

九世紀、カリフの力が衰えてくると、アッバース朝とシーア派との対立が再び表面化した。第一〇代カリフのムタワッキル（在位八四七～八六一年）は、第一〇代イマームのアリー・ハーディーをマディーナからサーマッラーへ呼び出し、軟禁状態に置いた。ムハンマドの直系子孫を自由にさせておくリスクを冒すわけにはいかないと思ったのだ。

以後、イマームたちはシーア派信徒と接することが実質的に不可能となり、「媒介人」を通してしか信徒たちと交流できなくなった。第一一代イマームが八七四年に死ぬと、残された幼いひとり息子は命を守るため身を隠したと伝えられた。この第一二代イマームがどうなったのか、はっきりとした痕跡は何ひとつなく、もしかするとこの時点ですでに死んでいたのかもしれない。それでも、媒介人たちは一二代目である隠れイマームに代わってシーア派信徒を治め、クルアーンの秘教的研究を主導し、ザカートを集め、判決を下した。

九三四年、隠れイマームが寿命に達したと思われる頃、「媒介人」はイマームからの特別メッセージを信徒たちに伝えた。いわく、隠れイマームは「幽隠」に入り、神が奇跡的な力でその姿を見えなくしたので、今後はシーア派信徒と一切接触できなくなった。いつの日か、正義の時代を始めるため戻ってくるが、それは長い時間が過ぎてからのことになるという。

この隠れイマーム幽隠の神話を、現世で起きた事実の記録として文字どおりに理解すべきではない。これは神秘主義的な教義であって、私たちが神について抱いている考え、つまり神は捉えどころがなく、この世にいないか、存在はしているが手の届かない状態にあるという意識を表現したものである。さらには、歴代カリフがアリーの子孫を滅ぼして地上からイルムを抹消したのだから、この世で真に宗教的な政策を実施するのは不可能であるということも表していた。

以後、シーア派のウラマーは隠れイマームの代理人となり、自分の神秘主義的洞察力と合理的洞察力を駆使して隠れイマームの意志を捉えようとした。シーア派の十二イマーム派（十二人のイマームを信仰する一派）は、ウンマの真の指導者である隠れイマームが不在の間はいかなる政府も正統ではありえないと考え、これ以降は政治に参加しなくなる。イマームの再臨を願う彼らの救世主信仰は、神がウンマの現状に不満を抱いていることを示すものであった。

もちろん、シーア派信徒の全員が十二イマーム派だったわけではないし、全員が政治と縁を切ったわけでもない。一部の信徒（イスマーイール派。別名、七イマーム派）は、アリーの血統はジャアファル・サーディクの息子イスマーイールで途絶えたと考えた。イスマーイールは、もともとイマームに指名されていたが父より先に亡くなっていた。よって彼らは、ジャアファルの次子で十二イマーム派から第七代イマームとされているムーサー・カーズィムを正統とは認めなかった（「七イマーム派」とも呼ばれるイスマーイール派の起源には曖昧な点が多い。この派がイマームとしてイスマーイールを支持したという話は、「十二イマーム派」の神学がようやく整備された後にイスマーイール派の立場を正当化するため作り出されたのかもしれない。イスマーイール派は、一般に政治活動にも熱心だったことから、もともとは「ザイド派」に属していた可能性もある。ザイド派とは、シーア派のうち、第五代イマームの弟ザイド・イブン・アリーの例にならい、ムスリムには不正な政権に対して武装蜂起する義務があると信じる一派である）。また、聖典に隠された意味（バーティン）を探る秘教的な霊的思想も発展させたが、公的生活から退くのではなく、まったく異なる政治制度を考案しようと努め、政治活動に熱心であることも多かった。

九〇九年、イスマーイール派の指導者がチュニジアの支配権を奪取し、自らマフディー（神意により正しく導かれた者）という救世主を意味する称号を名乗った。九六九年、イスマーイール派はアッバース朝からエジプトも奪い取ると、対抗してカイロに独自の王朝ファーティマ朝を建てた。この王朝は、その後二〇〇年近く続いた。

さらにイスマーイール派の秘密組織が、シリア、イラク、イラン、イエメンの各地にあった。各組織は、現地のダーイー（宣教者）によって徐々に信徒を増やしていった。入信の初期段階で実践される宗教活動はスンナ派のものと違いはないが、段階が進むにつれて、指導される哲学や霊的思想は難解度を増していき、超越的な驚異に対する感覚を呼び覚ます手段として数学と科学が利用された。

イスマーイール派はクルアーンを熟読した結果、循環的な歴史観を得た。それによると、歴史は悪魔が神に反抗して以来、堕落の一途をたどってきたという。これまでに六人の偉大な預言者たち（アダム、ノア、アブラハム、モーセ、イエス、ムハンマド）が現れ、そのひとりひとりが、この堕落傾向を逆転させてきた。それぞれの預言者には「委託者」がおり、預言者のメッセージに含まれた秘密の意味を、それを理解できる人々に教える役割を担った。例えば、モーセの委託者はアロンで、ムハンマドの委託者はアリーだ。信者たちは、教えを実践しようと努力しながら、七人目の預言者マフディーが現れて、正義が支配する最後の時代を世界にもたらすのに備えるようになった。

共同体の安定とマフディーへの期待

これは魅力的な思想運動だった。スンナ派が、宮廷への抵抗運動の結果、芸術と科学に警戒心を抱くようになったのに対し、イスマーイール派は、より知的好奇心が強いムスリムに新たな哲学を宗教的な視点から研究する機会を提供した。彼らの宗教的解釈法は、聖典の文字どおりの意味の奥に隠された、意味の本源である神的現実に注意を向けて解釈するというもので、これをタアウィール（根元に遡及《そきゅう》すること）と言った。

クルアーンでは、神を完全に合理的・論理的な言説で表現するのは絶対不可能であるため、神は「徴《しるし》」（アーヤ）を媒体として信者に意思を伝えると述べられている。イスマーイール派は、常に神を「思考の大胆な力をもってしても取り込むことのできない御方《おかた》」と呼んで、直接言及するのを避けていた。さらに同派は、神は人間の思考よりも常に大きいのだから、どれかひとつの啓示や神学体系が決定版となることはありえないと思っていた。ムハンマドが六人の主要な預言者のうち最後にして最も重要な預言者であることはもちろん認めるが、同時に、ムハンマドがアラブ人に伝えた啓示の完全な意味はマフディー（救世主）が到来して初めて明らかになるとも主張した。つまり、新たな真理を受け入れる余地を常に残していたわけで、そのことは、より保守的なウラマーにとっては不安材料になった。

ただ、イスマーイール派は瞑想を重視するだけの宗派ではなかった。真のムスリムが全員そうであるように、ウンマの運命を心配し、信仰は積極的な政治活動と結びついて初めて意味を持つと信じていた。彼らは、公正で道徳的な社会実現のために活動することで、マフディーの到来を実現させようとした。イスマーイール派が安定した王朝を樹立したことで、彼らの理想に政治的な潜在力のあることが明らかになったが、多数派の支持はまったく得られなかった。

イスマーイール派の世界観があまりにも序列的・エリート主義的すぎて、少数の知識人ムスリム以外には受け入れられなかったのである。

ヘレニズム的合理主義とイスラームの世界観の統合

イスマーイール派の宇宙的象徴体系は、この時代に登場した第三の秘教的思想運動であるファルサファ（哲学）によるところが大きい。ファルサファは、アッバース朝が始めた文芸復興から生まれたもので、特にギリシアの哲学《フィロソフィア》・科学・医学など当時ムスリムがアラビア語で文献を読めるようになっていた諸学問の発見がその源にあった。

ファイラスーフ（哲学者）たちは、ヘレニズムの理性重視の態度に魅了され、合理主義は宗教の最高形態であると信じ、そのいっそう高い洞察をクルアーンの啓示と結びつけようと考えた。それは困難な仕事だった。アリストテレス［古代ギリシアの哲学者。前三八四〜前三二二年］やプロティノス［古代ローマの哲学者で、新プラトン主義の祖。二〇五頃〜二七〇年頃］の唱える最高神は、アッラーとはまったく異なる存在だった。現世での出来事には関与せず、世界の創造者ではなく、最後の審判を下したりもしない。一神教の信者は現世での歴史的事件に神を実感するが、ファイラスーフたちは、歴史は幻だというギリシア人の考え方に賛同していた。宇宙は第一原因から延々と流れ出ているのだから、歴史には始まりも中間も終わりもない。

ファイラスーフたちは、移ろいゆく歴史の流れを超えて、その根底にある常住不変の理想的な神の世界を見られるようになりたいと願った。彼らは人間の理性を、神である絶対理性が反映されたものと考えた。人間は、知性から合理的でないものをすべて取り除き、完全に合理的な生き方を身につけることで、神から延々と流れ出るプロセスをさかのぼり、下界での多様性と複雑性に満ちた人生から、単一性と唯一性を備えた神へと上昇していける。この浄化のプロセスこそ、全人類にとって根源的な宗教だとファイラスーフは考えた。ほかの信仰は、すべて真の宗教である理性信仰の劣悪版にすぎないとされた。

それでも、ファイラスーフたちはたいてい誰もが敬虔で、自分たちはよきムスリムだと信じていた。彼らの合理主義そのものも、この世は合理的な秩序に従っていると信じるには勇気と強い確信が必要だという意味で、一種の信仰だったと言える。ファイラスーフは、生涯にわたって合理的な生き方を送ることに専念し、自分の経験と価値観をすべて結集させて、論理的で一貫した統一的な世界観を形成したいと思っていた。それは、哲学版タウヒードだったと言ってもいいかもしれない。

ファイラスーフは、社会への関心という点でもよきムスリムで、宮廷のぜいたくな社交生活とカリフの縁故主義を嫌悪していた。中には、自分の理想に従って社会を変革したいと思う者もいた。彼らは宮廷や有力者に占星術師や医師として仕え、限定的ながら文化にも際立った影響を与えた。ただしファイラスーフには、ウラマーのように包括的な改革を試みた者はおらず、シャリーアが持つ民衆をひきつける力を利用して何かを生み出す者もいなかった。

ムスリム世界で最初の主要なファイラスーフは、ヤアクーブ・イブン・イスハーク・キンディー（八七〇年頃没）だ。クーファに生まれてバスラで教育を受け、やがてバグダードに居を定めてマアムーンの庇護を受けた。バグダードでは、ムウタズィラ学派と密接に協力して、神学（カラーム）から神人同形説を排除しようと取り組んだが、ムウタズィラ学派と違ってムスリムの典拠だけにこだわらず、古代ギリシアの賢人たちにも知識を求めた。例えば、アリストテレスによる第一原因の存在証明をクルアーンの神に適用している。後のファイラスーフも全員そうだが、彼はムスリムたるもの真理をあらゆる場所に求めるべきで、たとえそれが宗教の異なる異邦人であってもかまわないと思っていた。

そうした彼にとって、クルアーンで啓示された神と魂に関する教えは、抽象的な哲学的真理を、合理的な思考ができない大衆にも理解できるよう比喩的に表現したものだった。いわば、啓示宗教は「貧者のファルサファ」だったのである。キンディーのようなファイラスーフは、啓示を理性に従わせようとしていたのではなく、啓典の奥にある真髄を捉えようとしていたのであり、それはむしろ、シーア派が真理をクルアーンのバーティンに求めたのと同じ態度であった。

合理主義哲学の定着と政治の重視

しかし、イスラームに合理主義哲学の伝統を完全に定着させたのは、トルコ系の音楽家アブー・ナスル・ファーラービー（九五〇年没）だった。彼はキンディーよりもさらに進んで、哲学を啓示宗教よりも上と見なし、啓示宗教は単なる方便であって、社会的に当然必要な物だったと考えた。ただし、ファーラービーが古代ギリシアの合理主義者ともキリスト教哲学者とも違っていたのは、政治を重視した点だった。

どうやら彼は、イスラームが勝利したことにより、プラトン［古代ギリシアの哲学者。前四二七頃〜前三四七年］やアリストテレスには夢見ることしかできなかった合理的な社会を建設することがようやく可能になったと信じていたようだ。確かにイスラームは、それまでの宗教と比べて合理的だった。三位一体のような非論理的な教義はなく、法を重視する。

ファーラービーは、シーア派が共同体の指導者としてイマームを崇拝していることから、同派は哲人王が合理的な原則に基づいて支配する社会で普通のムスリムが暮らすための準備になるだろうと思っていた。かつてプラトンは、秩序だった社会には民衆が神から下されたと信じる教義が必要だと説いた。ムハンマドは法を伝えたとき、守らないと地獄に落ちるなどの神罰が下るぞと言ったが、それは、論理的な議論が通用しない無知な人々を別な方法で説得するためだった。

つまり宗教は政治学の一分野であり、優れたファイラスーフなら、たとえ平均的なムスリムよりも信仰の中核を深く捉えることができるとしても、これを研究・実践しなければならないのである。

内面の重視とスーフィズム

興味深いのは、ファーラービーが実践的なスーフィー（イスラーム神秘主義者）だったことだ。さまざまな秘教的思想集団は、部分的に重なり合う傾向があり、保守的なウラマーとの共通点よりもグループ間での共通点の方が多かった。神秘主義的傾向を持つシーア派とファイラスーフは互いにひかれ合うことが多かったし、シーア派とスーフィーも、政治的見解は違っていても、宗教についての見解はよく似ていた。

スーフィズムはスンナ派の神秘主義思想で、これまで見てきた三グループと違い、明白な政治哲学を発展させなかった。むしろ歴史に背を向けていたようで、スーフィーたちは神を現在の出来事ではなく自分たちの内面に求めた。しかし、イスラームでは宗教運動のほとんどすべてが、少なくとも当初は政治的観点から出発しており、スーフィズムもその例外ではなかった。スーフィズムの起源は、ウマイヤ朝時代に起こった禁欲主義（ズフド）で、これは当時ムスリム社会で広がり始めていた現世主義やぜいたくな生活に対する反動として発生したものだった。それは、すべてのムスリムが平等に暮らしていた初期ウンマの簡素な生活へ戻ろうとする取り組みだった。禁欲主義者は、貧民の普段着でムハンマドも着用していた羊毛（スーフ）の粗末な服を身につけることが多かった（これがスーフィーの語源である）。

九世紀初頭には、スーフィーたちの活動であるスーフィズム（アラビア語ではタサウウフ）は、アッバース朝の社会で徐々に広がっていた神秘主義運動と同義語になった。

またスーフィズムは、法学の発展に対する反動だったとも言えるだろう。現に一部のムスリムたちは、法学がイスラームを純粋に外界の問題についての規則集に矮小《わいしょう》化していると思っていた。

スーフィーは、ムハンマドにクルアーンの啓示を受けられるようにした精神状態を自分たちにも再現させたいと思っていた。法の真の源はムハンマドの内面的な服従《イスラーム》の態度であって、法学者の唱えるウスール・アル＝フィクフ（法源）ではないと考えていたのである。

体制派のイスラームがますます不寛容になり、クルアーンのみを真正な聖典とし、ムハンマドの宗教を唯一正しい信仰だと考えるようになったのに対し、スーフィーたちは、クルアーンの精神に立ち帰って、他の伝統的宗教も尊重した。例えば、イエスを愛の福音を説いたことから理想的なスーフィーと見なし、特に熱心に崇敬する者たちがいた。また、何の変哲もない石にひれ伏す異教徒であっても、その異教徒は万物の根源に存在する真理（ハック）を崇拝しているのだと主張するスーフィーもいた。

ウラマーや法学者たちが次第に啓示を最終的な完全版と見なすようになったのに対し、スーフィーたちはシーア派と同じく、新たな真理を受け入れる余地を常に残していて、真理はどこにでもあり、他の伝統的宗教からも見つかることがあると考えていた。さらに、クルアーンが神を厳格な正義の神として描いていたのに対し、スーフィーたちは、例えば偉大な女性禁欲主義者ラービア（八〇一年没）のように、愛の神について語った。

「我は汝を通して存在する。汝のほかに神はない」

世界中のどの主要な信仰でも、この種の内的探究ができる才能を持った者たちは、無意識へと深く入り込んで、自分の心の奥底に存在すると思われるものを実体験する技法を磨いてきた。スーフィーは、深呼吸を規則的に繰り返しながら精神を集中させていく術を身につけた。また、断食をしたり、徹夜の行をしたり、クルアーンで神につけられた数々の美称を呪文のように唱えたりした。ときには、これによって熱狂的な無上の法悦状態に至ることがあり、このような神秘家は「陶酔スーフィー」と呼ばれた。

陶酔スーフィーの初期の代表的人物がアブー・ヤズィード・バスターミー（八七四年没）で、彼は恋人のようにアッラーを求めた。その一方でファナー（消滅。神秘的合一体験のこと）の技法も身につけていた。これは、自己中心的な意識（このせいで私たちは神を体験することができないのだと、霊魂に関する著述家たちは口をそろえて言っている）の層を一枚また一枚とはぎ取っていくことであり、これによってバスターミーは、極限まで高められた自分自身がアッラーそのものにほかならないことに気づき、アッラーから「我は汝《なんじ》を通じて存在する。汝のほかに神はない」と告げられた。

シャハーダ（信仰告白）を言い換えたような、この衝撃的とも言える一節は、多くの異なる宗教で神秘主義者が発見してきた深甚な真理を表している。このシャハーダが宣言したのは、アッラー以外に神もなければ実在もなく、よって、完全な服従行為《イスラーム》で最終的に自我が解消されてしまえば、人間はすべて潜在的に神になりえるということだった。

フサイン・イブン・マンスール（九二二年没）、通称ハッラージュ（「綿すき人」の意）も、「アナー・アル＝ハック！」（「我は真理なり！」または「我は実在なり！」）と叫んで同様の主張をしたと言われている。ただし、この発言は「我は真理を見た！」と解釈すべきだとする研究者もいる。

ハッラージュは、自宅にいても霊魂によって有効な巡礼を行うことができると主張したとして、ウラマーによって処刑された。彼の刑死は、スーフィーとウラマーの間で対立が深まり始めていたことを示している。

陶酔スーフィーの極端な主張から一歩身を引いていたのが、いわゆる「醒《さ》めたスーフィー」の初期の代表者バグダードのジュナイド（九一〇年没）だ。彼は、バスターミーが経験した陶酔は、神秘主義者が高められた自我意識を獲得して感情をより完全に抑制するために越えなくてはならない段階のひとつにすぎないと考えた。彼によると、スーフィーが神の声を初めて耳にするときは、自分が全存在の根源から苦痛とともに引き離されるのを感じるという。そして、神秘主義的な探究とは人間に本来備わっているものへ回帰していくことにすぎないという、仏教の教義にとてもよく似た説を唱えた。

スーフィズムは、アッバース朝初期には周縁的な運動にとどまっていたが、その後スーフィーの導師たちがジュナイドの思想体系を基盤として秘教的思想運動を作り上げ、その結果、すでに見た三つの運動とは異なり、多くのムスリムの心を捉えることになった。

クルアーンの理想とウンマの変化

秘教思想家は、全員が自分は敬虔で熱心なムスリムだと主張してはいたが、その全員がムハンマドの宗教を変化させていた。ムハンマドがファイラスーフたちの教義を聞いたら驚いただろうし、アリーも、その支持者を自称するシーア派の思想や神話を受け入れることは、ほぼ間違いなくないだろう。

どの文化圏であれ敬虔な信者の多くは、宗教というものは決して変化せず、自分たちの信仰と慣習は開祖のものとまったく同じと思い込んでいるものだ。しかし現実には、宗教は生き残っていくために変化しなくてはならない。後世のイスラーム改革者たちは、イスラームの秘教的な部分が本来のものではないことに気づき、こうした後世の添加で堕落する前の、純粋だった初期ウンマの時代の信仰に戻ろうとした。

しかし、時代を後戻りすることは絶対にできない。「改革」と名の付くものは、その意図がどれほど保守的なものであろうと、すべてが新たな展開であり、その改革者の生きた時代に特有の問題に信仰を適応させようとする試みである。伝統は、発展・拡大する柔軟性を内部に持っていない限り、いつかは死滅する。イスラームは、この創造的な適応力を持っていた。野蛮で絶望的だったムハンマドの時代とはまったく異なる状況に生きる人々に、魂の深いレベルで訴え掛けることができたのである。彼らはクルアーンに、言葉の文字どおりの意味をはるかに超えた、最初に啓示が下されたときの状況とは切り離された意味を見いだした。

クルアーンは、生活の中で神の暗示を授けてくれる力となり、この力によって人々は強大な影響力と優れた洞察を備えた新たな霊的生活を築くことができたのである。

九世紀と一〇世紀のムスリムは、マディーナで窮地に立たされていた頃の最初の小さなウンマからはすでに大きくかけ離れていた。

その哲学とフィクフ（法学）と神秘主義思想は、どれもクルアーンと、彼らが敬愛するムハンマドとに根差していたが、クルアーンは神の言葉であるから、無限の包容力があり、さまざまな解釈が可能だと考えられた。だから啓示の言葉を、ムハンマドや正統カリフには想像もできなかった世界に住むムスリムたちに向けて語られたものとすることができたのである。

しかし、変わらないことがひとつあった。最初期のウンマ時代の宗教がそうだったように、イスラームの哲学と法と霊的生活は、きわめて政治的だった。ムスリムたちは、自分たちが作り上げた帝国が、輝かしい文化的業績を残してはいるものの、クルアーンの理想にはかなっていないことを——実に見事なまでに——はっきりと理解していた。

カリフはウンマの指導者だったが、その生活ぶりや統治のやり方は、ムハンマドが知ったら驚愕《きょうがく》するようなものだった。クルアーンの理想と、現実の政治制度との間に明らかな不一致があるとき、常にムスリムは自分たちの最も神聖な価値観が侵害されたと感じてきた。ウンマの政治的健全さは、彼らの心の最も深い部分に関わる問題だった。一〇世紀、比較的敏感なムスリムはアッバース朝が苦境に陥っていることに気づいていたが、カリフ制がイスラームの精神とまったく相いれなかったため、その衰退をムスリムたちは解放として体験することになった。

第3章　イスラーム世界の繁栄

I　新しい秩序——九三五～一二五八年

分権化とカリフの象徴権威化

一〇世紀には、イスラーム世界が単一の政治体としてはもはや有効に機能できなくなっていることが明白になっていた。カリフは、名目上はウンマの指導者であり続け、象徴的・宗教的な役割を保持していたが、現実には、帝国の諸地域は別々の勢力によって支配されていた。

イスマーイール派がエジプトで独自に建てたカリフ国家ファーティマ朝（イスマーイール派がカイロに建てた王朝は普通「ファーティマ朝」と呼ばれるが、それはイスマーイール派が十二イマーム派と同じくムハンマドの娘ファーティマとアリーの直系子孫をイマームとして崇敬するからである）は、北アフリカ、シリア、アラビア半島の大半、およびパレスチナを支配した。イラク、イラン、および中央アジアでは、トルコ系の将軍（アミール）たちが権力を握って事実上の独立国家を樹立し、互いに覇を競い合っていた。

一〇世紀はシーア派の世紀と呼ばれているが、それはこうした諸王朝の多くが漠然とシーア

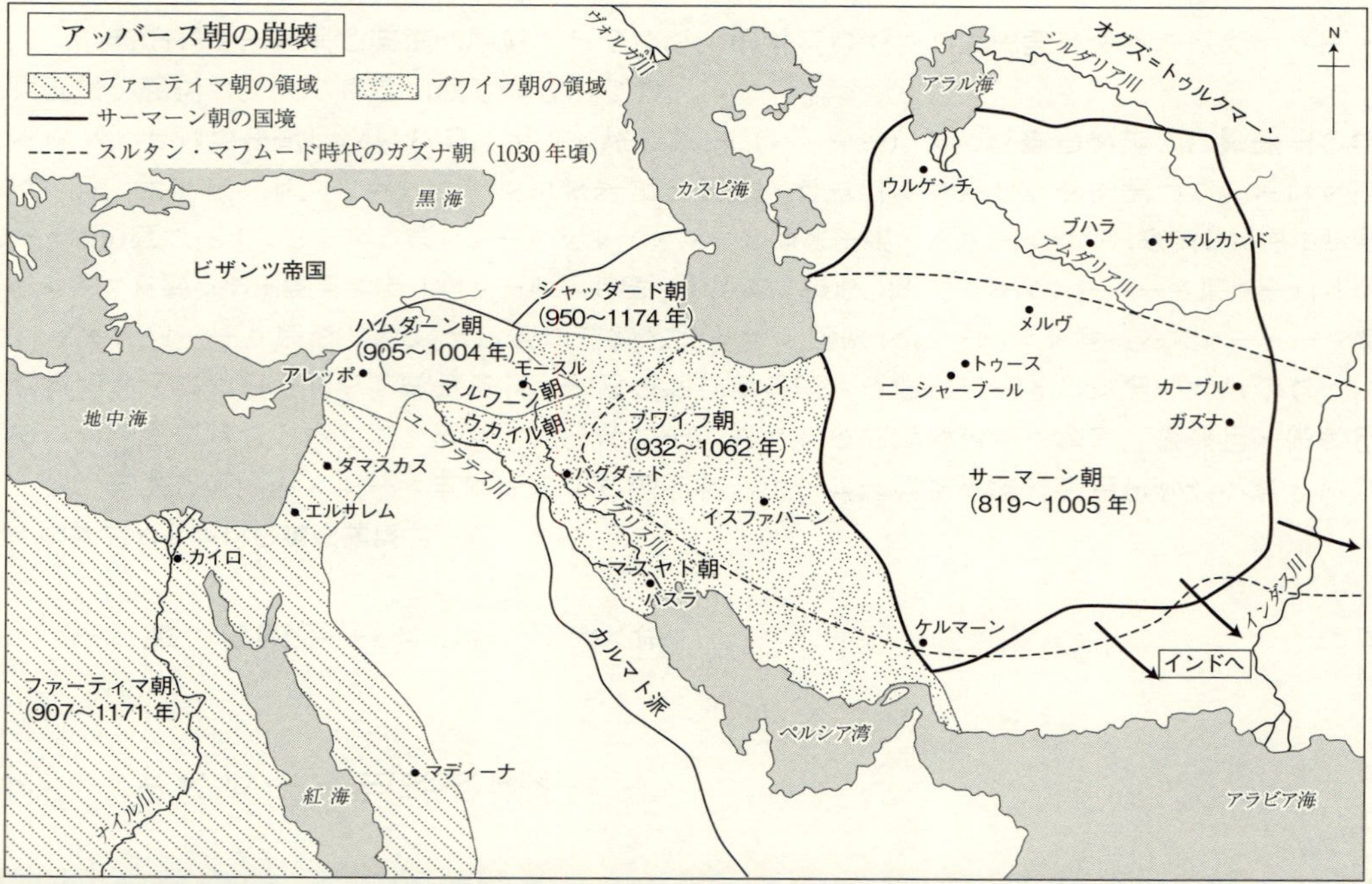
アッバース朝の崩壊
ファーティマ朝の領域
ブワイフ朝の領域
サーマーン朝の国境
スルタン・マフムード時代のガズナ朝（1030年頃）
N
ヴォルガ川
オグズ＝トゥルクマーン
シルダリア川
アラル海
黒海
カスピ海
ウルゲンチ
ブハラ
サマルカンド
アムダリア川
ビザンツ帝国
シャッダード朝
(950～1174年)
ハムダーン朝
(905～1004年)
メルヴ
アレッポ
モースル
マルワーン朝
レイ
トゥース
ニーシャーブール
カーブル
ガズナ
地中海
ウカイル朝
ブワイフ朝
(932～1062年)
ユーフラテス川
ダマスカス
バグダード
サーマーン朝
(819～1005年)
イスファハーン
エルサレム
ティグリス川
カイロ
マズヤド朝
バスラ
インダス川
ケルマーン
カルマト派
インドへ
ファーティマ朝
(907～1171年)
ペルシア湾
マディーナ
紅海
アラビア海
ナイル川

派的な傾向を持っていたからだ。しかし、アミールたちは全員がアッバース朝のカリフをウンマの最高指導者として認め続けた。

それほどまでに、専制君主制の理想は根づいていたのである。各地の諸王朝は一定の政治的成功を収めた。ある王朝は、一一世紀初頭に北西インドで恒久的なムスリムの拠点を築いてさえいる。しかし、どの王朝もあまり長くは続かなかった。例外はトルコ系のセルジューク朝で、この王朝はシルダリア川下流域で誕生すると、一〇五五年にバグダードに入城して権力を握り、カリフと特別な協定を結んで、ダール・アル＝イスラーム（イスラームの家）の全域でカリフの代理人を務めることを認めさせた。

こうしてセルジューク朝が勝利する以前、長らく帝国はもはや崩壊の一途をたどるものと思われていた。王朝が次々と交代し、国境が移動しているのだから、これを外から見た者が、イスラーム世界は当初の発展期を終えて衰退期に入ったと思ったとしても無理はなかった。

しかし、それは間違いだった。実は、ほぼ偶然の流れから、それまで以上にムスリムの精神に合致した新たな秩序が生まれようとしていた。政治的混乱にもかかわらず、宗教としてのイスラームはますます力を増していた。地域ごとに主要都市が生まれ、そのため文化の中心地も、かつてはバグダードのみだったのが、今ではいくつにも増えていた。カイロは、ファーティマ朝の下で芸術と学問の重要都市となった。ここでは哲学が盛んになり、一〇世紀にはカリフたちによってアズハル大学が創立され、後に世界で最も重要なイスラーム大学となった。サマルカンドでは、ペルシア文学の復興運動が起こった。

こうした流れの担い手のうち特に有名なのが、西洋ではアヴィセンナの名で知られるファイラスーフ（哲学者）のアブー・アリー・イブン・スィーナー（九八〇～一〇三七年）だ。イブン・スィーナーはファーラービーの弟子だったが、宗教を師匠以上に真剣に考えていた。その説によると、預言者とは理想的な哲学者であり、単に抽象的な合理的真理を大衆に伝えるだけの人物ではないという。なぜなら、預言者は論証的思考に依拠しない洞察力をそなえているからだ。イブン・スィーナーはスーフィズムに関心があり、神秘主義者が論理的な方法では到達できない神体験を得るのはありうることだと認めていたが、そのことがファイラスーフとしての考えと矛盾することはなかった。つまり、ファルサファ（哲学）は神秘主義者の信仰や普通の敬虔な信徒たちの信心と両立すると考えていたのである。

スペインでは、後ウマイヤ朝が一〇一〇年についに倒れ、いくつもの対立する独立諸王朝に分裂したが、そうした中、コルドバで文化が花開いた。スペインの文芸復興で特に有名なのが詩で、その作品はフランスのトルバドゥール（吟遊詩人）が宮廷をテーマとして歌った作品群とよく似ている。

ムスリム詩人のイブン・ハズム（九九四～一〇六四年）は、ハディースのみを根拠とする簡潔な信仰を説き、複雑なフィクフ（法学）や形而上的な哲学を否定した。ただし、スペインの知的巨人と言えば、やはりその後に登場したファイラスーフのアブー・アル＝ワリード・アフマド・イブン・ルシュド（一一二六〜九八年）だろう。ムスリム世界では、神秘主義的傾向の強いイブン・スィーナーほど重要視されないが、その合理主義的思想は、マイモニデス［一一三五〜一二〇四年。スペイン生まれのユダヤ人思想家］、トマス・アクィナス［一二二五頃～七四年。スコラ哲学の大成者］、アルベルトゥス・マグヌス［一一九三頃〜一二八〇年。ドイツのスコラ哲学者でトマス・アクィナスの師］などユダヤ教徒やキリスト教徒の哲学者たちに影響を与えた。

一九世紀フランスの言語学者エルネスト・ルナンは、イブン・ルシュド（西洋ではアヴェロエスの名で知られている）を自由な精神の持ち主だと称賛し、盲目的信仰から合理主義を守った初期の擁護者だと評価している。しかし実際には、イブン・ルシュドは敬虔なムスリムで、シャリーアのカーディー（裁判官）だった。イブン・スィーナーと同じく宗教とファルサファの間に矛盾はないと思っていたが、宗教が万人向けであるのに対し、哲学は知的エリートのみが追究すべきと考えていた。

平等な社会の実現

カリフ制が政治的役割を失った途端に、イスラームは勢いを取り戻したようだ。それまでは、専制君主制のあるべき姿とクルアーンの理想とが常に対立状態にあった。しかし、イスラーム世界で試行錯誤を経ながら現れようとしていた新たな政治制度は、イスラームの世界観にもっと近いものだった。

新しい支配者は全員が敬虔なムスリムだったわけではない――それどころか、お世辞にも敬虔とは言えなかった――が、独立した宮廷や支配者たちが、全員互いに同じ立場でありながら仮想の緩やかな統一体に加わっているというシステムは、クルアーンの平等主義的精神にさらに近づくものだった。またこれには、この時代にムスリム世界で生まれた美術様式であるアラベスクとも通じるものがあった。アラベスクでは、特定の一文字が強調されることはなく、どの文字にも占めるべき場所があり、そのひとつひとつが全体を構成するのに欠かせない存在になっているからだ。

また、イブン・イスハークやアブー・ジャアファル・タバリー（九二三年没）などムスリムの歴史家たちが、ムハンマドの生涯について矛盾した内容を含む伝承を年代順に並べようとはせず、異なる説を併記して、それぞれそれを等しく重視したのも、平等主義の表れだろう。ムスリムがカリフ制を受け入れたのは、それがウンマの統一を保証したからであり、もはやカリフに帝国を統合する力のないことが明らかになると、ムスリムたちは喜んでカリフを象徴的地位に祭り上げた。

イスラームの信仰にも変化があった。これまで神学と霊的思想は、ほとんど常に、ムスリム共同体の歴史的状況に対する政治的反応から生まれていた。しかし、以前よりもムスリムたちの考えに合った政治制度ができたことで、ムスリムの思想と信仰は時事問題にそれほど動かされなくなった。ちなみに、イスラームが再び政治的になるのは、近代に入ってムスリムたちが新たな危機に直面し、ウンマの倫理的・文化的・宗教的健全さが脅かされ、ウンマそのものの存続さえも危うくなっていると感じるようになってからである。

セルジューク朝とスルターン制

肥沃な三日月地帯では、ほかの地域よりも分権化が進んでおり、この地で意図せず偶然に新たな秩序を最もよく体現することになったのがセルジューク朝だった。この王朝はスンナ派で、スーフィズムを支持する傾向が強かった。

同朝を一〇六三年から一〇九二年まで治めたのが、有能なペルシア人宰相ニザームルムルクで、彼はセルジューク朝の力を借りて、帝国の統一を回復してアッバース朝のかつての官僚組織を再建したいと考えていた。しかし、バグダードを復興しようにも、その経済基盤だった農業地帯のサワード地方が衰退の一途をたどっていたため、すでに手遅れだった。しかも、ニザームルムルクはセルジューク朝の軍隊をコントロールできなかった。セルジューク軍は遊牧民から成る騎馬隊で、彼らはいつも自由気ままに行動し、家畜を連れてどこへでも行きたい場所へ移動していた。それでもニザームルムルクは、新たな奴隷部隊の助けを借りて帝国を築き、その版図は、南はイエメン、東はシルダリア川とアムダリア川の流域、西はシリアにまで及んだ。

この新たな帝国セルジューク朝には正式な統治機構がほとんどなく、社会秩序は、その場その場で手を組んだアミール（軍事指揮官）とウラマー（知識人）によって地方レベルで維持されていた。ニザームルムルクによる中央集権化の試みは、各地を管轄するアミールが実質的に独立勢力となったことで頓挫し、アミールたちは自分の担当地域を統治し、地租をバグダードから支給されるのではなく直接住民から徴収した。

これは封建制度ではない。なぜなら、ニザームルムルクの意図がどうあれ、アミールたちはカリフの家臣でもなければ、セルジューク朝第三代スルターンであるマリクシャーの家臣でもなかったからだ。アミールは、領地の農業経営には何の関心もない遊牧民であり、そのため土地と結びついた封建貴族にはならなかった。彼らは軍人であって、支配下の人々の日常生活にはそれほど関心を持たず、そちらは実質的にウラマーの担当分野になった。

教育の推進

ウラマーは、このバラバラな軍事政権をまとめる役を担っていた。一〇世紀、彼らは教育水準に不満を抱くようになり、イスラーム諸学を研究する高等教育機関マドラサを初めて設立した。これで教育はさらに体系的になって学問の統一が進み、聖職者の地位が高まった。ニザームルムルクはセルジューク朝の領内全土でマドラサの建設を奨励し、ウラマーが各地の行政機関で働くのに必要な科目をカリキュラムに追加した。一〇六七年にはバグダードに名門校ニザーミーヤ学院を創設している。

ウラマーたちは、独自の機関を設けることで、アミールの軍事法廷とは違うが、それに相当する権力基盤を手にした。また、マドラサに統一的な基準が導入されたことで、セルジューク朝の全土でシャリーアに基づく均一のムスリム的生活様式が広まった。ウラマーはシャリーア法廷で法制度も独占した。

この結果、共同体での政治権力と庶民生活は実質的に切り離された。アミールの支配するミニ国家は、いずれも短命で、何の政治的イデオロギーも持っていなかった。アミールはごく短期間統治したにすぎず、セルジューク朝の理想的な姿は、すべてウラマーと、これとは別に独自の活動領域を持っていたスーフィーの導師（ピール）によって提示された。学識あるウラマーは、マドラサからマドラサへと渡り歩いていたし、スーフィーのピールたちも、ある都市や中心地から別の場所へ頻繁に移動したことが知られている。宗教者たちは、異なる社会をひとつにまとめる接着剤の役割を果たすようになっていった。

こうして、カリフ制度が実質的に崩壊した後、帝国はいっそうイスラーム的になった。ムスリムは、自分たちをアミールの短命国家のどれかに属していると思うのではなく、ウラマーによって象徴され、ダール・アル＝イスラーム全体と一致している、より国際的な社会の一員だと自覚するようになった。ウラマーは、こうした新しい状況に適応できるようシャリーアを改めた。かつてイスラーム法は反体制文化を作るのに利用されていたのが、今やカリフを神聖な法の象徴的守護者と見なすようになった。何人ものアミールが現れては消えていく中で、ウラマーはシャリーアを後ろ盾にして唯一の安定的な権威となり、人々の信仰心は、スーフィズムが広まっていくにつれて深まり、内面的な奥行きを獲得していった。

イスマーイール派の暗殺教団

今やスンナ派は、ほぼ至る所で優勢になったように思われた。これより過激なイスマーイール派の一部は、ファーティマ朝が真の信仰をウンマに受け入れさせるのに完全に失敗したことに幻滅し、セルジューク朝を倒してスンナ派を滅ぼすため秘密のゲリラ組織を結成した。彼らは一〇九〇年以降、現イランの町カズヴィーン近郊の山中にあるアラムート要塞を拠点に襲撃を開始し、セルジューク朝の要塞を奪取して主要なアミールを殺害した。一〇九二年には全面的な反乱に拡大した。

反徒たちは、敵からハシーシー（英語で「暗殺者」を意味する「アサッシン」の語源）と呼ばれるようになったが、それは彼らが命がけの攻撃に参加する勇気を出すためハシーシュつまり大麻を使うと言われていたからだ。イスマーイール派は、自分たちこそアミールからたびたび苦しめられている一般庶民の味方だと思っていたが、このテロ作戦のせいで、ほとんどのムスリムはイスマーイール派に背を向けた。ウラマーは、彼らについて荒唐無稽なでたらめ話を広め（ハシーシュを使ったというのも、そうした作り話のひとつだ）、イスマーイール派だと疑われた者は捕らえられて殺され、こうした虐殺行為がイスマーイール派による新たな攻撃を招いた。

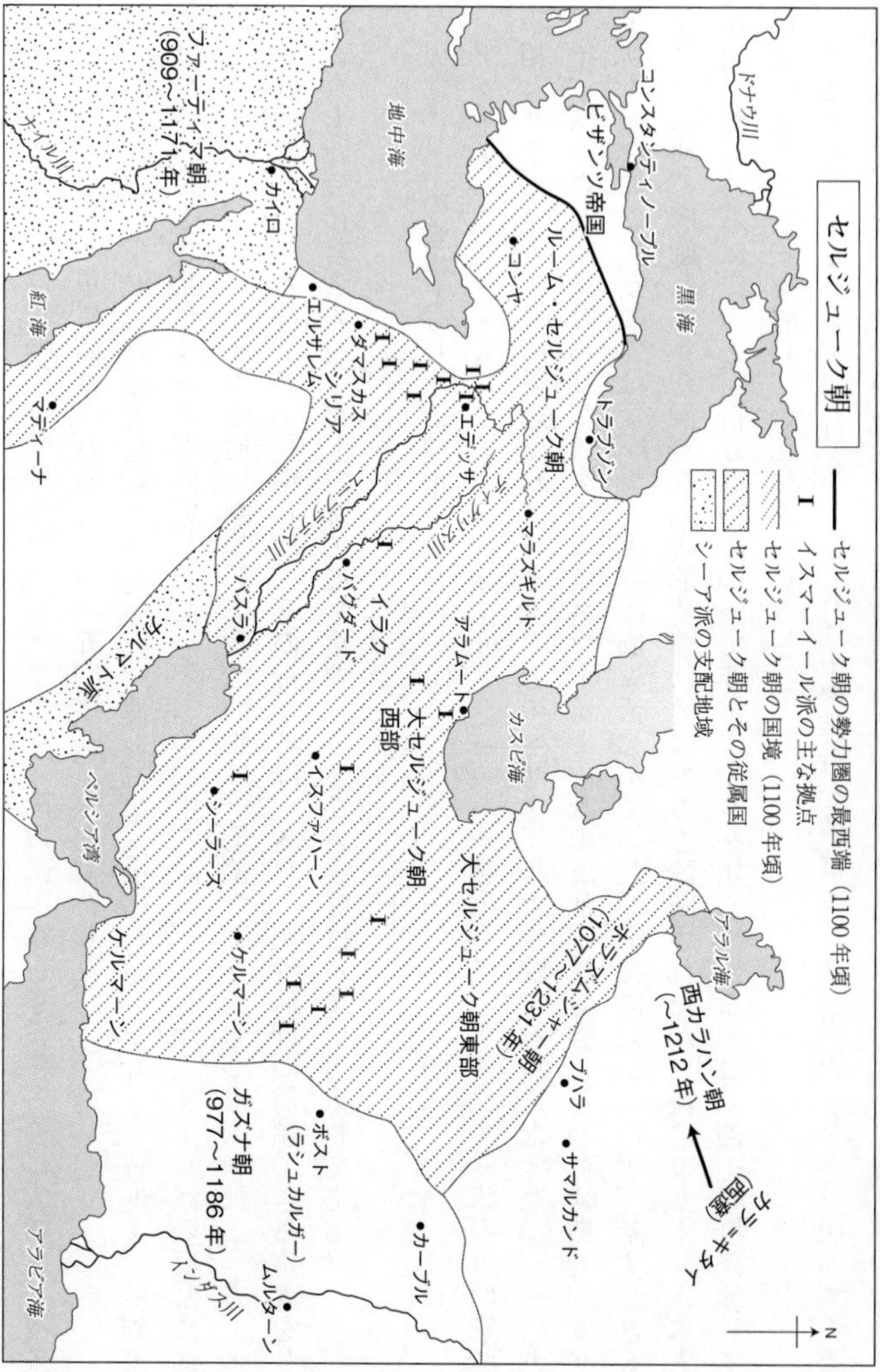
セルジューク朝
セルジューク朝の勢力圏の最西端（1100年頃）
イスマーイール派の主な拠点
セルジューク朝の国境（1100年頃）
セルジューク朝とその従属国
シーア派の支配地域
ドナウ川
コンスタンティノープル
ビザンツ帝国
黒海
地中海
ルーム・セルジューク朝
コンヤ
トラブゾン
エデッサ
マラズギルト
ティグリス川
ユーフラテス川
カイロ
ナイル川
ファーティマ朝
（909~1171年）
紅海
エルサレム
ダマスカス
シリア
マディーナ
バグダード
イラク
バスラ
カルマト派
アラムート
カスピ海
大セルジューク朝
西部
イスファハーン
シーラーズ
ケルマーン
ペルシア湾
大セルジューク朝東部
ホラズム・シャー朝
（1077~1231年）
アラル海
ブハラ
サマルカンド
西カラハン朝
（~1212年）
ボスト
（ラシュカルガー）
ガズナ朝
（977~1186年）
カーブル
ムルターン
インダス川
アラビア海
N

イスマーイール派は、弾圧を受けながらもアラムート周辺に国家を建設するのに成功し、侵入してきたモンゴル軍に滅ぼされるまでの一五〇年間、国を維持した。

しかし、ジハードで直接もたらされたのは、彼らが望んでいたマフディー（救世主）の到来ではなく、シーア派全体への不信感だった。十二イマーム派は、イスマーイール派の反乱に加わっておらず、スンナ派の政府に譲歩して政治活動は一切慎むよう気をつけていた。一方、スンナ派にはひとりの神学者が登場した。その神学者は、スンナ派の信仰に信頼できる定義を与え、今もなお預言者ムハンマド以降で最も重要なムスリムと呼ばれている人物である。

ガザーリーの登場とタリーカの形成

アブー・ハーミド・ムハンマド・ガザーリー（一一一一年没）は、イスラーム法の専門家で、宰相ニザームルムルクに見込まれてバグダードのニザーミーヤ学院で教授となったが、一〇九五年、精神衰弱に見舞われた。当時はイスマーイール派の反乱が最も激しかった時期で、ガザーリーは信仰を失うのではないかと大いに悩み苦しんでいた。全身に力が入らず、話すこともままならず、医師たちから深刻な精神的葛藤状態にあると診断されたが、後にガザーリー本人が語ったところによると、自分は神について非常に多くを知っているのに、神を直接経験していないことに不安を感じていたのだという。

そこで彼はエルサレムへ行き、スーフィーの修行を積むと、一〇年後イラクへ戻って大著

『宗教諸学の再興』を執筆した。この本は、ムスリム文献としてはクルアーンとハディースに次いで最も多く引用される書籍になった。その内容の基礎となっているのは、人間は儀式と祈りによってのみ神を直接体験できるが、神学（カラーム）とファルサファ（哲学）の議論では神について何も確実なことは得られないという重要な知見だった。『宗教諸学の再興』では、この宗教体験に向けた準備を目的とする心身両面での日常的な鍛錬方法をムスリムたちに示している。シャリーアにある食事、睡眠、洗身、衛生、祈りなどについての規定は、すべてに信仰的・倫理的解釈が与えられ、それによってこれらはもはや単なる外面的な行動についての命令ではなく、クルアーンが説く常に神を意識する態度をムスリムたちが養うためのものになった。

つまりシャリーアは、ただ社会をひとつにまとめたり、ムハンマドとそのスンナ（慣行）を表面的に形だけ模倣したりする手段ではなく、内面的な服従《イスラーム》を実践する方法になったのである。ガザーリーは、宗教の専門家向けに執筆したのではなく、信仰心の厚い個々人に向けて書いていた。彼の考えでは、人間には三種類あるという。宗教の真理を疑うことなく受け入れる人と、自分の信仰が正しいという理由をカラームという合理的学問で見つけようとする人、そして、宗教的真理を直接体験するスーフィーである。

ガザーリーは、現在の新たな政治的状況で人々が従来とは異なる宗教的解決策を求めていることに気づいていた。イスマーイール派は無謬《むびゅう》の存在であるイマームに帰依していたが、彼はそうした姿勢を嫌っていた。そんなイマームはいるはずがないし、仮にいたとしても、普通の人間には見つけようがない。それに、こうした権威ある人物に頼る態度はクルアーンの平等主義に反しているように思われた。またファルサファは、数学や医学などの学問に不可欠なことは彼も認めたが、理性の通用しない宗教上の問題については確かな指針にはなりえない。

ガザーリーの考えでは、答えはスーフィズムにあった。スーフィズムの修練なら神を直接理解することができるからだ。スーフィズムは、初期の頃はウラマーから警戒され、危険な分派活動と見られていた。それをガザーリーは法学者たちに、神秘主義者であるスーフィーたちが編み出した瞑想方法を実践し、外面的な規範であるシャリーアを広めると同時に、こうした内面的な霊的生活も奨励すべきだと訴えた。どちらもイスラームには欠かせない重要なものだからである。こうしてガザーリーは神秘主義を強烈に支持し、自分の権威と名声を使って、これを主流派ムスリムの生活にぜひとも組み込もうとしたのだった。

ガザーリーは当代きっての宗教的権威と見なされていた。この時期にスーフィズムは民衆にも広まり、エリートだけのものではなくなった。人々の信仰は、初期の頃と違ってウンマの政治にとらわれなくなり、歴史とは無関係の、神秘主義者による神話的な内面への旅を受け入れる素地ができていた。ズィクル（神の名を唱える行為）は、秘教にひかれるムスリムが単独で行う行為ではなく、ムスリムたちが、ピール（導師）の指導の下、通常とは異なる心理状態へ入るために実施する集団活動になった。

スーフィーたちは、超越者への意識を高めるため音楽に耳を傾けた。かつてシーア派信徒がイマームの周りに集まったように、スーフィーも自分たちのピールを神への導き手と見なして、その周りに集まった。ピールが死ぬと、神聖さを一身に集めた事実上の「聖者」になり、人々は墓所で祈りをささげ、ズィクルを行った。どの町にも、モスクやマドラサだけでなく、地元のピールが弟子たちを指導するハーンカー（修道場）があった。新たなスーフィー教団（タリーカ）がいくつも形成されたが、こうした教団は特定の地域にとどまることなく、支部をダール・アル＝イスラームの各地に置いて国際的に活動した。

こうしてタリーカは、分権化の進む帝国をまとめるもうひとつの源泉になった。また、都市部で新たに形成された青年組織（フトゥーワ）や職人・商人のギルド組織も、スーフィーの理想から大きな影響を受けて同様の広がりを見せた。こうして数々のイスラーム組織が次第に帝国をひとつにまとめていき、それと同時に、どれほど無学なムスリムであっても、かつては秘教に通じた教養あるエリートの専有物だった内的共鳴を信仰によって獲得できるようになっていった。

内的世界の重視

これ以降、イスラームでの神学的・哲学的議論は、どれも霊的思想と深く融合したものになった。こうした新たなムスリム思想の統合を解釈する、いわば「神智学者」のような思想家も登場した。

アレッポでは、ヤフヤー・スフラワルディー（一一九一年没）が、イスラーム以前の古代イラン神秘主義を基盤として照明（イシュラーク）学派を創設した。彼は、真の哲学はファルサファによる知性の厳しい鍛錬と、スーフィズムがもたらす心の内面的変化との結合によって生まれると考えた。理性と神秘主義は両立させなくてはならない。どちらも人間には欠かせないものであり、どちらも真理の探究に必要なものだからだ。神秘主義者が見るヴィジョン（幻視）とクルアーンに記された象徴（天国、地獄、最後の審判など）は、実験によって証明することはできないが、瞑想者が修練によって得た直観力によってなら垣間見ることができる。こうした神秘主義的世界の外では、宗教の持つ神話は意味を成さない。なぜなら神話は、私たちが通常の覚醒した意識で経験する俗界の現象と同じ形で「実在する」ものではないからだ。

神秘主義者は、現世の存在の裏側を見ることができるよう、スーフィーの修練によって修行を積む。私たちの日常世界と神の世界との間にはアーラム・アル＝ミサール（「祖型の世界」）が存在し、ムスリムはその世界に対する感覚を磨かなくてはならない。アーラム・アル＝ミサールは、神秘主義者として修行を積んだ者でなくても、夢の中で気づく場合や、眠り込んだりトランス状態に入ったりするときに現れる入眠時イメージで感じたりする場合がある。スフラワルディーによると、預言者や神秘主義者がヴィジョンを見るのは、この内的世界を自覚したときだというから、内的世界とは今で言うところの無意識に相当すると考えればいいだろう。

個々人の信仰と神の顕現

このようなイスラームのあり方は、ハサン・バスリーやシャーフィイーにはとうてい承認できなかっただろう。スフラワルディーはその見解のせいで処刑されたという説もあるが、彼は敬虔なムスリムであり、それまでのどのファイラスーフよりもクルアーンを数多く引用している。その著書は神秘主義の古典として今なお読み継がれている。

同じく著作を読み継がれているのが、多作で強い影響力を残したスペインの思想家ムヒーッディーン・イブン・アラビー（一二四〇年没）だ。彼もムスリムたちに、自身の中にあるアーラム・アル＝ミサールを見いだすべきだと訴え、神へ至る道は創造的な想像力にあると説いた。イブン・アラビーの著作はやさしくはなく、比較的知的なムスリムに支持されたが、彼は誰でもスーフィーになれると信じ、誰もが聖典にある象徴的な隠された意味を探し求めるべきだと思っていた。ムスリムには、事物の表面だけに目を向けるのでなく、あらゆる物やあらゆる人に内在する神の存在を見ることができるよう想像力を鍛えることで、神の顕現を自ら実現させる義務がある。ひとりひとりの人間は、神の隠れた属性のひとつが啓示された唯一無二の存在であり、いつか私たちが出会う神は、自分たちの最内奥の自己に刻まれた神の名前のみである。このとき個々人の経験する神がどのような姿で現れるかは、その人物が生まれた信仰的伝統によって決まってくる。よって、神秘主義者はすべての信仰を等しく有効なものと見なさなくてはならず、シナゴーグでもモスクでも、寺院でも教会でも、どこにいても落ち着いていられる。なぜなら、神がクルアーンで語っているように、「汝らいずこに顔を向けようとも、必ずそこにアッラーの御顔がある」（クルアーン2章115節）からだ。

このようにして、カリフ制の変容後に宗教革命が起こった。その影響は、身分の低い職人から教養のある知識人にまで及んだ。真にムスリム的な人々が誕生し、信仰を深いレベルで是認できるようになった。政治的大惨事になりかねなかった事態にも、ムスリムたちは新たな状況に合うよう信仰を解釈し直す霊的再生を大々的に進めることで対処した。今やイスラームは、統治者の支えがなくても繁栄を続けていた。実際、イスラームのみが、政治的変動の激しい世界で唯一変わらないものであった。

II 十字軍とイスラーム世界

十字軍の侵略

セルジューク朝の下、政治的に自立したアミールたちが作った新たな秩序は、一一世紀末に同朝が分裂し始めた後も存続した。しかし、この秩序には明らかな欠点があった。アミールたちは抗争に明け暮れていたため、外敵に対して結束するのが非常に困難だったのだ。

この欠点は、一〇九九年七月に悲劇となって現れた。西ヨーロッパから来たキリスト教徒の十字軍が、イスラーム世界でマッカとマディーナに次ぐ第三の聖地エルサレムを攻撃し、住民を虐殺してパレスチナ、レバノン、アナトリアの各地に国家を樹立したのである。この地のアミールたちは、セルジューク朝が衰退してからは互いに争い合っていたため、団結して反撃することがまったくできず、西欧諸国の激しい侵略に対抗することなどできないように思われた。ほぼ五〇年たった一一四四年に、モースルとアレッポのアミール、イマード・アッディーン・ザンギーがアルメニアから十字軍を放逐するのに成功し、それからさらに約半世紀後の一一八七年に、クルド人の将軍で西洋ではサラディンの名で知られるユースフ・イブン・アイユーブ・サラーフッディーンが、エルサレムを十字軍から奪回した。それでも十字軍国家は一三世紀末まで近東の沿岸で拠点を維持し続けた。

この外からの脅威のおかげで、サラーフッディーンが開いたアイユーブ朝は、肥沃な三日月地帯にあった比較的短命なアミール諸国家よりも長続きした。サラーフッディーンは、遠征の当初にエジプトのファーティマ朝を破って自らの版図に併合し、住民をスンナ派に戻した。

十字軍と帝国主義

十字軍は、西洋史では不名誉ながらも歴史を動かした事件だった。だがイスラーム世界では、近東のムスリムにとっては衝撃的な災厄だったが、イラクやイラン、中央アジア、マレーシア、アフガニスタン、インドなど他地域に住む大多数のムスリムにとっては、遠く離れた辺境の地

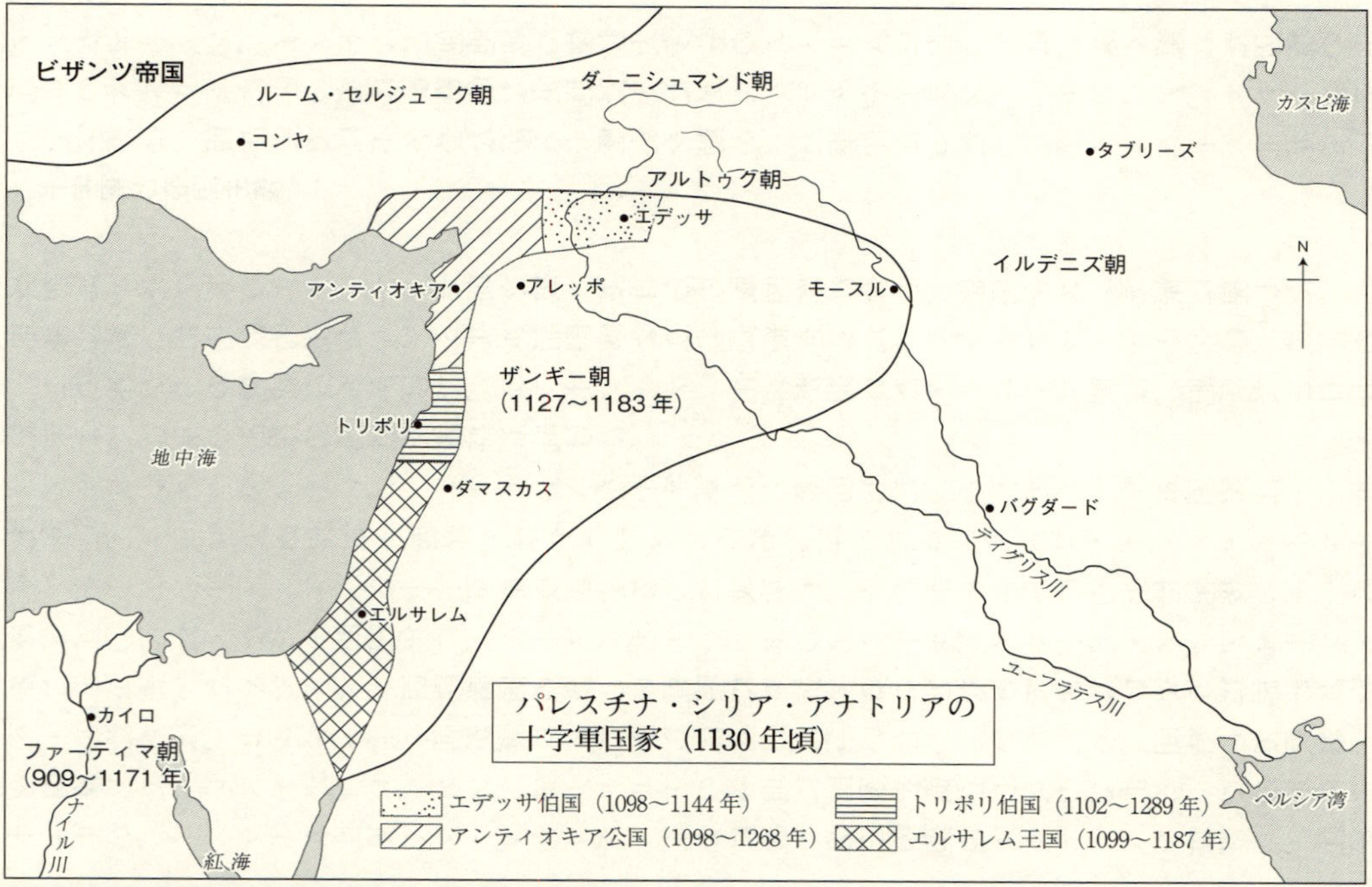

パレスチナ・シリア・アナトリアの
十字軍国家（1130年頃）

で起きた事件にすぎなかった。これが重視されるようになるのはようやく二〇世紀に入ってかららで、欧米が勢力を増して脅威になると、ムスリムの歴史家たちは中世の十字軍に注目し、勝者となったサラーフッディーンを懐古的に振り返っては、欧米の帝国主義という新たな十字軍を防ぐことができる指導者の出現を待ち望んだのであった。

Ⅲ　ムスリム勢力の拡大

十字軍への勝利

十字軍が始まった直接の原因は、セルジューク朝が一〇七〇年にファーティマ朝からシリアを奪ったことにあった。この遠征中にセルジューク朝はビザンツ帝国とも衝突した。当時ビザンツ帝国はすでに衰退し始めており、国境の防備も薄かった。

セルジューク朝の騎馬隊は、国境を越えてアナトリアに入ると、一〇七一年にマラズギルトの戦いでビザンツ軍に大勝した。それから一〇年の間に、アナトリアではトルコ系の遊牧民が家畜を連れて全土を自由に動き回り、アミールたちが小国家を樹立すると、ムスリムたちはアナトリアをチャンスに満ちた新たなフロンティアと見て押し寄せてきた。こうしたトルコ人の進出をビザンツ皇帝アレクシオス一世コムネノスは食い止めることができず、一〇九四年ローマ教皇に救援を求め、これを受けて教皇ウルバヌス二世は第一回十字軍を招集した。十字軍はアナトリアの一部を占領したが、トルコ人の征服を長期間食い止めることはできなかった。一三世紀末にトルコ人は地中海に到達し、一四世紀にはエーゲ海を渡ってバルカン半島に入植し、ドナウ川にまで進出した。

かつてムスリムの支配者の中に、古代ローマ帝国の威光を背負うビザンツ帝国に、これほどの敗北を負わせることができた者はひとりとしていなかった。そのためトルコ人は、アナトリアに建てた新国家に、誇らしげに「ローマ」を意味する「ルーム」の名をつけた。カリフの権威は衰えたものの、今やムスリムは勢力範囲を、それまでダール・アル＝イスラームに入ったことのなかった二地域――東部ヨーロッパと北西インドの一部――に広げ、そのどちらもが、やがて非常に活力あふれる地域になった。

アッバース朝第三四代カリフのナースィル（在位一一八〇～一二二五年）は、バグダードとその周辺でカリフの権威を再興しようと努力した。彼は、宗教復興の勢いを目の当たりにして、イスラームに頼ろうとした。もともとシャリーアはカリフの支配に対抗するために発達したものだったが、ナースィルはスンナ派の四法学派すべてのウラマーになるため勉強した。また、青年組織（フトゥーワ）のひとつに入会し、バグダードにあるフトゥーワすべてを統括する団長になろうとした。こうした政策は、ナースィルの死後も後継者たちによって引き継がれた。

しかし、時すでに遅すぎた。やがてイスラーム世界は大災厄に巻き込まれ、それによってアッバース朝もついに無残で悲劇的な最期を迎えることになる。

Ⅳ　モンゴルの支配――一二二〇～一五〇〇年

モンゴル帝国の建設と遠征

遠く離れた東アジアでは、モンゴルの指導者チンギス・ハーン（一一六二頃～一二二七年）が世界帝国の建設を進めており、イスラーム世界との衝突は避けられない状況にあった。チンギス・ハーンは、セルジューク朝の支配者たちとは違って、配下の遊牧民を支配・統制することができ、彼らを世界史上かつてない破壊力を持った戦闘集団にまとめ上げた。どの国の支配者も、モンゴルの指導者たちに即座に従わなければ主要な都市を完全に破壊され、住民を虐殺された。モンゴル軍が残忍に振る舞ったのは意図的な策略だったが、遊牧民が都市文化に対して抱く鬱憤《うっぷん》を示すものでもあった。

ホラズムシャー朝の王アラーウッディーン・ムハンマド（在位一二〇〇～二〇年）が、イランとアムダリア川流域に独自のカリフ国家を建設しようとすると、モンゴルの将軍フラグ［チンギス・ハーンの孫］はこれを傲慢不遜な行為と見た。一二一九年から一二二九年までモンゴル軍は、アラーウッディーンとその息子ジャラールッディーンを追って、各地に死と破壊の跡を残しながら、イランを横断し、アゼルバイジャンを抜け、シリアに入った。一二三一年には再び侵攻が始まった。ムスリムの大都市は次から次へと破壊された。ブハラは廃墟《はいきょ》と化し、バグダードはわずか一度の戦いで陥落して、それと同時に名ばかりだったアッバース朝も一二五八年に滅亡した。街路には死体が累々と並び、住民はシリアやエジプトやインドに逃げた。アラムートにいたイスマーイール派は虐殺され、成立から間もないルーム・セルジューク朝は、すぐモンゴル軍に服従したものの、国力を完全に回復することはできなかった。

ムスリムの支配者として最初にモンゴル軍の進撃を食い止めたのは、エジプトでトルコ系の奴隷軍団が支配する新国家マムルーク朝のスルターン、バイバルス（在位一二六〇〜七七年）だった。マムルーク（奴隷）は、サラーフッディーンが開いたアイユーブ朝で軍隊の中核を占めていた。一二五〇年、マムルークのアミールたちはクーデタを起こしてアイユーブ朝を倒し、近東に自分たちの帝国を築いたのである。一二六〇年、バイバルスはパレスチナ北部のアイン・ジャールートでモンゴル軍を破った。モンゴルは、インドで新たに成立していたデリー・スルターン朝を攻めて撃退された後は、しばらく遠征をやめて勝利の果実を味わい、イスラーム世界の中心部に、中国を支配するクビライ・カーンを宗主とする複数の帝国を築いた。

四つのモンゴル系国家とイスラーム

モンゴル人の作った巨大国家は四つある。フラグの子孫はイル・ハーン（「大ハーンの代理人」の意）と呼ばれ、当初は戦いに敗れたままで終わる気など毛頭なく、ダマスカスを破壊したが、最終的には現状を受け入れ、イル・ハーン朝はティグリス・ユーフラテス川流域とイランの山岳地帯を版図とした。

また、モンゴルのチャガタイ家がシルダリア・アムダリア川流域にチャガタイ・ウルス（チャガタイ・ハーン国）を建国したほか、イルティシ川流域にはオルダ・ウルスが、ヴォルガ川周辺にはジョチ・ウルス（キプチャク・ハーン国）が作られた。これは、中東では七世紀にアラブ人が進出して以来最大の政治的激変だったが、アラブ人ムスリムとは異なり、モンゴル人は霊的思想を一切持ち込まなかった。しかも、仏教を信じる傾向はあったものの、どの宗教にも寛容だった。チンギス・ハーン本人が作ったとされる法典ヤサは、もっぱら軍事に関するもので、民間人には効力が及ばなかった。いったん征服したら後のことは征服地の伝統に従うのがモンゴルの方針であり、そのため一三世紀末から一四世紀初めまでに、四つのモンゴル系国家はすべてイスラームに改宗した。

こうしてモンゴルは、イスラーム世界の中心地で主要なムスリム勢力となった。しかし、表向きはイスラームに改宗したとはいえ、国家の中心的なイデオロギーは、モンゴル人の支配力と軍事力を称賛して世界征服を目指す「モンゴル人第一主義」であった。国家全体が軍隊式に運営された。君主は軍の最高司令官であり、遠征は部下任せにせず自ら軍隊を率いていくものとされた。

そのため初期の頃には首都が定まっていなかった。ハーンと軍隊の野営する場所が首都であ

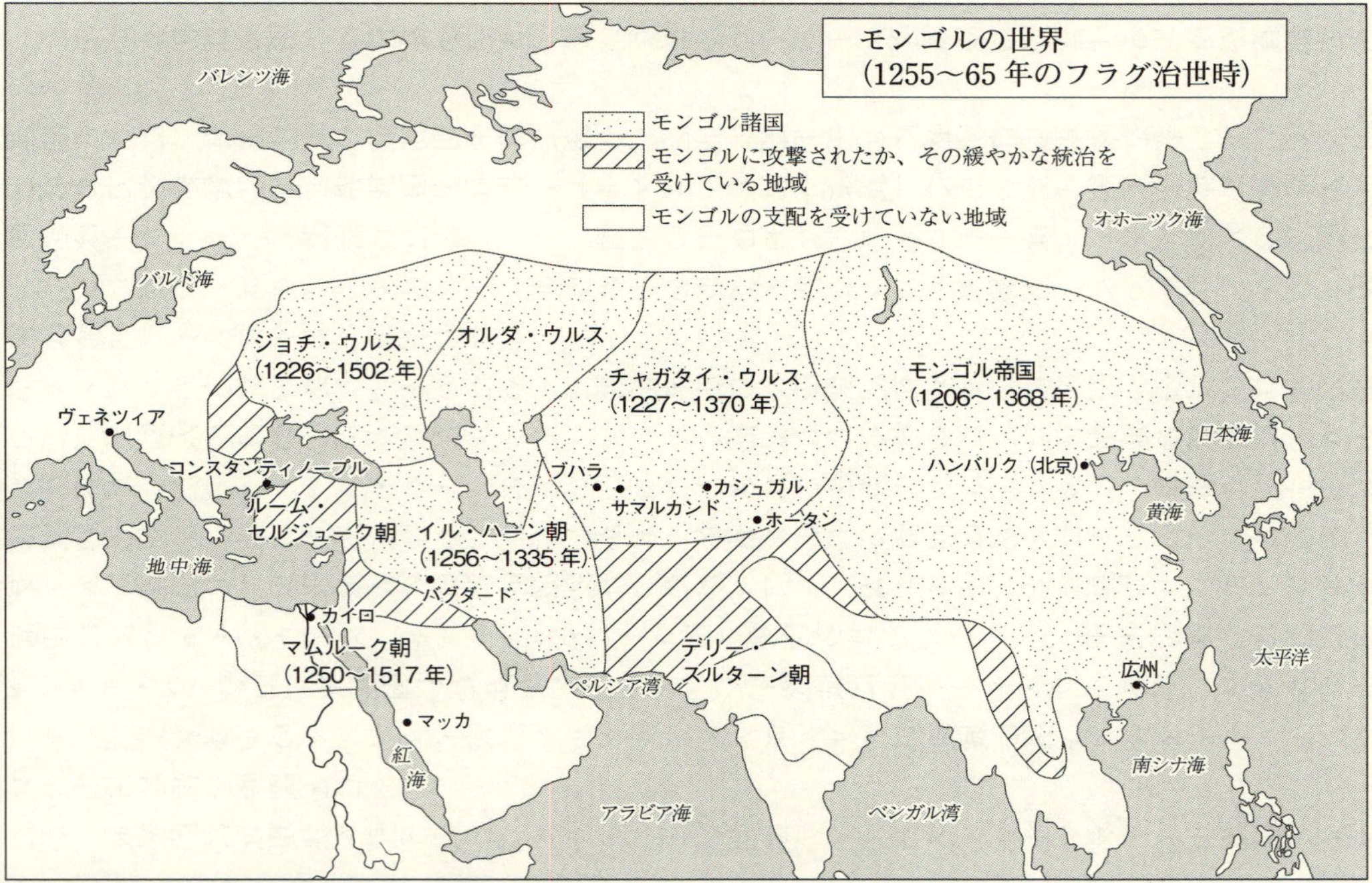
モンゴルの世界
(1255〜65 年のフラグ治世時)
モンゴル諸国
モンゴルに攻撃されたか、その緩やかな統治を受けている地域
モンゴルの支配を受けていない地域
バレンツ海
バルト海
オホーツク海
ジョチ・ウルス
(1226〜1502 年)
オルダ・ウルス
チャガタイ・ウルス
(1227〜1370 年)
モンゴル帝国
(1206〜1368 年)
ヴェネツィア
コンスタンティノープル
ルーム・
セルジューク朝
イル・ハーン朝
(1256〜1335 年)
バグダード
ブハラ
サマルカンド
カシュガル
ホータン
ハンバリク (北京)
日本海
黄海
地中海
カイロ
マムルーク朝
(1250〜1517 年)
デリー・
スルターン朝
ペルシア湾
広州
太平洋
マッカ
紅海
アラビア海
ベンガル湾
南シナ海

った。国家の機構はすべて軍隊のように管理され、行政機関は進撃する軍隊に同行した。野営には細かい作業がいくつもあるが、そのすべてが驚くほど効率的に実施された。大きな政治目標として、世界制覇と王朝の永続を掲げており、この二大目標のためならどんな残虐行為も正当化された。これは旧来の専制君主制とよく似たイデオロギーであり、支配者の権力が強ければ強いほど国家の平和と安定は保証されるという発想だ。どの君主が出した命令も、王朝が権力の座にある限り有効であり続け、ほかの法制度はすべて隅に追いやられた。政府の要職はすべて帝室のメンバーか、各地にいる子飼いの部下や被保護者に与えられ、その全員が、国家の中枢にある強大な遊牧民軍の随員に組み込まれた。

これほどイスラームの平等主義とかけ離れたものはないだろうが、これはある意味、アッバース朝末期に起きていた社会の軍事化の続きとも言えた。同朝末期、アミールたちは軍営都市から支配を行い、一般市民やウラマーは干渉を受けることなくイスラームに従って自由に生きることができた。もしアミールが何らかの安定を手にしたら軍が民事にもっと介入してくる可能性は常にあった。この可能性は、モンゴルの支配下でいくばくかは現実となり、その強大な力によってウラマーには新たな制約が課された。もはやシャリーアは、政権を転覆させる力を秘めた法典ではいられなくなった。今後ウラマーは新たな法を作るため独自の法解釈（イジュティハード）を行ってはならないとされ、「イジュティハードの門」は閉鎖されたと宣言された。ムスリムは、過去の権威者が下した裁定に従わなくてはならなくなった。シャリーアは原則として固定された法体系となり、支配者一族が定める王朝の柔軟な法律を危険にさらすことはなくなった。

モンゴル軍による破壊とスーフィーの思想

モンゴルの侵入は、ムスリムの日常生活に深い傷跡を残した。モンゴル軍の攻撃を受けた地域では、経済が荒廃したのに加え、都市や図書館も廃墟と化した。だがモンゴルは、ひとたび勝利が確定すると、かつて徹底的に破壊した諸都市を再建した。華々しい宮廷も設けられ、科学や芸術、歴史研究、神秘主義などが奨励された。モンゴルによる戦禍はすさまじかったが、モンゴル人支配者は、被支配者であるムスリムたちにとっては魅力的でもあった。その政治機構は形を変えながらも長く続き、後に見るように、後世のムスリム諸国に影響を与えた。

モンゴル人の力は新たな地平を指し示すものだった。今にも全世界を征服するかに思われた彼らは、世界支配の可能性と大量殺戮を結びつけた新たな形の帝国主義の前触れだった。モンゴル系国家は、目もくらむほど光り輝いていたが、同時に、ムスリムの先入観も崩してくれた。ムスリムたちは、体験した恐怖に愕然として服従したわけでもなければ、モンゴル系国家が象徴する政治的敗北に打ちひしがれて無気力になったわけでもない。イスラームは強靭《きょうじん》な回復力を持つ宗教だ。歴史の中でたびたびムスリムは災厄に積極的に対応し、これを前向きに活用して新たな宗教的洞察を獲得してきた。モンゴル侵攻後も同様で、人々は、自分たちがそれまで慣れ親しんできた世界は終わろうとしているが、まったく新たな世界秩序が生まれるかもしれないと、はっきり感じ取っていた。

それが明確に表れているのが、スーフィーの神秘主義者ジャラールッディーン・ルーミー（一二〇七～七三年）の思想だ。ルーミー自身もモンゴル侵攻の犠牲者だったが、その教えは、モンゴルがもたらした無限の可能性という感覚を表していた。出身地はホラーサーンで、父親はウラマーにしてスーフィーの導師でもあり、ルーミー自身はフィクフと神学、それにアラビアとペルシアの文学に通じていた。しかし、迫りくるモンゴル軍から逃れるため、一家は故郷を離れなくてはならなくなった。ルーミーたちは避難民となって、アナトリアにあるルーム・セルジューク朝の首都コンヤにやってきた。

ルーミーの霊的思想は、宇宙的な故郷喪失と、神聖な本源である神からの分離という感覚に満ちている。その主張によると、人間に起こりうる最大の不幸は、人を宗教的探究へと駆り立てる別れの苦しみを味わわないことだという。私たちは自分が不完全な存在であり、自我意識などというものは実在しないことを認識しなくてはならない。私たちは自分のエゴのせいで真実が見えなくなっており、エゴイズムと自己中心主義から脱却すれば、後に残るのは神のみであることに気づくはずだと、ルーミーは説いた。

ルーミーは「陶酔スーフィー」である。その霊的・個人的生活は、感情の両極端を絶えず行き来するものだった。踊りや歌、詩、音楽に法悦を求め、彼が開いた教団のメンバーは、自己超越の恍惚《こうこつ》状態へといざなう厳《おごそ》かな旋廻《せんかい》舞踊を行うことから、しばしば「踊るデルヴィーシュ」と呼ばれている。ルーミーは、明らかに情緒不安定なところはあったが、存命中は弟子からメヴラーナー（我らが師）と呼ばれており、その名に由来する彼のメヴレヴィー教団は、トルコでは今日に至るまで大きな影響力を持ち続けている。

代表作である詩集『精神的マスナヴィー』は、スーフィーの聖典として知られている。イブン・アラビーが知識人向けに執筆したのに対し、ルーミーはすべての人間に、自己を超えた生き方を実践し、日常の雑事を超越しなくてはならないと訴え続けた。『精神的マスナヴィー』では、スーフィーの生き方を、宇宙と魂の中で絶えず繰り広げられている戦いで誰もが不屈の英雄になれるものだとして称賛した。

モンゴルの侵攻は神秘主義運動を引き起こし、それによって人々は、経験した大災厄を霊魂のさらに深いレベルで受け入れることができたが、ルーミーは、その最も偉大な先達であり模範であった。この時期に創設された新たなタリーカ（スーフィー教団）は、人間の生命に無限の可能性がある点を強調している。スーフィーたちは、モンゴル人が政治の世界で惜しくも成し遂げられなかったことを、霊的世界で体験することができたのである。

保守への傾倒

その一方で、この時期の混乱にまったく異なる反応を示す者もいた。侵略で何もかもが破壊されて多くが失われた結果、農耕社会に共通の特徴である保守的傾向が強まったのである。

現代の西洋社会では創意工夫と独創性が奨励されているが、資源が限られているときに、このふたつを同じように奨励することはできない。近代西洋では、子の世代は親の世代よりも知識が増え、孫の世代はさらに大きな進歩を経験するものとされている。しかし、これだけの規模のイノベーションを進めるには、人的資源の再訓練とインフラの再整備が必要であり、このふたつを常に実施するのは、現代より以前の社会には不可能だった。その結果、近代以前は、農耕時代のヨーロッパも含め、どの社会でも教育は、すでに成し遂げられた成果を保持し、個人の創造的ひらめきや好奇心に歯止めを掛けることを目的としていた。好奇心や創造力を野放しにすれば、新たな知見を組み入れたり利用したりする手段を持たない共同体の安定を損ないかねないからだ。

例えばマドラサでは、学生たちは古いテキストとその注釈を暗記し、授業では標準的な教科書を一字一句解説された。学者どうしの公開討論では、討論者の一方が正しく、もう一方が間違っているのが当然とされた。質疑応答形式の研究で異なる二つの立場を衝突させて新たな説を生み出すという発想はなかった。つまり、マドラサは世界中のムスリムを団結させることのできる考えを受け入れるよう奨励し、意見の違いを生み出したり、人々に正道を外れて独自の道を歩ませようとしたりする異端の説を撲滅しようとしたのである。

一四世紀に、シャリーアの研究とその遵守は、スンナ派であれシーア派であれ、スーフィーであれファイラスーフであれ、すべてのムスリムが受け入れることのできる唯一の信仰活動になった。この頃になるとウラマーたちは、シャリーアはイスラームの歴史が始まった当初から存在していたと進んで信じるようになっていた。つまり、ルーミーなど一部のスーフィーが新たな地平を垣間見始めていたのに対し、ウラマーの多くは何ひとつ変わっていないと思い込んでいたのである。だから、「イジュティハードの門」が閉鎖されても不満はなかった。過去の知識が大量に失われ、写本が焼失し、学者が殺された後では、さらなる変化を求めるよりも失われたものを取り戻す方が重要だった。

モンゴルの軍事法には民事についての規定がなかったため、ウラマーが信徒たちの生活を律し続けたが、その影響は保守的なものになった。ルーミーなどのスーフィーはどの宗教も有効だと思っていたが、一四世紀の時点でウラマーたちは、クルアーンの多元主義を、自分たちの伝統のみが重要で他者の伝統を取るに足らない過去の遺物と見なす強硬なコミュナリズムへと変容させていた。非ムスリムが聖地マッカとマディーナを訪問することは禁じられ、預言者ムハンマドを侮辱する発言は極刑に値する行為となった。侵略時のトラウマで、ムスリムは当然ながら不安感を募らせていた。外国人は、要注意人物であるだけでなく、モンゴル人のように破壊をもたらすかもしれない存在と見なされた。

しかし、ウラマーの中には「イジュティハードの門」の閉鎖を受け入れようとしない者もいた。イスラーム史では、大きな政治的危機のとき——中でも、外国勢力の侵略を受けて占領されている時期――に、しばしば更新者（ムジャッディド）が現れて、新たな状況に対応できるよう信仰を更新している。
こうした改革運動は、たいていよく似たパターンに従う。まったく新たな解決策を生み出すのではなく、基本に帰ろうとするのが特徴で、その点では、どの運動も保守的だ。その一方で更新者たちは、クルアーンとスンナ（慣行）だけの純粋なイスラームに戻ろうと願うあまり、しばしば伝統の破壊者となり、ムハンマド以降の歩みの中で神聖だと考えられるようになった事柄を一掃した。また外国からの影響にも懐疑的で、外から添加されたものは、自分たちの考える信仰の純潔を汚すものだと思っていた。この種の更新者たちは、やがてムスリム社会の特徴になる。例えば現在「イスラーム原理主義者」と呼ばれている人々の多くは、かつてムジャッディドが採ったパターンとまったく同じ道を進んでいる。

危機の時代における法学と歴史学の新たな展開

モンゴル襲来後の世界で当時の偉大な更新者だったのが、モンゴル軍により大きな被害を受けたダマスカスでウラマーをしていたアフマド・イブン・タイミーヤ（一二六三～一三二八年）だ。イブン・タイミーヤは、ハンバル学派に属するウラマーの旧家出身で、シャリーアの価値を高めたいと考えていた。彼は、モンゴル人はイスラームに改宗したとはいえ、シャリーアではなくヤサを法としているのだから、実際は異教徒であり背教者であると断じた。また真の更新者らしく、ムハンマドと正統カリフ以降に生まれたイスラームのさまざまな思想は、シーア派もスーフィズムもファルサファもすべて真正ではないとして攻撃した。

その一方で積極的な計画も抱いていた。時代が変わった以上、シャリーアはムスリムの現状に合わせて更新しなくてはならず、その結果この数百年間に発展したフィクフの大半を否定することになってもかまわないと考えた。つまり、法学者はシャリーアの現在理解されている字義に反することになっても、イジュティハードを使ってシャリーアの精神に忠実な合法的解決策を見つける必要があると思っていた。

イブン・タイミーヤは、体制側にとっては厄介な人間だった。根本であるクルアーンとスンナに戻り、イスラームが築いてきた豊かな霊的思想と哲学の大半を否定するという態度は、一見すると反動的だが、革命的でもあった。彼は、模範解答に執着する保守的ウラマーを激怒させ、シリアのマムルーク朝当局を、彼の理解するイスラーム法のあり方に反する行動をしているとして批判した。イブン・タイミーヤは投獄され、一説によると、牢番《ろうばん》に執筆活動を許されぬまま悲嘆のうちに死んだという。しかしダマスカスの庶民は、彼のシャリーア更新が公平で、自分たちのためを思ってくれていたことから、彼を敬愛した。その葬儀は大衆の支持を大々的に示すものとなった。

変化は刺激的な場合もあったが、不安も生み出していた。チュニスでは、アブドゥッラフマーン・イブン・ハルドゥーン（一三三二～一四〇六年）が、イスラーム世界の西端にあたるマグリブで王朝が次々と倒れるのを目撃していた。この地は、災厄によってすべての共同体が滅ぼされていた。遊牧民がエジプトから北アフリカへ移住してきて一帯を大々的に荒廃させ、それに伴って伝統的なベルベル社会が衰退していたのである。イブン・ハルドゥーン自身は、スペインからチュニジアへ移住してきた者だった。当時スペインではキリスト教徒がレコンキスタ（国土回復運動）を実施してムスリムから領土を次々と奪還しており、一二三六年にコルドバが、一二四八年にはセビーリャが陥落していた。アンダルスと呼ばれたイベリア半島で繁栄していたムスリム王国も、今や都市国家のグラナダを残すのみとなった。一四世紀半ばに壮麗なアルハンブラ宮殿を建設したグラナダだが、そのグラナダも一四九二年にはキリスト教軍に滅ぼされることになる。

イスラームが危機に瀕《ひん》しているのは明らかだった。イブン・ハルドゥーンは熟考の末、「諸々《もろもろ》の状態が完全に変化する場合は、あたかも全創造が、全世界が変ったかのようになる。それはまるで、新しい創造、新しい生成が起こり、新世界が生まれたかのごとくになる」（*Al-Muqaddimah*（『歴史序説』）。Youssef M. Choueiri, *Islamic Fundamentalism*, London, 1990, p. 18に引用あり［イブン＝ハルドゥーン『歴史序説（一）』森本公誠訳、岩波文庫、二〇〇一年より訳文引用］）と記している。

イブン・ハルドゥーンは、こうした変化の根底にある原因を探り出したいと思っていた。彼は、スペイン最後の偉大なファイラスーフだったと言えよう。中でも斬新だったのは、哲学的合理主義の諸原理を歴史研究に適用したことだ。それまで歴史研究は、永遠の真理ではなく、つかの間の移ろいゆく出来事しか扱わないという理由から、哲学者の思想より下に見られていた。しかしイブン・ハルドゥーンは、歴史的事件の流れの下で、普遍的な法則が社会の命運を左右していると思っていた。いわく、ある民族が生き残り、条件さえよければ他の民族を支配することができるのは、強力な社会的連帯意識（アサビーヤ）に原因がある。ここで言う「他の民族を支配する」とは、支配民族が被支配民族の資源を吸収し、文化と複雑な都市生活を発展させることを指す。しかし、支配階級が裕福な生活様式に慣れてくると、現状に満足して活気を失っていく。被支配民族のことはもはや気に掛けなくなり、嫉妬と内紛が起こって経済が下降し始める。こうして、その国が新たな部族集団や遊牧民集団の攻撃にさらされるようになると、こうした新集団で初めてアサビーヤが高まり、同じサイクルが再び繰り返される。イブン・ハルドゥーンの主著『歴史序説』は、この理論をイスラームの歴史に適用したもので、その後ムスリム帝国の建設者たちに熱心に読まれたほか、一九世紀西洋の歴史家たちも同書を読んで、イブン・ハルドゥーンを科学的な歴史研究の先駆者だと評価した。

チンギス・ハーンに憧れたティムールとティムール朝

イブン・ハルドゥーンは一四世紀後半にモンゴル系諸国が衰退するのを目撃し、その理論は明確に立証された。モンゴルの当初のアサビーヤはすでにピークを過ぎていて、現状への満足が生じており、別の支配集団が実権を握る環境は整っていた。新たな指導者は、イスラームの中心地からではなく、モンゴルの支配を受けていなかったムスリム世界の周縁部から登場する可能性が高いと思われた。

この頃には、エジプトとシリアを支配するマムルーク朝も衰え始めていた。マムルーク朝は、最盛期には強力な団結心と華やかな文化を備えた活力ある社会を作り出していた。しかし、一五世紀までに資源を使い果たし、農業国家の例に漏れず、分裂し始めていた。

この時代精神を最もよく体現する支配者が、シルダリア川流域に登場したトルコ系の人物だった。彼は、サマルカンド地方にあったモンゴル系のチャガタイ・ウルスで育ち、モンゴルの理想を実現することに熱心だった。その男の名はティムール（一三三六〜一四〇五年）。片脚が目立つほど不自由だったことからティムール・イ・ラング（跛者《はしゃ》ティムール）とも呼ばれ、西洋ではこれがなまったタメルランの名で知られている。彼は衰退していたチャガタイ・ウルスで実権を握ると、モンゴル系だと自称し、かつてモンゴルの侵略の特徴だった残忍さを前面に出して旧モンゴル領の再征服を開始した。

ティムールは、功名心と破壊欲をイスラームへの熱烈な信仰に結びつけ、当時の熱狂的な信仰心を実に完璧に尊重したため民衆の英雄になった。サマルカンドに壮麗な建物をいくつも建てて豪華な宮廷を置いた。その考えるイスラームは、偏狭で残酷で暴力的で、ウラマーの保守的な信仰やスーフィーの愛の教えからは、ほど遠かった。彼は自分を、不正を行うムスリムのアミールたちに天罰を下すためアッラーから遣わされたのだと考えていた。最大の関心事は秩序を打ち立てて不正を罰することであり、彼の支配下にある人々は、ティムールの残虐さを恐れはしたが、分裂状態が何年も続いていたため、強力な統治を歓迎した。

かつてのモンゴル軍のように、ティムールの勢いはとどまる所を知らず、一時は世界征服を成し遂げるかに思われた。一三八七年までにはイラン高原全土とメソポタミア平原を平らげた。一三九五年にロシアの旧ジョチ・ウルスを征服し、一三九八年にはインドへ向かって、捕虜にしたヒンドゥー教徒数万人を虐殺し、デリーを破壊した。二年後にはアナトリアを征服し、ダマスカスを略奪し、バグダードで大虐殺を行った。一四〇四年にはついに中国遠征へ出発したが、翌年、その途中で死んだ。

ティムールの帝国は、誰にもまとめることができずに分裂していった。世界征服は依然として夢のまた夢だったが、一五世紀に火薬を使った兵器が発明されたことで、ムスリム世界の新たな支配者たちは、一五世紀末から一六世紀初頭にかけて、広大だが以前よりも統治可能な帝国を築き、その帝国でモンゴルの考え方とイスラームを融合させようと試みた。こうした新たな帝国は、インド、アゼルバイジャン、およびアナトリアで誕生した。

イスラーム勢力のインド進出

デリー・スルターン朝は一三世紀に成立し、すでに一四世紀初頭にはイスラームがガンジス川に沿ってベンガル地方にまで広まっていた。ヒンドゥー教徒のうち、インドの支配階級だったラージプート族は少数ながら山岳地帯で孤高を保っていたが、大多数のヒンドゥー教徒はムスリムの支配を受け入れた。これは思うほど意外なことではない。カースト制度のせいで政治権力を行使できるのはごく一部の氏族に限られており、そうした氏族が絶えたときには、カーストの掟を破らない限り、誰が支配者の座についてもヒンドゥー教徒は喜んで受け入れた。外来者であるムスリムは、こうした制限に縛られておらず、しかも強力な国際社会の力を後ろ盾にしていた。

ムスリムは、インドでは常に少数派だった。いわゆる「不可触民」など低位のカーストや職業者集団の中には、スーフィーのピール（導師）の説教を聞くなどしてイスラームに改宗する者もいた。しかし、大多数はヒンドゥー教や仏教やジャイナ教の信仰を守った。ムスリムはインド仏教を破壊したとよく言われるが、これは事実ではない。寺院襲撃は、ひとつの寺院をたった一度だけ襲ったという証拠しかないし、大々的な虐殺が行われたことを示す具体的なデータもない。一三三〇年の時点で、インド亜大陸の半分以上はデリー・スルターン朝の支配下にあったが、スルターンによる失政のためムスリムのアミールたちが反乱を起こし、同王朝はひとりが統治するには大きすぎることが明白になった。例のごとく中央権力が崩壊し、アミールたちはウラマーの助けを借りて各自それぞれ自分の国を統治した。火薬が登場するまで、デリー・スルターン朝はムスリム・インドに乱立する諸勢力のひとつであり続けた。

オスマン朝の躍進

モンゴル系諸国の周辺では、異教徒と戦う戦士ガーズィーたちが、モンゴル人支配者の宗主権を認めて勝手に独自の侯国を建てていた。こうしたガーズィー諸国は、たいてい信仰心が深く、スーフィズムを支持する傾向が強かった。アゼルバイジャンとアナトリアでは、新たに結成されたタリーカ（スーフィー教団）が、やや過激な形のスーフィズムを、かつてのシーア派の革命的な精神に適合させた。こうしたタリーカは、最初期のシーア派信徒を奮い立たせたグラート（極端派）の神学を復活させて、アリーを神の化身として崇敬し、死んだアミールたちは「幽隠」に入ったのだと信じ、しばしば自分たちの指導者を、正義の新時代を開始するため戻ってきたマフディーだとして尊んだ。

アナトリアのベクタシー教団は大衆からの広い支持を獲得し、古い宗教的規範を一掃する新秩序がすぐに到来すると説いた。同じく伝統に否定的だったのがアゼルバイジャンのサファヴィー教団で、同教団は当初スンナ派のタリーカだったが、一五世紀までにグラートの思想を受け入れてシーア派の十二イマーム派を自称した。この教団は、自派の指導者は第七代イマームの子孫であり、よってムスリムのウンマの唯一正統な指導者であると信じていた。一六世紀初頭には、教団のピールで自らを隠れイマームの生まれ変わりと信じていたらしいイスマーイールが、イランにシーア派の帝国（サファヴィー朝）を築くことになる。

アナトリアでは、モンゴル系国家が崩壊すると全土が小規模の独立したガーズィー国家に分割された。この国々はすでに一三世紀後半以降、衰退する一方のビザンツ帝国から町や村を奪うようになっていた。こうした諸侯国のひとつにオスマン家が治める国があり、当初は非常に小さな国であったが、一四世紀初頭から次第に力をつけていった。一三二六年、オスマン朝はブルサを征服し、ここに首都を置いた。一三二九年にはイズニクを占領し、一三七二年までにビザンツ領のかなりの部分を奪った。新たな首都をエディルネ（アドリアノープル）に定め、ビザンツ皇帝を従属的な同盟者へと転落させた。

オスマン朝躍進の秘密は、厳しい訓練を受けた奴隷兵士で構成される規律正しい歩兵軍団イェニチェリ（「新しい兵士」の意）にあった。ムラト一世（在位一三六〇〜八九年）は、西方ムスリム世界で最も強力な支配者となり、一三七二年までにバルカン半島へ進軍する準備を整え、独立国だったブルガリア王国とセルビア王国を攻めた。特にセルビアは当時バルカン半島で最大の勢力だったが、そのセルビア軍を一三八九年、オスマン軍はセルビア中部のコソヴォ平原で打ち破った。この戦いでムラトは陣没したが、セルビアのラザル・フレベリャノヴィチ公が捕虜となって処刑された。これをもってセルビアの独立は終わりを告げ、以後、現在に至るまでセルビア人はラザルを国に殉じた国民的英雄として尊敬し、イスラームへの深い憎悪を育んできた。しかし、ビザンツの支配下にあった人々の大多数は、進撃を続けるオスマン朝を嫌ったりはしなかった。老いたビザンツ帝国は混乱状態にあったが、オスマン朝は秩序をもたらして経済を復興させ、そのため多くの民衆がイスラームに引きつけられた。オスマン朝は、一四〇二年アンカラの戦いでティムールに大敗して大きな挫折を味わうが、ティムールの死後に国力を再び固めることに成功し、一四五三年、メフメト二世（在位一四五一〜八一年）は新たな火薬兵器を使ってビザンツ帝国の首都コンスタンティノープルを陥落させた。

ビザンツ帝国とムスリム

ムスリムから「ルーム」（ローマの意）と呼ばれたビザンツ帝国は、何百年にもわたってイスラームを寄せつけなかった。歴代のカリフたちは負けを認めざるをえなかった。それが、ついに「征服者」メフメト二世によって長年の宿願がかなえられた。ムスリムたちは新たな時代へ向かおうとしていた。モンゴル侵略のトラウマを乗り越え、新たな力を見つけたのである。一五世紀の終わりには、イスラーム世界は世界最大の勢力圏になっていた。その範囲は東ヨーロッパやユーラシアの草原地帯に拡大し、さらにムスリム商人の活躍でサハラ以南のアフリカにも広がった。また、すでに一三世紀にはムスリム商人が南の海へ進出して、東アフリカ、アラビア南部、インド亜大陸西部の海岸沿いに拠点を設けて移り住んでいた。ムスリム商人は、ひとりひとりがイスラームの伝道者でもあり、マレーシアで仏教徒による交易が崩壊すると同地に移り住み、たちまち大きな信頼を得た。商人に続いてスーフィーの説教師がやってきて、一四〜一五世紀までにマレーシアは住民の大部分がムスリムになった。全世界がイスラーム的になっていくかに思われた。ムスリムの支配下で暮らす者でなくても、ムスリムが外洋を支配していて、いったん故国を離れればイスラーム世界と向き合わなくてはならないことに気づかされた。ヨーロッパ人航海者が一五世紀後半から一六世紀前半に地理上の大発見をしたときでさえ、ムスリムを航路から排除することはできなかった。イスラームはまるで無敵のように思われた。そして今やムスリムたちは、世界最強にして最先端の国家となる新たな帝国を築く準備を整えていた。

第4章　世界帝国の時代

I　イスラーム帝国の時代――一六～一七世紀

三大イスラーム帝国

火薬の発見と利用によって軍事技術が発達し、支配者は被支配者に対し、以前にも増して大きな権力を振るえるようになった。しかも、合理的で効率的な行政機関を構築すれば、もっと広い地域を、もっと効率的に支配することもできた。軍事国家は、アッバース朝の衰退以降イスラーム政治の特徴になっていたが、それがいよいよ強固なものになった。ヨーロッパでも、君主たちが統治機構を合理化して巨大な中央集権国家や絶対王政を築き始めていた。イスラーム世界では、一五世紀後半から一六世紀前半にかけて三大イスラーム帝国が建国された。イランのサファヴィー朝、インドのムガル朝、そして、アナトリアとシリア、北アフリカおよびアラビアを支配したオスマン朝だ。これ以外にも重要な国が現れた。シルダリア・アムダリア川流域のウズベキスタンでは大きなムスリム国家が成立し、モロッコではシーア派を掲げる国が生まれた。また、ムスリム商人はマレー諸島での主導権をめぐって中国人や日本人、ヒンドゥー教徒、仏教徒らと争っていたが、一六世紀にはムスリムが優位に立った。

つまり、これは勝利の時代であった。ただ、三大帝国はどれも平等主義というイスラームの伝統に背を向けて専制君主制を打ち立てたようだった。公的生活のほぼすべての側面が、組織的・官僚的な正確さで処理され、各帝国は複雑な行政機構を作り上げた。三国とも「軍隊＝国家」というモンゴルの考え方の影響を受けていたが、帝国統治には文官も加わっており、それによって各王朝は大衆からさらに多くの支持を得た。

しかし、これらの帝国は、ひとつ重要な点でかつてのアッバース朝と大きく異なっていた。アッバース朝のカリフと宮廷は、真の意味でイスラーム的な制度ではなかった。イスラーム法であるシャリーアに従わず、独自の俗世的な気風を生み出していたからだ。それに対して新たな帝国は、いずれもイスラームへの志向が強く、それを支配者自身が奨励していた。イランのサファヴィー朝ではシーア派が国教となり、ムガル朝ではファルサファ（哲学）とスーフィズムが政策に強い影響を及ぼし、オスマン朝ではシャリーアに完全に基づいて国政が進められた。

イスラーム世界と西洋

しかし、以前からの問題がなくなったわけではなかった。専制君主がどれほど敬虔に見えようと、そうした専制体制は基本的にクルアーンの精神に反するものだった。人々の大半は今も貧しい生活を送り、農耕社会によくある数々の不正に苦しめられていた。

新たな問題も起きていた。ムガル朝の支配するインドと、オスマン朝の中核地域であるアナトリアでは、ムスリムは比較的新参者であった。どちらの王朝も、人口の過半数を占める非ムスリムの被支配民族と良好な関係を築く必要があった。また、シーア派の帝国が成立したことで、スンナ派とシーア派の間で決定的な溝が新たに生まれ、それが不寛容と過激な宗派対立を招いた。そうした事態はこれまでイスラーム世界になかったものだが、奇《く》しくもヨーロッパでも同じ時代に、カトリックとプロテスタントの間で同様の激しい抗争が生じていた。加えて、そのヨーロッパからも挑戦を受けた。

それまでのヨーロッパは遅れた地域で、ムスリムたちにとってはほとんど興味のない場所だった。それが今では、農耕社会の束縛を脱してまったく新たな文明を生み出そうとしており、やがて西洋は、この新文明によってイスラーム世界に追いつき、これを隷属させることになる。新たなヨーロッパはいよいよ本格的に動き出そうとしていたが、一六世紀には、まだそれほどの脅威ではなかった。ロシアがヴォルガ川流域にあったカザン・ハーン国とアストラハン・ハーン国を侵略し（一五五二〜五六年）、その地にキリスト教を押しつけたとき、ムスリムたちは、北ヨーロッパとの新たな交易ルートを開くことで、この敗北から利益を得た。

一方、イベリア半島を出発した航海者たちが一四九二年にアメリカ大陸に到達し、世界を一周する新たな航路を開いた結果、ポルトガル商人は行動範囲を広げていた。一六世紀後半になると、彼らは紅海《こうかい》で新たな十字軍遠征を実施して、南洋でのムスリム交易を壊滅させようとした。ポルトガル人のこうした活動は、西洋にとっては大きな意味を持っていたが、イスラーム世界にはほとんど衝撃を与えなかった。

当時のムスリムたちにとっては、イランにシーア派の帝国ができたことの方がはるかに大きな関心事だった。初期サファヴィー朝は輝かしい成功を次々と収め、スンナ派の期待は木っ端みじんに打ち砕かれていた。何しろ数百年ぶりに安定的で強力な恒久的シーア派国家が、それもイスラーム世界の中心部に樹立されたのだから。

II サファヴィー朝

シーア派国家の誕生

アゼルバイジャンのサファヴィー教団は、元はスーフィー教団だったが、シーア派の十二イマーム派に転向すると、しばらくジョージアなどカフカース地方にいるキリスト教徒を相手にガズウ（襲撃）を実施していたが、メソポタミアとイラン西部にいるアミール（軍事指揮官）たちとも対立していた。一四九九年、跡を継いで教主になっていた一二歳のイスマーイールは、アミールの手に掛かって死んだ父親の復讐を開始した。一五〇一年に遠征の途中でタブリーズを攻略し、続く一〇年間で残るイラン全土を征服した。そして、十二イマーム派を自分の新たな帝国の国教にすると宣言した。

サファヴィー朝（1501~1736年）
サファヴィー朝の中核部
サファヴィー朝の領域のうち、16世紀にウズベクと争った地域
サファヴィー朝の領域のうち、16世紀にオスマン朝に征服された地域
イスタンブル
黒海
地中海
オスマン朝
オスマン朝
オスマン朝
カイロ
ナイル川
紅海
アレッポ
アンティオキア
チャルディラン
ジョージア
アルメニア
タブリーズ
アゼルバイジャン
モースル
バグダード
カルバラー
ナジャフ
バスラ
カスピ海
テヘラン
レイ
コム
カーシャーン
イスファハーン
フーゼスターン
ファールス
シーラーズ
ヤズド
ケルマーン
ホルムズ
ペルシア湾
ホラーサーン
マシュハド
ニーシャープール
シースターン
アラビア海
ウズベク
ウズベク
アラル海
ブハラ
サマルカンド
タシュケント
アムダリヤ川
シルダリヤ川
インダス川
ガズナ
カーブル
ムガル朝
デリー
ガンジス川

これは意外な展開だった。このときまで、シーア派信徒の大半はアラブ人だったのである。もちろんイランにもシーア派の拠点はあり、レイ、カーシャーン、ホラーサーンのほか、旧軍営都市のコムがそうだったが、イラン人の大半はスンナ派だった。そこでイスマーイールはイランからスンナ派を排除することにした。スーフィーのタリーカ（教団）は弾圧され、ウラマー（知識人）は処刑されるか国外追放になった。行政機関の役人は、本来ならアリーに与えられるべき権力を「簒奪《さんだつ》」した初代から第三代までの正統カリフを罵れと命じられた。

かつてシーア派の支配者で、こうしたことをこれほどの規模でやろうとした者はいなかった。近代兵器が体制派の宗教に新たな強制力を与えたのである。それまでの二〇〇年間、シーア派信徒とスンナ派信徒は休戦状態にあった。十二イマーム派は、数百年前から秘教的・神秘主義的宗派であり、隠れイマームが不在の間はどんな政府も正統ではありえないと考え、政治活動から身を引いていた。だから「国家宗教としてのシーア派」など絶対にありえなかった。しかし、イスマーイール一世としてシャー（王）になった彼に、この理屈は通じなかった。おそらく彼は十二イマーム派の正統な教義について、ほとんど何も知らなかったのだろう。事実彼は、同じシーア派でも新たなタリーカが唱える在野のグラート（極端派）の教説を認め、救世主による理想郷の到来は近いとする彼らの説を取り入れている。もしかすると支持者に対し、自分こそ隠れイマームであり、最後の審判の戦いを行うため戻ってきたのだと語っていたかもしれない。スンナ派に対するジハードはイラン国内にとどまらなかった。一五一〇年に、スンナ派のウズベク人をホラーサーンから追放してアムダリア川の北に追いやった。スンナ派を奉ずるオスマン朝とも戦ったが、一五一四年にチャルディランの戦いでオスマン朝スルタンのセリム一世に敗北した。国外のスンナ派を壊滅させようというイスマーイール一世の試みは失敗に終わったが、イラン国内での積極策は功を奏した。一七世紀後半には、ほとんどのイラン人が真摯なシーア派信徒になり、その状況は今日に至るまで続いている。

花開く文化

イスマーイール一世は軍事国家を樹立したが、国政運営では文官に頼るところが大きく、行政機関は彼らが動かした。王は、かつてのサーサーン朝やアッバース朝の君主と同じく「地上における神の影」と呼ばれたが、サファヴィー朝は正統性の根拠を、自分はイマームの子孫だとするイスマーイール一世の主張に置いていた。しかし、間もなくサファヴィー朝は、極端派のイデオロギーは在野時代に革命への熱意をかき立ててくれたものの、体制派になってからは役に立たないことに気がついた。

アッバース一世（在位一五八八〜一六二九年）は、グラートの教説を支持する者を官僚組織から追放し、シーア派のアラブ人ウラマーを国外から招いて人民にもっと正統的な十二イマーム派の教義を指導させ、ウラマーのためマドラサ（高等教育機関）を建設したり多額の経済支援をしたりした。アッバース一世の治下、サファヴィー朝は最盛期を迎えた。オスマン朝との戦いに何度も勝利してかなりの領土を奪い返し、首都イスファハーンでは文芸復興が起こった。この文芸復興は、その少し前にヨーロッパで起こったイタリア・ルネサンスと同じく、地元に残る異教時代の過去からインスピレーションを得たもので、イランの場合、その源泉となったのはイスラーム以前の古いペルシア文化であった。この時代に、ビフザード（一五三五年没）やリザー・アッバースィー（一六三五年没）などサファヴィー朝を代表する優れた画家が登場し、色が明るくて夢のような細密画（ミニアチュール）を制作した。イスファハーンは、公園と宮殿と大きな公共広場を備え、立派なモスクやマドラサが立ち並ぶ壮麗な都市になった。

神秘主義と哲学への不信感

しかし、新たに移り住んだウラマーたちは微妙な立場に立たされた。彼らは在野の集団であり、それまで独自にシーア派のマドラサを持ったことがなく、いつも互いの家に集まって研究や議論を行っていた。原則として常に政府と距離を保っていたが、それが今では宗教に関する行政事務のほか、イランの教育制度と法制度まで引き受けなくてはならなくなった。王からは金品が大量に下賜され、おかげで後に経済的に自立できるようになった。これは自分たちの信仰を広める絶好の機会であり、拒むことなどできないと思ってはいたが、それでも国家に対して警戒心は解かず、政府の公的役職に就くのは拒否し、臣民に位置づけられる方を選んだ。彼らの立場は、潜在的には非常に強いものだった。十二イマーム派の正統な教義によれば、隠れイマームの唯一正統な代理人はウラマーであって王ではない。それでも現時点では、サファヴィー朝はウラマーを制御しておくことができた。

ウラマーたちがその立場を十二分に活用できるようになるのは、イラン人全体がシーア派に転向してからのことだ。その反面、新たな力を手にしたことで、十二イマーム派が持つ魅力的な特徴の一部が隠れてしまった。ウラマーの中には、深遠な神秘主義的解釈を求めず、かなり現実的な思考をする者も出てきた。ムハンマド・バーキル・マジュリスィー（一七〇〇年没）は、史上最も影響力を持ったウラマーのひとりになったが、彼はシーア派の新たな偏狭さを示してもいた。イスファハーンでファルサファと神秘主義（イルファーン）を禁じようとし、残っていたスーフィーたちを容赦なく迫害した。これによって、今後ウラマーはフィクフ（法学）に集中するべきだと訴えることができた。マジュリスィーはイランのシーア派に神秘主義と哲学に対する不信感を持ち込んだのであり、この不信感は今もイラン全土に強く残っている。

さらにマジュリスィーは、以前からスーフィーたちが実践していた集団ズィクル（神の名を唱える行為）や聖人崇拝などの信仰活動に代えて、カルバラーで殉教したフサインのための追悼儀式を奨励し、それによってシーア派の価値観と信仰心を民衆に教えようとした。儀式では、入念に準備した行進を行ったり、感情を強く揺さぶる哀悼歌を歌ったり大声で泣き叫んだりする。こうした儀式はイラン特有の慣習になった。

一八世紀には、カルバラーの悲劇を描く受難劇ターズィイェが作られた。この劇では、民衆はただ見るだけの観客ではなく、場面に応じて感情を表現し、涙を流したり胸をたたいたりして、イマーム・フサインの受難に対して全員が悲しみを共有した。この儀式は重要な安全弁になった。観客たちは、嘆き声を上げたり、額をたたいたり、泣き崩れたりする中で、シーア派信仰の核心である正義を求める気持ちを呼び起こし、どうして善はいつも虐げられているように見え、どうして悪はほとんど常に栄えるのかと、自問した。

その一方でマジュリスィーと王たちは、こうした儀式が潜在的に持つ革命的な力を慎重に削《そ》いでいった。人民は、国内の専制政治に反抗するのではなく、スンナ派を非難するよう教えられた。不正との戦いを進めるフサインに従うことを誓うのではなく、天国行きを保証してくれる保護者としてフサインを敬えと説かれた。

こうして儀式は、本来の力を奪われて現状を是認するものに変えられ、大衆に、権力者にこびへつらって自分の利益のみに目を向けるよう説くものとなった。信仰が再び力を取り戻し、抑圧されている者たちが腐敗した政府に自分たちの不満を訴える手段となるには、一九七八〜七九年のイラン革命を待たなくてはならなかった。

イランのウラマーの権限拡大

一方、ウラマーの中には、シーア派の古くからの伝統的な教義を守り続ける者もいて、その思想は今日に至るまで、イランのみならずムスリム世界各地の改革者や革命家にインスピレーションを与えている。ミール・ダーマード（一六三一年没）と弟子のムッラー・サドラー（一六四〇年没）は、マジュリスィーから激しく妨害されたにもかかわらず、イスファハーンで神秘主義哲学の学派を開いた。ふたりはスフラワルディーの教えを受け継ぎ、哲学と霊的思想を結びつけ、弟子たちにアーラム・アル＝ミサール（「祖型の世界」）と霊的世界に対する感覚を獲得できる神秘主義的な修行を実践させた。ふたりとも、哲学者はアリストテレスのように合理的・科学的でなくてはならないが、それだけでなく想像力や直観を使って真理に至る手法も磨かなくてはならないと主張した。さらに、一部のウラマーが新たに示している不寛容の態度は、宗教の堕落だとして徹底的に反対した。真理を無理やり押しつけることはできず、知的画一化は真の信仰と両立しないと考えたのである。

さらにムッラー・サドラーは、政治改革は霊的生活と不可分だと考えた。彼は主著『知性の四つの旅に関する超越的哲学』で、指導者が俗世を変化させようとする前に受けておくべき神秘主義的修行について説明している。それによると、まず自分のエゴを捨て、神の照明と、神の神秘主義的理解を受け入れなくてはならない。これこそ、シーア派イマームと同様の霊的洞察力を、もちろんイマームと同じレベルではないものの、もたらしてくれる道である。イラン革命の指導者ホメイニーは、ムッラー・サドラーの教えから強い影響を受けており、死ぬ前にイラン国民へ向けて行った最後の演説で、霊的改革が伴ってこそ真のイスラーム革命たりえるのだから、イルファーンの研究と実践を続けるようにと国民に訴えていた。

そのムッラー・サドラーをひどく悩ませていたのが、当時イランのウラマーたちの間で徐々に広まっていた、まったく新たな思想で、この思想はやがて現代でも政治に決定的な影響を及ぼすことになる。その支持者集団はウスール学派と名乗り、一般のムスリムには信仰の基本原理（ウスール）を独力で解釈する能力がないと考えていた。よって一般信徒は、学識あるウラマーのひとりを見つけ出して、その法的判断に従うべきだという。なぜなら、ウラマーだけが隠れイマームの権威を担っているからだ。

シーア派のウラマーは、スンナ派が受け入れた「イジュティハードの門」の閉鎖をまったく認めていなかった。それどころか指導的な法学者を、イスラーム法を制定する際に「独自の解釈」を行う権利を持つ者という意味で、「ムジュタヒド」と呼んでいた。ウスール学派は、たとえ王であっても、法学の専門知識は十分ではないのだから、王自身が指導者として選んだムジュタヒドの出したファトワー（法学裁定）には従わなくてはならないと説いた。

ウスール学派は、一七世紀中に幅広い支持を得ることはなかったが、同世紀末にサファヴィー朝の衰退が明らかになった頃には、その主張は広まっていた。弱体化した国家に代わりうる強力な法的権威を打ち立てることが急務となったからである。

この頃までにサファヴィー朝は、どの農業経済にも例外なく訪れる運命に見舞われ、もはや統治を滞りなく遂行できなくなっていた。商取引は落ち込み、経済は不安定化し、その後に即位した王たちは無能だった。

一七二二年には首都イスファハーンがアフガン人に攻められ、屈辱的な降伏をした。サファヴィー朝の王族は皆殺しにされたが、それを逃れた王子のひとりが、優秀だが残酷な武将ナーディル・シャー・アフシャールの力を借りて、侵略してきたアフガン人を放逐するのに成功した。その後ナーディル・シャー・アフシャールは、サファヴィー朝の有力者たちを排除して自ら王となり、イランを再統合すると二〇年以上にわたって数々の軍事的大勝利を収めた。しかし残忍で容赦ない人物だったため一七四七年に暗殺された。

このナーディル・シャー・アフシャールの時代に、イランのウラマーたちに他のムスリム世界では見られないほど強大な権限を与える重大事件がふたつ起きた。

ひとつは、ナーディル・シャー・アフシャールが、結局失敗に終わったものの、イランを再びスンナ派に戻そうとしたとき、指導的なウラマーたちがイランを離れ、シーア派の聖地ナジャフとカルバラー（前者にはアリーの、後者にはフサインの廟所《びょうしょ》がある）に居を定めたことだ。当初は災難と思われたが、ナジャフとカルバラーはオスマン領のイラクにあり、ウラマーたちはイランを治める俗界の支配者たちの手が届かない場所に拠点を置いて、イラン人に指示を与えることができた。

もうひとつは、ナーディル・シャー・アフシャールの死後イランでは中央権力がなくなって政治的空白が生じ、その状態はトルコ系カージャール族のアーカー・ムハンマド・シャー・カージャールが実権を握って一七九六年にカージャール朝を開くまで続くのだが、この権力の空白にウラマーが入り込んだことである。ウスール学派の見解は絶対的なものとなり、その後の出来事から分かるように、ウラマーはイラン人の敬意と信奉を、どの王よりもはるかに効果的に集めることができた。

Ⅲ ムガル朝

ジハードのインドへの余波

イスマーイール一世が始めたシーア派による対スンナ派のジハードはムスリム世界を動揺させたが、その余波はインドにも及び、新たなムスリム帝国が樹立される一因となった。

その創始者バーブル（一五三〇年没）は、イスマーイール一世の同盟者だったが、サファヴィー朝とウズベク人の戦いの最中にアフガン山中にあるカーブルへ逃れ、かつてその地にティムールが建てた国の残存勢力を掌握した。その後、短期間ながら北インドに権力基盤を築くと、これをティムールの採用したモンゴル式の方法で統治しようと考えた。

しかし、彼の国は長続きせず、アフガン人アミールたちの間で党派争いが起こったが、一五五五年、バーブルの子供のうち最も有能だったフマーユーンが王権を確立した。フマーユーンはその翌年に亡くなってしまうが、息子のアクバル（一五四二〜一六〇五年）が一五六〇年に成年に達するまで、信頼できる摂政が「モンゴル」（つまり「ムガル」）帝国を守り通した。

アクバルは、北インドで統一国家を樹立することに成功し、正統な支配者として認められた。彼は、かつてモンゴルが採用していた、中央政府を君主の直接命令の下で軍隊のように動かす手法を引き継いだ。有能な官僚機構を組織すると、銃器の力も借りながら、他のムスリム国家の支配者たちを滅ぼしてムガル朝の領土を広げていき、最終的にヒンドゥスターン、パンジャーブ、マールワー、およびデカン地方を支配した。

宗教に寛容な第三代皇帝アクバル

しかし、アクバルはイスマーイール一世とは違い、支配下に入った民族を抑圧・迫害することはなく、自分と同じ宗教に改宗させようともしなかった。そんなことをしていたら帝国は存続していなかっただろう。ムスリムは支配者であるが少数派であり、しかもインドは、これまで宗教を強制的に画一化しようとしたことのない国だった。ヒンドゥー教徒はカーストごとに独自の宗教儀礼があったし、仏教徒や、キリスト単性論派であるヤコブ派教会、ユダヤ教徒、ジャイナ教徒、キリスト教徒、ゾロアスター教徒、スンナ派、イスマーイール派など、さまざまな宗教の信徒は全員が何の支障もなく各自の信仰を認められていた。

一四世紀から一五世紀には、全カーストのヒンドゥー教徒と、ごく少数ながら一部のムスリムが力を合わせて、霊的側面が強く、宗派間の不寛容を認めない瞑想的な一神教を創設しようとした。こうした人々の間から生まれたのがナーナク（一五三九年没）の開いたスィク教で、

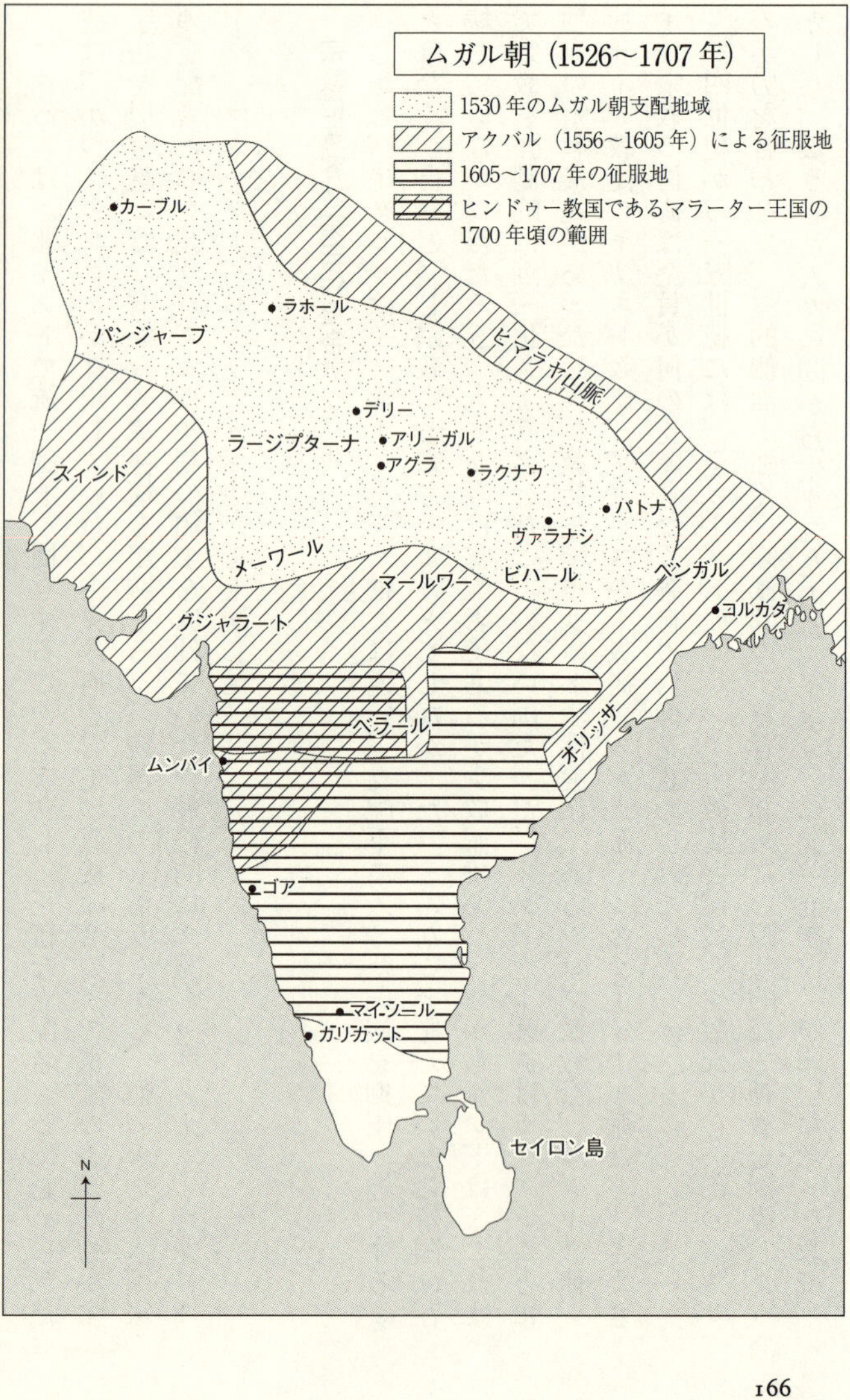
ムガル朝（1526〜1707年）
1530年のムガル朝支配地域
アクバル（1556〜1605年）による征服地
1605〜1707年の征服地
ヒンドゥー教国であるマラーター王国の1700年頃の範囲
カーブル
ラホール
パンジャーブ
ヒマラヤ山脈
デリー
ラージプターナ
アリーガル
アグラ
ラクナウ
スィンド
パトナ
ヴァラナシ
メーワール
マールワー
ビハール
ベンガル
コルカタ
グジャラート
ベラール
オリッサ
ムンバイ
ゴア
マイソール
カリカット
セイロン島
N

スィク教ではヒンドゥー教とイスラームの統合と共存が主張された。それでも、激しい衝突が起こる可能性は常にあった。すでにインドには普遍主義が定着しており、国家が不寛容な態度を取ったらインド文化と摩擦を起こしていただろう。支配者であるムスリムたちは、以前からこのことに気づいており、軍隊や行政機関にヒンドゥー教徒を採用していた。

この伝統をアクバルはさらに推し進めた。シャリーアがズィンミー（被支配民）に課していたジズヤ（人頭税）を廃止し、ヒンドゥー教徒の感情を傷つけないよう菜食主義者になり、狩りを（大好きな娯楽だったのだが）やめた。アクバルはすべての信仰を尊重した。ヒンドゥー教徒のため寺院を建立し、一五七五年には、あらゆる宗教の学者が議論のために集う場所として「信仰の家」を設立した。さらに、正しく導かれた宗教であれば、どの宗教にも唯一神は顕現するというクルアーンの思想に基づき、「一神教」（タウヒーデ・イラーヒー）を奉じる独自のスーフィー教団も創設した。

アクバルの多元主義は、シャリーア重視派の間で徐々に大きくなってきていた強硬なコミュナリズム［排他的な自宗派・自集団中心主義］とはまったく別物だったし、現代のスンナ派とシーア派の対立に見られる偏狭さとは天と地以上の違いがあったが、間違いなくクルアーンの精神にかなうものであった。

そもそもインドでこれ以外の政策を採っていたら、政治的に破滅していたことだろう。アクバルは、治世当初はウラマーを重用したが、シャリーアには一貫してあまり関心がなかった。

むしろ、スーフィズムとファルサファという、どちらも普遍主義的な傾向を持つ思想にひかれていた。アクバルは、ファイラスーフ(哲学者)たちが描いた模範的社会を築きたいと考えていた。彼の伝記作者でスーフィーの歴史家アブルファズル(一五五一～一六〇二年)は、アクバルを理想的な哲人王と見なしていた。そればかりかアクバルこそ、ウンマに神の導きを授けるため世代ごとに存在するとスーフィーたちが考えていた完全人間だと思っていた。

彼によれば、アクバルは人々が広い寛容の精神を育んで対立が起こりえないようになる文明を築こうとしているのだという。これこそ、スーフィーが理想とするスルヘ・クッル(万民との平和)を体現する政治制度であり、これを前触れとして、やがて全人類の物質的・霊的幸福を積極的に追い求めるモハッバテ・クッルつまり「万民との愛」が訪れる。この視点に立てば、偏狭な態度を取るのは愚行であり、アクバルのような理想的哲人王は、宗派主義という狭量な偏見を超越していると、アブルファズルは論じている。

しかしムスリムの中には、アクバルの宗教的多元主義に激怒する者もいた。同じくスーフィーだったアフマド・スィルヒンディー(一六二四年没)は、こうした普遍主義(彼はこれをイブン・アラビーが言い出したことだと考えた)は危険だと感じていた。スィルヒンディーは、アクバルではなく自分こそ、この時代の完全人間だと宣言した。そして神との合一は、この頃になると宗派主義的な色彩を強めていたシャリーアの諸規則をムスリムが真摯に守ってこそ実現するのだと主張した。

ただ、一七世紀初頭には、スィルヒンディーの見解に賛同するムスリムはインドにほとんどいなかった。アクバルの孫で、一六二八年から一六五八年まで在位していた第五代皇帝シャー・ジャハーンは、アクバルの政策をおおむね継承した。彼が建てたタージ・マハルは、ムスリム様式とヒンドゥー様式を融合させるという祖父の流儀を建築において引き継いだものだ。宮廷では、ヒンドゥー教徒の詩人を保護し、ムスリムによる学問書がサンスクリットに翻訳された。しかし、シャー・ジャハーンはスーフィズムに批判的な傾向があり、その信仰はアクバルよりも厳密にシャリーアに基づいていた。

ムスリムによるヒンドゥー教寺院の破壊

シャー・ジャハーンは、時代の過渡期に立つ人物だった。一七世紀末には、ムガル朝が衰退し始めていることは誰の目にも明らかになった。軍隊と宮廷はどちらも経費が膨れ上がり、歴代皇帝は依然として文化活動には金を投じるが、富の基盤である農業は無視し続けた。

第六代皇帝アウラングゼーブ（在位一六五八〜一七〇七年）の時代に経済危機が頂点に達すると、皇帝は、解決策はムスリム社会の綱紀粛正にあると考えた。彼の不安は、ムスリムの「異端者」や他宗教の信者に対する激しい憎悪となって現れた。その宗派主義的政策は、スィルヒンディーのように以前の多元主義に不満を抱いていたムスリムから支持された。フサインを追悼するシーア派の儀式はインドで禁止され、酒類は法律で禁じられ（これによりヒンドゥー教徒と交流するのが難しくなった）、ヒンドゥー教の儀式に皇帝が臨席する回数は大幅に減らされた。ジズヤが復活し、ヒンドゥー商人に課せられる税は倍増した。

しかし何よりひどかったのは、ヒンドゥー教の寺院を帝国全土で破壊したことだ。その結果、以前の寛容政策がいかに賢明だったかを改めて思い知らされることになった。ヒンドゥー教徒の豪族やスィク教徒による大規模な反乱がいくつも起こり、中でもスィク教徒はパンジャーブに独自の国家を建設しようとし始めた。アウラングゼーブが死んだときには、帝国は危機的状況にあり、その後も完全に立ち直ることはなかった。

以後の皇帝たちはコミュナリズム的な政策を放棄したが、もはや手遅れだった。不満はムスリムにも広がっていた。アウラングゼーブはシャリーア遵守に熱心だったが、そもそもシャリーアはズィンミーも含めてすべての人々を公正に扱うよう説いていたから、アウラングゼーブの態度に真にイスラーム的なところはまったくなかった。帝国は崩壊し始め、地方のムスリム官吏が行政を担当する地域は、まるで自治区のようになった。

宗教対立と後世のムスリムへの影響

それでもムガル朝は一七三九年まで何とか権力を維持し、一八世紀には宮廷でヒンドゥー教徒とムスリムの和解が進められた。両者は互いの言語を話し、ヨーロッパからもたらされた書籍を一緒に読んだり翻訳したりした。

一方、山岳地帯ではスィク教徒やヒンドゥー教徒の豪族がムガル朝との戦いを続け、北西部ではイランでサファヴィー朝を倒したアフガン人が、失敗に終わったものの、インドに新たなムスリム帝国を建てようと侵攻してきた。インドのムスリムたちは自分たちの立場に不安を抱き始めたが、このとき彼らが直面した問題は、やがて全世界のムスリムたちが近代を通じて取り組み続けることになる苦難や議論を先取りするものだった。

インドは、オスマン朝の中核地域アナトリアのような世界文明の周縁部ではなく、中核的な文化のひとつが栄えた地だ。ここでムスリムたちは、自分たちは孤立した少数派だと感じていた。これまでもヒンドゥー教徒やスィク教徒と争ってきたが、それに加え、イギリス人もインド亜大陸で商業勢力として存在感を強めてきており、大きな政治勢力になろうとしていた。ムスリムは不信心者つまりキリスト教徒に支配される可能性を初めて突きつけられたのであり、このことは、イスラームの信仰におけるウンマの重要性を考えれば、非常に憂慮すべき事態だった。

これは単なる政治問題ではなく、ムスリムたちの実存の最も深い根源に関わるものだ。新たな不安が、インドで暮らすムスリムたちに絶えずつきまとうようになった。イスラームは、インド社会の新たなカーストになってしまうのか？　ムスリムは、文化的・宗教的アイデンティティーを失って、イスラームが誕生した中東とは違う異質の伝統の中に飲み込まれてしまうのか？　自分たちのルーツから切り離されてしまうのか？

その答えはスィルヒンディーの主張にあると考えたのが、スーフィーの思想家シャー・ワリーウッラー（一七〇三〜六二年）で、その考えは二〇世紀に至るまでインドのムスリムたちに影響を与え続けることになった。彼は、新たな意見を唱えて批判を浴びたが、世界の他の地域でもムスリムたちは力を失いつつあるのを実感しており、イスラームの存続について同様の不安を抱いているのだから、他の哲学者や改革者たちも同じ結論に達するはずだと考えた。

彼によると、まずムスリムは団結し、宗派間の対立をやめ、共通の敵に対して共同戦線を張らなくてはならないという。シャリーアも、インド特有の状況に合わせて改め、インド化に抵抗する手段としなくてはならない。ムスリムが軍事的・政治的に優位に立ち続けることが不可欠なのである。シャー・ワリーウッラーは、そうした思いがあまりに強かったため、アフガン人が新たなムスリム政権を建てようと侵攻してきたときには、これを支持したほどだった。自己防衛的な考え方がムスリムの思想に加わり、この系譜が近現代におけるイスラームの信仰を後々まで特徴づけることになる。

Ⅳ　オスマン朝——西アジア・東地中海の帝国

ビザンツ帝国を滅ぼし迎えた絶頂期

オスマン朝は、一四五三年にコンスタンティノープルを攻略すると（ちなみに、以後この都市はイスタンブルと呼ばれるようになった）、帝国建設に取り組めるようになり、それまで時間をかけて発展してきたおかげで、他の帝国よりも強固な基盤を築き、イスラーム帝国の中では、どこよりも繁栄した最も長期の政権になった。

かつてのオスマン侯国時代には、君主は典型的なガーズィー（異教徒と戦う戦士）だったが、イスタンブルでは、スルタンはビザンツ帝国を模範として、複雑な宮廷儀式を備えた専制君主制を打ち立てた。ただし、国家はかつてのモンゴル流の考え方を主な基盤としており、中央権力は、スルタンが自分の考えで自由に動かせる巨大な軍隊のように見なされていた。第七代スルタンのメフメト二世の権力基盤はふたつあった。

ひとつはバルカン半島の貴族たちからの支持で、この頃には彼らの多くが次々とイスラームに改宗していた。もうひとつは、火薬兵器の到来以降その重要度を増していた歩兵軍団――いわゆる「新しい兵士」（イェニチェリ）――だ。イェニチェリは改宗した元奴隷で、土地に対する権益を一切持たず権力構造とは無縁の存在だったため、独立した勢力となり、スルタンの堅実な後ろ盾になった。

またオスマン朝は、古くからの理想を示す基本精神も失っておらず、自分たちをイスラームの敵へのジハードに専念する辺境国家と見なしていた。西ではキリスト教世界と対峙《たいじ》し、東にはシーア派のサファヴィー朝がある。オスマン朝は、サファヴィー朝と同じく流血を辞さぬほど宗派主義的になり、オスマン朝の領内に住むシーア派をたびたび虐殺した。

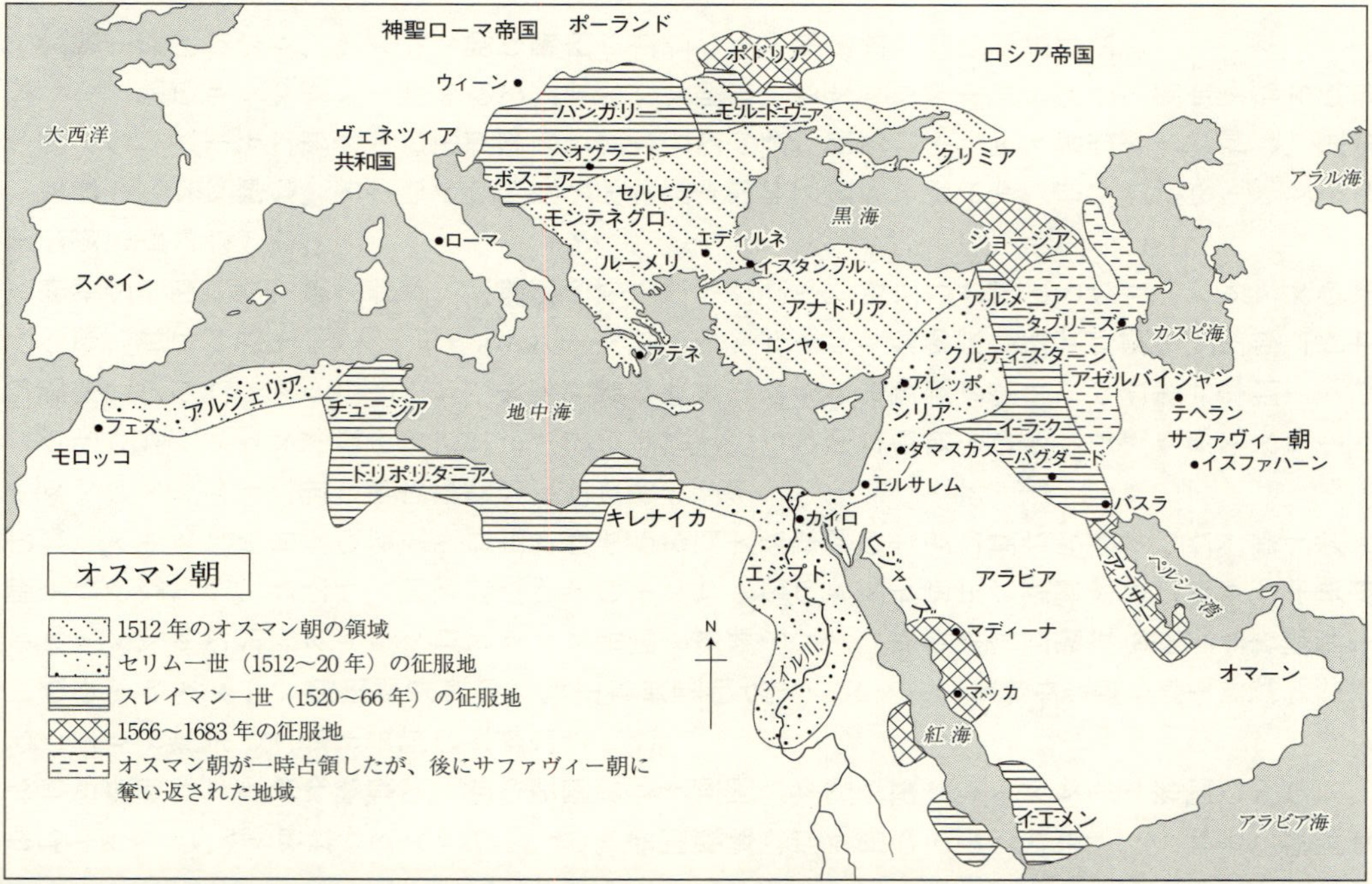
神聖ローマ帝国
ポーランド
ポドリア
ロシア帝国
ウィーン
ハンガリー
モルドヴァ
大西洋
ヴェネツィア
共和国
ベオグラード
クリミア
アラル海
ボスニア
セルビア
モンテネグロ
黒海
ローマ
エディルネ
ジョージア
ルーメリ
イスタンブル
スペイン
アルメニア
アナトリア
タブリーズ
カスピ海
アテネ
コンヤ
クルディスターン
アレッポ
アゼルバイジャン
アルジェリア
チュニジア
地中海
シリア
テヘラン
フェズ
イラク
サファヴィー朝
モロッコ
ダマスカス
バグダード
イスファハーン
トリポリタニア
エルサレム
バスラ
キレナイカ
カイロ
ヒジャーズ
アフサー
ペルシア湾
エジプト
アラビア
マディーナ
ナイル川
オマーン
マッカ
紅海
イエメン
アラビア海
N
オスマン朝
1512年のオスマン朝の領域
セリム一世（1512～20年）の征服地
スレイマン一世（1520～66年）の征服地
1566～1683年の征服地
オスマン朝が一時占領したが、後にサファヴィー朝に奪い返された地域ジハードは大成功だった。第九代スルタンのセリム一世（在位一五一二～二〇年）は、サファヴィー朝と戦って同朝の進撃を食い止めると、矛先を変えてシリアとエジプトへの征服戦争を開始して勝利を収め、その全域をオスマン朝の支配下に置いた。北アフリカとアラビアも帝国に組み込まれた。西方でもオスマン軍はヨーロッパの各地を占領し続け、一五二九年にはウィーン近郊に迫った。

こうしてスルタンは、当時はほかのどの国にもない、きわめて有能な官僚組織を率いて広大な帝国を支配するようになった。スルタンは、支配下の臣民に統一基準を押しつけることもなければ、帝国を構成する異なる人々をひとつの大きな集団に無理やりまとめようとすることもなかった。政府は、異なる諸集団——キリスト教徒、ユダヤ教徒、商人、ウラマー、タリーカ（スーフィー教団）、同業組合などなど——が、それぞれ独自の形で社会に貢献しながら、各自の信仰と習慣に従って平和的に共存できるようにする枠組みを提供するだけだった。

つまり、帝国はいくつものコミュニティーの集合体であり、人々の帰属意識は自分の所属するコミュニティーにまず向けられていた。帝国はいくつかの州に分けられ、それをイスタンブルの中央政府に直属する総督（パシャ）が統治した。

オスマン朝は、第一〇代スルタンのスレイマン一世（在位一五二〇～六六年）の時代に絶頂期に達した。彼は国内ではカーヌーニー（「立法者」）と呼ばれ、西洋では「壮麗王」として知られているスルタンだ。その治世で帝国の領域は最大となり、イスタンブルでは文芸復興が起こった。

その中心となったのは見事な建築物で、中でも宮廷建築家スィナン（一五八八年没）によるものは特に有名だ。帝国各地に建てられたオスマン期のモスクは、一目で分かる特徴的な様式で作られていて、どれも内部空間が広く、光に満ちあふれ、低いドームと高いミナレット（尖塔）を備えている。建築以外でも、宮廷は絵画と歴史研究と医学も保護してその水準を高め、一五七九年には天文台を建て、ヨーロッパ人による航海や地理学上の新発見にも強い関心を寄せた。この領土拡張期には、ヨーロッパでも数々の偉業が成し遂げられていたものの、依然としてオスマン朝が世界最強の国家であり、西洋との情報交換を熱心に進めていた。

オスマン朝とシャリーア、ウラマー

ほかのふたつの帝国と同じく、オスマン朝も独特のイスラーム的傾向を国に持たせていた。スレイマン一世の下で、シャリーアは、それまでのどのムスリム国家よりも高い地位を与えられた。この国ですべてのムスリムが守るべき公式の法となり、シャリーア法廷がオスマン朝で初めて常設機関となった。法律の専門家――法廷で裁きを下すカーディー（裁判官）、その顧問として法解釈を行うムフティー、およびマドラサの教師――は政府の正式な職員となり、スルタンと臣民たちをつなぐ倫理的・宗教的きずなを生み出した。この処置はアラブ諸州でとりわけ役に立った。国家とウラマーが結びついたことで、トルコ人による支配を受け入れやすく

なったからだ。ウラマーは、神の法を後ろ盾として政権に正統性を与えただけでなく、各州の地元出身者だったことから、昔からの住民とトルコ人総督との橋渡し役として不可欠な存在となった。

オスマン朝の臣民たちは、シャリーア国家に属していることをおおむね誇りに思っていた。クルアーンでは、ウンマが神の法に従って暮らせば、それは生きる上での根本原理にかなっているのだから、必ず繁栄すると説かれている。初期のオスマン朝は、神から啓示された法の順守を自らの正統性の主なよりどころとしており、そのオスマン朝が大躍進したのは、このクルアーンの言葉が正しいことを証明しているように思われた。またウラマーたちも、この帝国は自分たちの国家であり、オスマン朝は公共政策とムスリムの良心を統合するという、まれに見る偉業を成し遂げたのだと思うことができた。

しかし、この協力関係は——確かに実り多いものではあったが——負の側面も持っていた。ウラマーは権限を強化されることはなく、やがてその口を封じられ、さらには威信さえも失墜させていったのである。もともとシャリーアは抵抗運動として始まり、その活力の多くは反体制的な姿勢から生まれたものだった。しかしオスマン朝の制度の下では、そうした姿勢は当然ながら失われた。ウラマーは国家に依存するようになった。政府の役人となったため、スルタンとパシャは補助金の支給停止を武器にウラマーたちをコントロールできるようになったし、実際にそうやってコントロールした。

オスマン朝とウラマーの協力関係について基本方針を策定したエビュッスウード・エフェンディ（一四九〇～一五七四年）は、カーディーの権威はシャリーアの守護者であるスルタンに由来しており、よってカーディーにはスルタンの指示に従って法を運用する義務があると明言している。つまり、シャリーアはもともと専制君主制に反対するためのものだったのに、それが（今では史上空前の強さを誇る）専制君主制を是認するものに変えられたのである。

イランにいるシーア派のウラマーは、国家と関係を断ち、民衆の支持を勝ち取った。イランのウラマーの多くは、やがて熱心な改革者となり、優れた指導力を発揮して民衆をまとめ、専制君主に対抗することができた。近代の民主的で自由主義的な思想を受け入れた者も、かなりの数に上った。

しかしオスマン朝では、ウラマーは骨抜きにされた。政治的な力を奪われて保守的になり、いかなる変化にも異を唱えた。スレイマン一世の時代以降、マドラサでの教育内容はますます狭くなっていった。ファルサファ（哲学）の学習は外され、代わりにフィクフ（法学）に重きが置かれた。巨大なガーズィー国家だったオスマン朝は、イスラームについてはコミュナリズム的・宗派主義的な立場を取った。

ムスリムは自分たちを、四方八方から迫りくる不信心者から正統な思想を守る擁護者だと思っていた。ウラマーばかりかスーフィーさえも、そうした態度を取り、その傾向は、オスマン朝が初めて弱体化の兆候を見せ始めるとますます顕著になった。宮廷はヨーロッパからもたらされる新たな思想を受け入れ続けていたが、マドラサは、ヨーロッパの不信心者たちに由来する実験的な事業すべてに異を唱える拠点となった。

例えばウラマーは、印刷術を使ってイスラームの書籍を出すことに反対した。帝国内のキリスト教徒コミュニティーは、その多くが新たな西洋に熱い視線を送っていたため、ウラマーは彼らの存在を無視した。ウラマーが人々に与える影響力はオスマン社会の主要な部分に及び、そのため人々は変化が避けられないときでさえ、変化という考えそのものに抵抗した。ウラマーたちは、昔からの基本精神を守るあまり状況の変化から取り残され、西洋近代がムスリム世界にやってきても人々を助けることができず、そのため民衆は別な所に導き手を求めた。

強力だったオスマン朝も農耕社会の限界には勝てず、拡大するペースに追いつけなくなった。軍紀は緩み、そのせいでスルタンは絶対権力をもはや振るえないことに気づいた。経済は低迷し、それが汚職や税制の悪用を招いた。上流階級は裕福な暮らしを続けたが、税収は減少していた。商業は、ヨーロッパの競争力が高まったため衰退し、各地の総督は私腹を肥やすことが多くなった。

それでも帝国は崩壊せず、一七世紀を通じて活発な文化活動が続けられた。しかし一八世紀には、特に周辺部では衰退が明らかになっていた。そうした地域では、現地の改革者が宗教改革によって秩序を回復しようとした。

改革者ネオ・スーフィーの登場

アラビア半島では、ムハンマド・イブン・アブドゥルワッハーブ(一七〇三～九一年)が中央政府からの独立に成功し、アラビア中部からペルシア湾沿岸部に国家を樹立した。彼は、イブン・タイミーヤの思想を受け継ぐ典型的な改革者だった。その考えによれば、現在の危機に対する最善策はクルアーンとスンナ(慣行)の根本に戻ることであり、中世のフィクフや神秘主義やファルサファなど、当時すでに大半のムスリムたちが信仰の規範と見なしていた後世の添加をすべて徹底的に排除すべきだと思っていた。

さらにオスマン朝のスルタンたちは、彼の考える真のイスラームに従っていないのだから、背教者であり死に値すると断言した。それに代わってアブドゥルワッハーブは、彼が思い描く七世紀の初期ウンマの姿を基にして、純粋な信仰を守る小集団を作り出そうとした。彼の積極的な手法は、さらに大きな変化と不安が訪れる二〇世紀に、一部の原理主義者が利用することになる。そこから生まれたワッハーブ運動は、聖典クルアーンと初期イスラームの伝承ハディースを厳密に文字どおり解釈する厳格な宗教運動であり、イスラームの一形態として現在サウディアラビアで実践されている。

モロッコでは、スーフィーの改革者アフマド・イブン・イドリース(一七六〇～一八三七年)が異なる角度から問題に取り組んだ。その解決法は、民衆を教育して、よりよいムスリムにすることだった。彼は北アフリカとイエメンの各地を転々としながら、一般庶民に現地の言葉で教えを説き、サラート礼拝など基本的な儀礼の正しいやり方を指導した。彼の目には、ウラマーは職務を果たしておらず、マドラサに閉じこもってフィクフの細かい点ばかりに気にして、民衆のことには無関心だと映っていた。

彼のような改革者をネオ・スーフィーと言い、アルジェリアやマディーナにも同様の活動を行う者がいた。例えば、そのひとりムハンマド・イブン・アリー・サヌースィー（一八五九年没）はサヌースィー教団を創設し、同教団は今もリビアで広く崇敬されている。ネオ・スーフィーたちは、新たな西洋について関心もなければ知識もなかったが、自分たちの持つ神秘主義的伝統を使って、ヨーロッパの啓蒙主義者が唱えたのと同じ思想を発展させた。彼らは、民衆はウラマーに頼るのではなく自分自身の洞察力に頼るべきだと訴えた。

イブン・イドリースはさらに一歩進んで、預言者ムハンマドを除くムスリム思想家全員の権威を否定している。つまりムスリムたちに、権威に従う習慣を捨て、過去の伝統にしがみつくのではなく新しいものを尊重せよと説いたのである。彼の神秘主義思想はムハンマドの人物像に基づいていて、遠く離れた存在である神を慕うよりも理想的な人間を模範とするよう人々に説いており、一種の宗教的人間中心主義だったと言えよう。

つまり、ムスリムが新ヨーロッパの精神を拒絶しなくてはならない本質的な理由は何ひとつなかったのである。何百年にもわたってムスリムたちは、社会正義の実現や、平等主義的政治体制、言論の自由、さらには、タウヒード（神の唯一性）の実現を理想としながらも事実上もしくは（シーア派の場合は）思想的に裏打ちされた政教分離など、近代西洋にとっても重要な数々の価値を育んできた。

しかし一八世紀末には、強い危機意識を持ったムスリムたちの大半は、自分たちがヨーロッパに追い抜かれたことを認めざるをえなくなった。オスマン朝は、初期の頃にはヨーロッパ諸国を何度も大敗させていたのに、一八世紀になると、もはや領土を守り抜くことも、対等な立場で商取引することもできなくなっていた。一六世紀にスレイマン一世は、ヨーロッパ商人に外交特権を認めた。これを定めた条約は（「カピタ」つまり項目ごとに特権が示されたことから）カピチュレーションと呼ばれ、オスマン領内に住むヨーロッパ商人はオスマン朝の法律に従う義務はないとされた。罪を犯した場合は、自国の領事が裁判官を務める自国の法廷で自国の法律によって裁かれる。この条約をスレイマン一世は、ヨーロッパ諸国と対等なものとして締結した。

ところが一八世紀には、このカピチュレーションがオスマン朝の主権を弱めるものであることが明らかになった。とりわけ、この特権が一七四〇年に帝国内のキリスト教徒のミッレト（共同体）にも拡張されると、そのことはいっそう明確になった。これでキリスト教徒は海外駐在者と同じくヨーロッパ諸国が「保護」する対象となり、もはや政府がコントロールできる被支配民族ではなくなった。

イスラーム国家の衰退

一八世紀後半のオスマン朝は、危機的状況にあった。商業はさらに衰退した。アラブ諸州の遊牧民ベドウィンは統制を離れ、各地のパシャも、中央政府の目がもはや十分に行き届かなくなり、腐敗して住民を搾取することが多くなった。一方、西洋諸国は次々と勝利を重ねていた。

それでもオスマン朝は、あまり心配していなかった。第二八代スルタンのセリム三世（在位一七八九～一八〇七年）は、軍隊を西洋式に改めれば勢力バランスを元に戻せると考え、ヨーロッパを手本に改革を進めようとした。一七八九年にはフランス人を教官に招いて陸・海軍技術学校をいくつも開設し、生徒たちにヨーロッパ諸言語を習わせ、近代的な格闘技のほか新たな西洋科学も学ばせた。しかし、西洋からの脅威を食い止めるには、これだけでは不十分だった。ムスリムたちは、オスマン朝の成立以降、ヨーロッパがまったく異なる種類の社会を発展させてきたことをまだ理解しておらず、今やヨーロッパはイスラーム世界を大きく引き離しており、やがて世界的な大国になろうとしていることにも気づいていなかった。

三つの大帝国は、どれも一八世紀末には衰退期に入っていた。よくヨーロッパ人は、これはイスラームが本質的に無能だったからだとか、現状を変えようとする覇気がないせいだと、上から目線で決めつけることが多いが、これは間違った考えだ。農業に基盤を置く国家は、どれも寿命が限られており、理想的な農業国家として最後に花開いた三大ムスリム帝国は、避けることのできない自然死を迎えたにすぎない。近代以前の時代には、西洋のキリスト教諸国も衰亡を経験していた。イスラーム国家も、それまで何度も崩壊しており、そのたびにムスリムたちは廃墟の中から不死鳥のようによみがえっては、さらに大きな業績を残してきた。しかし、今度ばかりは事情が違った。一八世紀末にムスリムが弱体化するのと時を同じくして、西洋ではまったく異なる種類の文明が登場し、ムスリム世界は、難局を乗り切るのが今回は以前に増してはるかに難しくなっていると気づくことになるのだった。

第5章　戦うイスラーム

I　西洋の到来

西洋の科学技術の発展と産業革命

西洋の台頭は、世界史上で他に類を見ない出来事だった。そもそもアルプス以北の国々は、以前は何百年にもわたって後進的と見なされてきた地で、南のギリシア・ローマ文化に憧れながら、自分たち独自のキリスト教と、同じく独自の農耕文化を、少しずつではあるが、発展させてきた地域だった。その後も西ヨーロッパは、西ローマ帝国の崩壊を経験したこともあって、滅亡を免れた東ローマ帝国すなわちキリスト教国家ビザンツ帝国よりも、歩みがはるかに遅れていた。

それが一二～一三世紀になると、西ヨーロッパ諸国は他の中核的文化にほぼ追いつき、一六世紀までには一連の大改革を開始して、やがて世界の他の地域を支配できるまでになった。かつて従属的な地位にあった集団がこれほど優位に立った例はほかにない。よく似た事例として、七～八世紀にアラブ人ムスリムが世界の一大勢力として登場したのを挙げることもできるが、ムスリムは世界制覇を成し遂げなかったし、一六世紀にヨーロッパが作り始めたような新たな文明を築いたりもしなかった。オスマン朝は、ヨーロッパからの脅威を食い止めようとして軍隊を西洋式に再編する努力をしたが、この試みは最初から失敗するのが目に見えていた。あまりにも表面的すぎたからだ。ヨーロッパと同じ土俵で戦って勝とうとするなら、従来の農耕社会を何から何まで徹底的に変革し、社会・経済・教育・宗教・思想・政治・学問のすべての分野で構造全体を作り変えなくてはならない。しかも、これをきわめて短期間に成し遂げる必要があったが、西洋がここまで発展するのに三〇〇年かかったことを考えれば、それはとうてい無理な話だった。

ヨーロッパとそのアメリカ植民地で成立した新たな社会は、経済基盤が従来とは異なっていた。農業の余剰生産物に頼るのではなく、科学技術と投資に基礎を置いており、それによって西洋は富を無限に再生産することが可能となり、西洋社会は農耕文化と同じ束縛をもはや受けずに済むようになった。

この大変革は、実は独立した事象ではなく、政治・社会・思想の各分野で既存のモーレス(社会規範)の変革を同時に引き起こした第二の「軸の時代」の一環だった。それは、あらかじめ計画されたり想定されたりしたものでなく、民主的で非宗教的な社会構造を作り出す複雑な過程の中から生まれてきたものだった。

一六世紀までにヨーロッパ人は科学革命を成し遂げ、過去のどの民族よりも自然環境を強力に支配できるようになった。医学・航海術・農業・製造業では新たな発明が次々と生まれた。そのどれかひとつが決定打となったわけではなく、ひとつひとつが積み重なって根本的な変化がもたらされた。一六世紀が終わる頃には、イノベーションが次から次へと、後戻りなどできないと思えるような規模で起こっており、ある分野での発見が別の分野での新たな知見につながることもよくあった。

もはやヨーロッパ人は、世界を不変の法則に支配されているものとは考えず、自然の流れは変えられると思うようになった。農耕文化が築いた旧来の保守的な社会には、このような変化を起こす余力はなく、ヨーロッパとアメリカの人々は次第に自信を深めていった。ついには、進歩は永遠に続いていくだろうし、通商も拡大し続けるだろうと楽観的に思い込み、積極的に投資と再投資を行うまでになった。社会のこうした科学技術化が一九世紀の産業革命に結実する頃には、西洋人はさらに自信を深め、インスピレーションを農耕文化や宗教がそうしてきたように過去に求めるのではなく、未来に期待の目を向けていた。

近代化と社会変革

近代化には、社会的・思想的変化が伴っていた。そのキーワードは「効率」である。発明品も政治制度も、効率的に機能すると見られなくてはならなかった。ますます多くの人々が、科学や産業のさまざまなプロジェクトの末端業務に――印刷工や事務員、工場労働者として――

参加するよう求められ、それに必要な若干の新たな規範を身につけるため、何らかの教育を受けなくてはならなくなった。

大量生産品を買ってくれる人を増やす必要も生じ、その結果、経済を動かし続けるために最低限度以上の生活を送る人を増やさなくてはならなかった。労働者の識字率が上がるにつれて、彼らからは政策決定にもっと参加させよと要求する声も高まってきた。もしも国家が生産性を向上させるため人的資源をすべて投入したいと考えるなら、例えばユダヤ人など、それまで差別されて社会の周縁に追いやられてきた諸集団を、社会の主流文化に取り込まなくてはならない。宗教上の違いや信仰上の理想が社会の進歩を阻害するようなことがあってはならず、科学者と君主と官僚は、我々は教会の支配から自由であるべきだと訴えた。

つまり、民主主義、多元主義、思想・信条の自由、基本的人権、政教分離といった数々の理想は、政治学者が考え出した美しい理想にすぎないのではなく、少なくとも部分的には、近代国家の必要から生まれたものだったのである。近代国家が効率と生産性を上げるためには、世俗的で民主的な基盤の上に国家を組織しなくてはならないことが明らかになった。しかし同時に、もし社会が制度をすべて合理的で科学的な新基準に従って組織すると、その社会は強力無敵となり、従来の農業国家がもはや太刀《たち》打ちできないものとなることも明らかとなった。

これは、イスラーム世界に致命的な影響を与えた。近代社会と工業化経済には発展し続ける性質があり、それはすなわち継続的に拡大しなくてはならないということである。常に新たな市場が必要とされ、国内が飽和状態になると、新たな市場を海外に求めなくてはならなくなった。

工業化と植民地主義

そこで西洋諸国は、近代ヨーロッパの外にある農業国家を、自国の商業ネットワークに組み入れるため手を替え品を替えて植民地化していった。これも複雑なプロセスだった。植民地になった国は、原材料を輸出し、工業化したヨーロッパの需要を満たした。それと引き換えに植民地は西洋の安い工業製品を輸入したが、多くの場合それによって地元の産業は壊滅した。さらに植民地は、ヨーロッパ式に変容・近代化することを余儀なくされ、金融や商業の慣行は合理化されて西洋式の制度に組み入れられ、「原住民」の少なくとも一部は、近代的な思想や慣習に一定程度なじまなくてはならなかった。

この植民地化は、植民地にされる農耕社会にとっては、不安を招く侵略的で異質なものだった。ヨーロッパが三〇〇年かけて歩んできたプロセスを大急ぎで成し遂げなくてはならない以上、近代化は表面的にならざるをえなかった。ヨーロッパでは、近代的な思想が時間をかけて徐々に全階級に広まっていったが、植民地では上流階級や──むしろこちらが重要なのだが──軍人など、ごく少数の者たちしか西洋式の教育を受けて近代の力を理解することができなかった。必然的に大多数の人々が、古い農耕社会の慣習にとどまったまま没落するに任された。

こうして社会は分断され、どちらの側も次第に相手を理解できなくなっていった。近代化のプロセスから取り残された者たちは、目の前で自分の国がまったく知らない国に変わっていくという、つらい体験をした。たとえるなら、友人が病に冒され、見る影もないほどやつれていくのを目にするようなものだ。

彼らは、自分たちには理解できない外国の世俗的な成文法によって支配された。その住む町は、西洋式の建物で「近代化」されて変容し、「旧市街」は、たいてい博物館の展示品になるか観光の目玉となるか、さもなければ過去の遺物として放置された。西洋から来る観光客は、東洋の都市の曲がりくねった小路や、はた目には無秩序に見える街並みに入ると、方向感覚を失って戸惑うことが多い。しかし彼らは、現地に住む人の多くが自国の近代化された首都に同様の違和感を抱いていることを決して理解しない。自分の国なのに戸惑ったのだ。とりわけ現地の人々は、どの社会階級に属しているかに関係なく、自分たちの運命をもはや自分たちの手で決められなくなったことに憤慨していた。自分たちのルーツから完全に切り離されたと感じ、アイデンティティーを徐々に失っていった。

ヨーロッパ人とアメリカ人が自分のペースで近代化を進め、自分たちで工程表を作ることができたのに対し、植民地の住民は、きわめて短期間のうちに近代化を進めなくてはならず、しかもそれを他者のプログラムに従って行わざるをえなかった。もっとも、西洋の人々にとっても西洋社会の変容は苦痛を伴うものだった。

彼らは四〇〇年近くにわたり、しばしば流血を伴った政治革命や、恐怖政治、民族浄化、暴力的な宗教戦争、農村地帯での略奪、広範囲にわたる社会の激変、工場での搾取、新たな大都市での精神的不安感と深刻な人間疎外などを体験してきた。今日では、発展途上国でこれと同様の暴力と残虐行為と革命と混乱が起きており、これが一種の通過儀礼となって、ただでさえ困難な近代化をさらに難しくしている。

また、西洋で発展した近代的精神が根本的に異なるものであるのも確かだ。ヨーロッパとアメリカの場合、近代的精神はイノベーションと自治のふたつを大きな特徴としていた（ヨーロッパとアメリカで近代化プロセスの区切りとなったのは、政治・思想・宗教・社会の各分野での独立宣言だった）。しかし発展途上国では、近代は自治とともにではなく、独立の喪失と民族自治権の否定とともにやってきた。また発展途上国は、イノベーションではなく西洋を模倣することによってしか近代化することができない。西洋ははるかに先を行っていて、追いつける見込みがまったくないからだ。

近代化プロセスが同じでない以上、最終的な結果が西洋にとって望ましい水準に達することは期待できない。ケーキを作ろうと思っても正しい材料が手に入らず、小麦粉の代わりに米を、生卵の代わりに乾燥卵を、砂糖の代わりに香辛料を使ったとしたら、レシピ本に書かれたケーキとは似ても似つかぬ物しかできない。植民地では近代というケーキを作るのにまったく異なる材料が使われており、その過程で西洋のように民主主義や政教分離や多元主義などが出てくることは望むべくもない。

ムスリムの反応

イスラーム世界は、こうした近代化プロセスに激しく動揺した。それまで世界文明の先頭を進んでいたのが、ヨーロッパ列強によって瞬く間に従属的な立場に引きずりおろされ、その地位に固定されたからだ。ムスリムたちは植民地主義者から侮蔑を受けた。

植民地主義者たちは近代の基本精神にすっかり染まっており、ムスリム社会を見ても、後進的で、無能で覇気がなく、腐敗しているとしか思えず、ひたすらあきれるばかりだった。彼らは、ヨーロッパ文化は常に進歩的だったと思い込んでいて、歴史的な視点を欠いており、自分たちが見ているのは近代以前の農耕社会にすぎず、ほんの数百年前まではヨーロッパも同じくらい「後進的」だったことを理解できなかったのである。西洋人が生まれつき「東洋人」より人種的に優秀なのは当然だと考え、軽蔑の態度をさまざまな形で表に出した。

こうしたことのすべてが、当然ながら有害な影響をもたらした。西洋人は、その特異な歴史的経験から、自分たちの文化は人々を解放して力を与えるものだと思っており、そのため、そうした文化にムスリムたちがしばしば敵意や怒りを向けてくるのに当惑することが多い。しかし、ムスリムたちの反応は決して奇妙なものでも常軌を逸したものでもない。

なぜなら、イスラーム世界は範囲が非常に広く、戦略的にも重要な場所に位置していたため、中東やインド、アラビア、マレーシア、およびアフリカの大部分で植民地化が整然と組織的に進められたとき、最初に征服されることになったからだ。

各地のムスリムは、ごく初期の段階で近代化を迫る厳しい圧力を感じ取った。彼らの態度は、新たな西洋に対する多様な反応のひとつではなく、まさしく典型的な反応だった。やがてイスラーム世界は近代へ移行しようとするが、例えば日本のように、植民地にはならず、経済体制や諸制度は手つかずのまま維持され、国力の弱体化につながる西洋への依存体制も強制されずに済んだ国と比べれば、その歩みは順調でもスムーズでもなかった。

イギリスによるムガル朝インドの近代化

ヨーロッパによるイスラーム世界の侵略は、決まったパターンがあったわけではないが、どれも徹底的かつ効率的だった。最初に標的となったのはムガル朝のインドだ。

一八世紀後半、イギリス商人はベンガルに拠点を築いたが、この時期には近代化がまだ始まったばかりだったため、イギリス人はヒンドゥー商人やムスリム商人と対等の立場で活動していた。しかし、この段階でのイギリス人の活動は「ベンガル収奪」と呼ばれている。それは、これが地元の産業に回復不能な損害を与えたばかりか、現地の農業を変質させ、ベンガル人に自給用の穀物を栽培させず、工業化した西洋市場のために原材料を作らせるようにしたからである。ベンガルは世界経済で二流の地位に落とされたのだ。

やがてイギリス人自身が「近代的」で効率的になってくると、その態度は次第に尊大となり、一七九三年から訪れるようになったプロテスタント宣教師たちの力も借りて、インド人を「文明化」しようとするようになった。しかし、ベンガル人が完全に工業化された社会を独自に発展させるのを支援しようとはしなかった。

イギリスの行政官は、近代的な技術のうち、イギリス人の優位を強化し、ベンガルを補助的な地位にとどめておくものだけを導入した。確かにベンガル人は、イギリス人の効率的な能力から恩恵を受け、疫病や飢餓や戦争などの災厄を防いでもらい、それによって人口が増えた。しかし、これが人口過密と貧困という新たな問題を生み出した。西洋では、こうした問題は都市への移住で解消されたが、ベンガルでは移住が許されず、人々は全員農村部にとどまらなくてはならなかった。

ベンガルに対する経済的な収奪は、政治的支配への道を開いた。一七九八年から一八一八年の間に、イギリスは条約や軍事征服によってインドのほぼ全域で支配を確立し、残っていたインダス川流域も、一八四三年から一八四九年までに征服した。

同じ時期、フランス人も独自の帝国を築こうとしていた。一七九八年、ナポレオン・ボナパルトは、イギリスとインドを結ぶ海上ルートを切断するためスエズに基地を置こうと考え、エジプトを占領した。

このときナポレオンは学者の一団を同行させ、占領後には、近代ヨーロッパの文献をそろえた図書館と、科学研究所、およびアラビア文字の活版印刷所を設立した。きわめて有能な近代的軍隊とともにやってきたため、ヨーロッパの進んだ文化は、ムスリムが住む中東では当初から侵略行為と見られていた。

ナポレオンのエジプト・シリア遠征は失敗に終わった。その当初の狙いは、ロシアの力を借りてイギリス領インドを北から攻撃することにあった。

そうした事情から、まったく新たな戦略的重要性を帯びるようになったのがイランだ。続く一〇〇年間、イギリスはイラン南部に拠点を築き、ロシアはイラン北部を支配下に置こうとした。どちらもイランを完全な植民地や保護国にするのは（二〇世紀初頭に同国で石油が発見されるまでは）望まなかったが、両国とも新たなカージャール朝を支配下に置き、そのため歴代の王たちは少なくともどちらか一方の国の支援がない限り、あえて動こうとはしなかった。

ベンガルのときと同様、イギリスもロシアも自国の国益を伸ばす技術のみを奨励し、鉄道などイラン人のためになりそうな新発明は、両国の戦略的優位を危険にさらしかねないとして導入させなかった。

進む植民地化

ヨーロッパ列強は、イスラーム諸国を次々と植民地にしていった。一八三〇年にフランスがアルジェリアを占領し、その九年後にはイギリスがアデンを占領した。その後も、一八八一年にはチュニジアが占領され、さらに一八八二年にエジプト、一八九八年にスーダン、一九一二年にはリビアとモロッコが、それぞれ占領された。

第一次世界大戦中の一九一六年には、イギリスとフランスがサイクス・ピコ協定を結び、勝利の暁には瀕死《ひんし》のオスマン朝（第一次世界大戦ではドイツ側に付いていた）の領土を両国で分割することに決めた。戦後、英仏両国は協定に従ってシリア、レバノン、パレスチナ、イラク、トランスヨルダンの各地に保護国や委任統治領を設けた。しかし、大戦中にヨーロッパ列強はオスマン朝のアラブ人に独立を約束していたため、この措置に彼らは激怒した。

オスマン朝の中核地域では、ムスタファ・ケマル改めアタテュルク（一八八一～一九三八年）がヨーロッパ諸国の侵略を食い止めるのに成功し、独立国家トルコを建設した。

バルカン半島、ロシア、および中央アジアのムスリムは、新たに成立したソヴィエト連邦の支配下に入った。こうした国々の一部はやがて独立を認められるが、その後も多くは西洋に経済と石油資源とスエズ運河などの資産を支配され続けた。

ヨーロッパによる占領が後々まで激しい対立を残すことも少なくなかった。インド亜大陸では、イギリスが一九四七年に撤退すると、ヒンドゥー教徒のインドとムスリムのパキスタンとに分離独立し、以来両国は険悪な敵対関係にあり、今では相手の首都を互いに核兵器で狙い合うまでになっている。

パレスチナでは、一九四八年にアラブ人がシオニストによって故郷を追われ、シオニストが国連と国際社会の支持を得てユダヤ人の世俗国家イスラエルを建設した。数十万のパレスチナ人が不法に土地を奪われて永遠に故郷を追われたにもかかわらず、そのことに西洋諸国は何ら良心の呵責《かしゃく》を感じていないように思われた。その結果パレスチナ喪失は、西洋列強の手でムスリム世界に屈辱が加えられたことを示す強力な象徴となった。

ムスリム知識人の西洋文化受容

それでも、ごく初期の頃には西洋を敬愛するムスリムもいた。イランの知識人マルコム・ハーン（一八三三～一九〇八年）とアーカー・ハーン・ケルマーニー（一八五四／五～九六年）は、イラン人は西洋式の教育を受け、シャリーアに代えて近代的な世俗法を採用すべきだと訴えた。これこそ進歩へ向かう唯一の道だと考えたからだ。

こうした知識人グループに属する世俗主義者たちは、一九〇六年のイラン立憲革命で自由主義派のウラマーと合流し、カージャール朝に迫って、君主の権限を制限してイラン人に国民議会の選挙権を与える近代的な憲法を制定させた。ナジャフにいる指導的ムジュタヒドの大半は憲法を支持した。そのひとりモハンマド・ホサイン・ナーイーニー（一八六〇～一九三六年）は、ムジュタヒドたちの見解を自著『共同体への訓戒とその改善』で最も理路整然と表明し、このような形で専制政治を制限するのは間違いなくシャリーアにかなう行為であり、西洋式の立憲政治は隠れイマームの再臨に次ぐ最良の統治形態だと主張した。

エジプト人の著述家リファーア・タフターウィー（一八〇一〜七三年）は、ヨーロッパの啓蒙思想にファルサファ（哲学）と通じるものを感じ、強く魅了された。留学先のパリでは、何事も整然と進む様子が好きになり、フランス文化の合理的厳密さに感心し、一般庶民さえも読み書きができる点に感激し、イノベーションを目指す熱意に興味をそそられた。そして、エジプトがこの華々しい新世界に入る手助けをしたいと熱望した。

インドではサイイド・アフマド・ハーン（一八一七〜九八年）が、クルアーンは近代科学によって明らかにされつつある自然法則とよく合致するものだと主張して、イスラームを近代西洋の自由主義に適応させようと努力した。そして、デリーの東南にある町アリーガルにアリーガル・カレッジを設立し、ムスリムたちが伝統的なイスラーム諸学科だけでなく科学と英語も勉強できるようにした。彼は、ムスリムたちがイギリス人のカーボンコピーになることなく自分たちの文化的アイデンティティーを保持したまま近代化した社会で暮らしていけるようにしたいと考えたのである。

内部からの近代化改革

ムスリムの支配者の中には、支配地域で植民地化が始まる前に、自ら進んで近代化に取り組む者もいた。

オスマン朝第三〇代スルタンのマフムト二世（在位一八〇八〜三九年）は、一八二六年に西欧化改革に着手し、イェニチェリ軍団を廃止して軍隊を近代化し、新たな軍事技術を導入した。一八三九年には第三一代スルタンのアブデュルメジト一世（在位一八三九～六一年）がギュルハネ勅令を発布して、支配の基盤が臣民との契約関係にあることを示し、タンズィマート（恩恵改革）を開始して帝国諸制度の大規模な改革を目指した。

これよりもっと徹底した近代化政策を実施したのが、アルバニア人のエジプト総督ムハンマド・アリー（一七六九～一八四九年）だ。彼はエジプトをオスマン朝から事実上独立させると、後進的だったエジプトをほぼ独力で近代世界へ引き入れた。しかし、その手法は残忍なもので、近代化を猛スピードで進めることがいかに難しいかを示していた。

例えば彼は、政治的反対派を虐殺した。農民を徴用して強制労働によりエジプトの灌漑《かんがい》施設と水路を改善させたが、この工事で二万三〇〇〇人が命を落としたと言われている。徴用されなかった農民たちも、ムハンマド・アリーの近代化された軍隊に徴兵されるのを恐れるあまり、その多くが兵役逃れのため指などをわざと切り落とし、中には自分で自分の目を潰す者さえいた。

またムハンマド・アリーは、国の世俗化を進めるため、宗教施設に寄進されていた多額の財産を没収し、ウラマーを意図的に社会の周縁へ追いやって、その権力を徹底的に奪い取った。以前から近代性を衝撃的な侵略行為と受け止めていたウラマーたちは、これでさらに孤立し、自分たちの国で生まれようとしている新たな世界に心を閉ざすようになった。

ムハンマド・アリーの孫イスマーイール（一八三〇～九五年）は、近代化をさらに推進した。スエズ運河建設に費用を投じ、鉄道を約一五〇〇キロ敷設し、それまで耕作不能だった土地約五五〇〇平方キロメートルを灌漑し、男子生徒と女子生徒のための学校を設立し、カイロを近代的な都市に変えた。だが不運にも、こうした野心的政策の費用が重くのしかかり、エジプトは財政難に陥って借金を余儀なくされると、これを好機と見たイギリスはヨーロッパ人出資者の利益を守るためと称して一八八二年にエジプトを軍事占領した。

ムハンマド・アリーとイスマーイールは、エジプトを近代的な独立国家にしようとしていた。しかし近代化の結果、皮肉にもエジプトはイギリスの実質的な植民地となってしまった。

近代化への警鐘

こうした初期の改革者たちは、ヨーロッパの変容を裏で支えた思想を誰も完全には理解していなかった。だから彼らの改革は表面的なものだった。しかし、その後の改革者たちも、イラクのサダム・フセインに至るまで、全員が近代西洋の軍事技術と外面的な虚飾を取り入れようとするだけで、それが社会の他の分野にどのような影響を及ぼすかについては思いが至らなかった。

それでも一部には、こうした危険を早い時期からはっきり認識していた改革者もいた。最初に警鐘を鳴らした人物のひとりが、イラン人活動家ジャマールッディーン（一八三八／九～九七年）だ。彼はアフガーニー（アフガン人）と自称したが、これはおそらく、シーア派のイラン人であるよりスンナ派のアフガン人を名乗った方がムスリム世界で多くの支持者を得られると思ったからだろう。一八五七年にインド大反乱が起き、ヒンドゥー教徒とムスリムがイギリス支配に抵抗して立ち上がったとき、アフガーニーはインドにいて一部始終を目撃した。その後もアラビア、エジプト、トルコ、ロシア、ヨーロッパと旅行したが、どこへ行っても西洋の力を感じ、いずれ西洋がムスリム世界を支配・弾圧するのは間違いないと思うようになった。西洋式の生活をうわべだけ模倣することの危険に気づいた彼は、イスラーム世界の人々に、力を合わせてヨーロッパの脅威に対抗しようと呼びかけ、自分たちのやり方で新たな世界の科学文化に到達しなくてはならないと訴えた。

つまり、自分たちの文化的伝統を発展させなくてはならないのであり、その伝統とはイスラームにほかならない。しかし、イスラームそのものも、状況の変化に応じて、もっと合理的・近代的にならなくてはならない。ムスリムたちは、「イジュティハードの門」が長期にわたって閉鎖されている現状に反対し、預言者ムハンマドとクルアーンが説いているように、各自が自分の自由な理性を活用すべきだと、アフガーニーは主張した。

西洋の侵略によって、再び政治がイスラーム的宗教体験の中核となった。そもそも預言者ムハンマドの時代から、ムスリムたちは現在進行中の出来事を神の顕現と見なしてきた。歴史の中に存在する神と出会い、よりよい世界を作るべく挑戦を続けてきたのである。ムスリムは政治的事件に神の意図を求め、挫折や悲劇的事件でさえ、神学や霊的思想が大きく発展する契機にしてきた。ムスリムたちは、アッバース朝崩壊後にクルアーンの精神ともっと一致する政治制度を生み出すと、以後ウンマの政治的健全さについては苦悩しなくなり、内的信仰を存分に深めていった。

しかし、西洋が彼らの生活に侵入してきたことで、宗教上の大問題が持ち上がった。ウンマが受けた屈辱は、政治的な大災厄であるだけでなく、ムスリムの魂そのものを動揺させるものでもあった。こうして再び弱体化したことは、イスラームの歴史で重大な誤りが起きたことを示す証しだ。クルアーンでは、啓示された神の意思に完全に従う社会は決して滅びないと約束されている。ムスリムの歴史は、この言葉を証明してきた。災厄に襲われるたびに、特に敬虔なムスリムたちは宗教に頼り、宗教を通じて新たな状況を論じ、それによってウンマは力を取り戻すだけでなく、しばしばもっと大きな業績を残してきた。

そのイスラーム世界が、世俗的で神が不在の西洋による支配に次々と屈していくことなど、ありえるのだろうか？　これを出発点として、次第に多くのムスリムたちがこうした問題に取り組むようになった。ムスリムの歴史を正しい道に戻そうとする彼らの努力は、ときには絶望的で自暴自棄な企てと思えることもあった。自爆攻撃は――イスラームの歴史では過去にほとんど例のなかった現象であり――一部のムスリムがこれを勝ち目のない戦いと思い込んでいることをよく表している。

イスラーム的近代国家の希求

アフガーニーの政治運動は、こうした新たな絶望感を帯びており、突飛なものや道義にまったく反するものが多かった。例えば一八九六年には、弟子のひとりがイランのシャーを暗殺している。

一方、アフガーニーの友人で同志のエジプト人思想家ムハンマド・アブドゥ（一八四九〜一九〇五年）は、もっと思慮深くて慎重な人物だった。彼は、解決策は革命ではなく教育にあると考えていた。イギリスによるエジプト占領には衝撃を受けたが、アブドゥはヨーロッパを敬愛しており、ヨーロッパ人といると心がとてもなごみ、西洋科学と西洋哲学の書籍を幅広く読んでいた。近代西洋の政治・法律・教育の諸制度を高く評価していたが、それを宗教が深く根ざした国にそのまま移すのは無理があると思っていた。

実際エジプトでは、近代化のペースが速すぎて、国民の大多数が取り残される結果となっていた。人々が法律を理解できない社会は、実質的に法律のない国になってしまう。だから新しい近代的な法制度や立憲政治は、人々が理解できる伝統的なイスラーム思想に、いわば接ぎ木してやることが絶対に必要となる。例えば、イスラームの基本的な考え方のひとつシューラー（協議）は、民主主義の意味を理解するのに役立つだろう。

教育改革も必要だ。マドラサの学生たちには近代科学を学ばせて、ムスリムたちが新たな世界を自分たちにとって意義のあるものと思えるようなイスラーム的枠組みを作らせ、ムスリムが新たな世界へ入っていくのを手助けできるようにするべきである。一方でシャリーアも現状に合わせて改定する必要があるが、その作業が長く複雑なものになるだろうことは、アブドゥだけでなく、彼の同時代人で年下のジャーナリスト、ラシード・リダー（一八六五〜一九三五年）にも分かっていた。リダーは、アラブの知識人や学識者の間で世俗主義が広まっていることに驚き、中にはイスラームこそ人々の進歩を遅らせている元凶だとして、これを侮蔑する者さえいることに衝撃を受けていた。リダーに言わせれば、そうした態度はウンマを弱体化させて、ますます西洋帝国主義の餌食にさせてしまうだけだ。

リダーは、改定されたシャリーアに基づいて、完全に近代化していながらも同時に完全にイスラーム的でもある国家を樹立すべきだと主張した最初のムスリムのひとりだった。

彼は、学生たちがフィクフ（法学）を修めると同時に、国際法や社会学、世界史、宗教学、現代科学なども学べる大学を作りたいと思っていた。そうすれば、イスラーム法学は東洋の伝統と西洋の伝統を融合させた真に近代的な枠組みの中で発展し、農耕社会の法典であるシャリーアを、西洋が発達させた新たな種類の社会と両立させられると考えたのである。

「合理的なイスラーム」の強調

改革者たちは、ヨーロッパ人によるイスラーム批判に反論しなくてはならないという意識を常に抱いていた。政治だけでなく宗教問題でも、ムスリムの行動は西洋に左右されようとしていたからである。

インドでは、詩人で哲学者のムハンマド・イクバール（一八七七〜一九三八年）が、イスラームは西洋のどの制度にも劣らず合理的だと主張した。それどころか、イスラームこそ自覚的な思想・宗教の中で最も合理的で最も進んだものだと述べている。彼によれば、厳格な一神論は人類を神話から解放し、クルアーンはムスリムに、自然を細かく観察して、観察結果をじっくりと検討し、自らの行動を絶えず吟味するよう説いてきた。つまり、近代性を生んだ経験主義的精神は、実はイスラームに由来するものだというのである。これは、歴史の一面だけを取り上げた不正確な解釈だが、偏った見方であるという点では、当時のヨーロッパ人がキリスト教を最も優れた信仰と見なし、ヨーロッパは常に進歩の先頭に立ってきたと思う傾向があったのと大差ない。

イクバールはイスラームの合理的精神を強調する一方、スーフィズムを軽視した。彼は、神秘主義から離れようとする新たな流れを代表する人物で、この流れは、近代的合理主義が進歩への唯一の道と思われるようになるにつれ、ムスリム世界で次第に広がっていった。イクバールは西洋思想の影響を強く受けており、ヨーロッパの大学へ留学して博士号を取得している。それでも彼は、西洋は進歩するため連続性を犠牲にしたと思っていた。いわく、西洋の世俗的な個人主義は、人格という概念を神から分離し、西洋を偶像崇拝的で、場合によっては悪魔的にもなりうる社会に変えてしまった。その結果、西洋はいずれ自滅することになるだろう。

この見解は、ヨーロッパの集団自殺とも言うべき第一次世界大戦の後には、容易に理解された。ゆえにムスリムには、人生の神的側面を証明するという重大な使命があり、そのためには俗世から隠遁して瞑想にふけるのではなく、シャリーアの掲げる社会的理想を実現させるため積極的に行動しなくてはならないと、イクバールは説いた。

ムスリム同胞団の創設

ここまで見てきた改革者たちは全員が知識人で、訴える相手も教養のあるエリートたちが中心だった。そうした彼らの思想を大衆に伝える組織が、青年教師ハサン・バンナー（一九〇六～四九年）によってエジプトで創設された。

この組織ムスリム同胞団は、中東全域に広がる大衆運動となり、その主張は、当時としては社会のすべての階層に響く唯一のイデオロギーであった。バンナーは、ムスリムには西洋の科学と技術が必要で、自分たちの政治制度や社会制度は改革しなくてはならないと思っていた。その一方で、他の改革者たちと同じく、これには霊的改革が伴わなくてはならないと確信していた。

バンナーは、イギリス人がスエズ運河地帯で豪華に暮らしているのを見て、エジプト人労働者が粗末でみすぼらしい小屋に住んでいる現状とのあまりの落差に、涙を流した。そして、これはイスラーム的な解決策を必要とする宗教的な問題だと考えた。近代からの挑戦に、キリスト教徒はしばしば教義を重ねて説くことで対応したが、ムスリムは社会的・政治的努力（ジハード）を行うことで対応した。バンナーは、イスラームは生き方そのものであり、そもそも宗教とは、西洋で説かれるような私的領域にとどまるものではないと主張した。同胞団は、クルアーンを新時代の精神と合致するよう解釈しようとする一方で、イスラーム諸国を統合し、生活水準を引き上げ、さらに高いレベルの社会正義を実現させ、非識字や貧困と戦い、ムスリムの土地を外国の支配から解放することも目指した。植民地主義者の支配下でムスリムは自分たちのルーツから切り離されていた。他の民族を模倣し続ける限り、ムスリムは文化的雑種のままだ。

バンナーは、同胞団の男性メンバーや女性協力者に礼拝の儀礼やクルアーンに沿った生活を指導したほか、学校を建設し、近代的なボーイスカウト活動を組織し、労働者のための夜間学校と、官吏登用試験のための予備校を運営した。さらに同胞団は、農村地域に診療所や病院を建て、建設した工場では給与・健康保険・休暇などでムスリムへの待遇を国営企業よりもよくし、近代的な労働法を教えてムスリムたちが自分たちの権利を守れるようにした。

同胞団には欠点もあった。一部の少数派がテロリズムに走り、そのため同胞団は崩壊した（ただし、後に別の指導者により復活して現在に至っている）。しかし、すでに一九四八年時点で五〇万に達していた団員の大半は、こうした非主流派の活動については何も知らず、福祉活動と布教活動を重視していた。同胞団は瞬く間に成功を収め、第二次世界大戦終結時にはエジプトで最大の政治結社になっており、その事実からは、人民の大多数が、知識人や世俗主義的な政府が何と言おうと、近代的でありながらも同時に宗教的でありたいと願っていたことがうかがえた。

こうした社会活動は、その後も近代的なイスラーム運動の多くで特徴となっていく。そうしたイスラーム運動の中でもとりわけ有名なのが、アフマド・ヤースィーン(一九三六～二〇〇四年)がガザで設立したイスラーム団体で、この組織は一九六七年の第三次中東戦争後、イスラエルに占領された地域で同胞団と同様の福祉事業を大々的に実施して、パレスチナ人に近代化の恩恵をイスラーム的な枠組みの中で与えようとした[この団体は、のちにハマースに発展する]。

II 近代的ムスリム国家とは何か?

政教分離・民主主義という価値とムスリム

植民地体験とヨーロッパとの衝突により、イスラーム社会は混乱した。世界は、後戻りができないほどすっかり変わってしまった。ムスリムたちにとって、西洋への対処法を理解するのは、過去に経験したことのない問題だっただけに難しかった。近代世界に対等なパートナーとして参加したいのなら、ムスリムはこうした変化を受け入れなくてはならなかった。

特に西洋では、政治と科学と技術を保守的な宗教の束縛から解放するため政教分離は絶対必要だと考えられていた。ヨーロッパでは、社会を結束させるものが、それまでの厚い信仰心からナショナリズムに代わっていた。しかし、この一九世紀の実験はやがて数々の問題を引き起こした。ヨーロッパの国民国家は一八七〇年から軍拡競争を始め、それが最終的には二度の世界大戦につながった。かつては宗教的偏見が原因で多くの人が殺されたが、世俗的なイデオロギーも大量殺戮を招くことが、ナチのホロコーストやソ連の強制労働収容所の例から明らかになった。啓蒙思想家たちは、人々が教養を身につければ、それだけ理性的で寛容になると思っていた。しかし、こうした期待は、救世主を待ち望む旧来のどの幻想にも劣らぬくらい非現実的なものだった。

それでも最後に近代社会は民主主義を採用し、それによってヨーロッパとアメリカでは、全体として、より多くの人がもっと公正・公平な人生を送れるようになった。しかし、西洋の人々は、この民主主義の実験を行うため何百年もかけて準備を進めてきた。もしも近代的な議会制度を、農耕文化をいまだに色濃く残していたり、近代化が不十分だったりして、住民の大多数が近代的な政治論を理解できない社会へ押しつけようとすれば、事情は当然まったく違ってくるだろう。

政治が、キリスト教の宗教体験で中心となることは一度もなかった。そもそもイエス本人が、私の言う天の国はこの世のものではないと語っている。またヨーロッパのユダヤ教徒は、何百年もの間、政治に関与するのを原則として避けていた。

しかし、ムスリムにとって政治は決して副次的な問題ではなかった。これまで見てきたように、政治は彼らが宗教的な探究を行う場であった。救済とは罪の贖《あがな》いではなく、個々の人間がもっと容易に全身全霊で神に服従して充足感を得られるようになる公正な社会を築くことを意味していた。つまり、どのような政治体制を取るかは最も重要な問題だったのであり、二〇世紀を通じて真のイスラーム国家を作る試みが次々と実施された。これは決して平坦《へいたん》な道のりではなかった。この大望を実現するには、すぐに結果が出ることのない地道な奮闘《ジハード》を続けなくてはならなかった。

世俗化と反動

タウヒード（神の唯一性）を現実社会で実現させるという理念は、政教分離の理念と対立するように思われるかもしれないが、過去にはシーア派もスンナ派も、宗教と政治の分離を受け入れていた。現実の政治は混沌としていて、ときには冷酷なことも多い。

理想のムスリム国家は「与えられた型」をそのまま当てはめれば実現するというものではなく、クルアーンが説く平等の理念を政治活動の厳しい現実の中で実践するには、独創的な才能と規律が必要になる。西洋人の中には、ムスリムはイスラームのせいで近代的な世俗社会を作れないのだと思い込んでいる者がいるが、それは間違いだ。

ただ、政教分離がムスリム世界ではまったく違ったものとして受け止められてきたのは事実である。西洋では、政教分離はたいてい好意的に受け取られてきた。初期の頃には、ジョン・ロック（一六三二〜一七〇四年）などの哲学者たちが、これこそ信仰心を深める新たなよりよい方法だと考えていた。政教分離で宗教は国家の強力な統制から解放されて、霊的な理想にもっと忠実になれると思ったからだ。しかしムスリム世界では、政教分離と世俗化は宗教および宗教を信じる敬虔な者たちに対する容赦ない攻撃となることが多かった。

例えば、アタテュルクはマドラサをすべて閉鎖し、スーフィー教団を弾圧し、男性にも女性にも近代的な洋服を着るよう強制した。こうした強要は、決まって逆効果となる。トルコでは、イスラームは消滅せずに地下へ潜った。エジプトでも、ムハンマド・アリーがウラマーたちから財産を没収したり、寄付された不動産を取り上げたりして、その影響力を奪った。

また、エジプト大統領ナセル（一九一八〜七〇年）は、一時期かなり強硬な反イスラーム的態度を取り、ムスリム同胞団を弾圧した。同胞団内部の秘密テロ組織に所属していた団員のひとりがナセルの暗殺を企てると、数多くの団員がナセルの強制収容所に送られて何年も収監されたが、その大半は実際にはパンフレットを配ったり集会に出席したりしていただけで、過激なことには何ひとつ関与していなかった。

イランでは、パフラヴィー朝の君主たちが同じく徹底的に世俗化を進めた。レザー・シャー・パフラヴィー（一八七八～一九四四年）は、ウラマーの信託財産を没収し、シャリーアに代えて民法を採用した。フサインを追悼するアーシュラーの行事を廃止し、イラン人がハッジ（大巡礼）へ行くのを禁止した。イスラーム服も禁じ、命令を受けた兵士たちが街頭で女性のヴェールを銃剣ではぎ取って、ずたずたに引き裂いた。一九三五年、服装法に反対するデモが、マシュハドにある第八代イマームの廟所で平和的に行われたが、このとき兵士たちが非武装の群集に発砲し、数百人の死傷者を出した。

ウラマーたちは、かつてはイランで無類の権力を誇っていたが、それが今では影響力が崩れ去るのをただ見ているよりほかになかった。モダッレスという名の聖職者が議会でレザーを批判して一九三七年に政権の手で殺害されると、ウラマーたちは震え上がって、それ以上の抵抗はしなくなった。

レザーの息子で跡を継いだモハンマド・レザー・パフラヴィー（一九一九～八〇年）も、父に劣らずイスラームを敵視し軽蔑した。マドラサの学生数百人が勇敢にも政府に反抗したものの路上で射殺され、マドラサは閉鎖されて主なウラマーたちは拷問を受けて殺されるか、投獄されるか、さもなければ国外へ亡命した。この世俗主義的な政権には、民主的な要素が何ひとつなかった。国王の秘密警察サーヴァークが、イラン人を裁判なしで投獄して拷問や脅迫を加えており、真に国民を代表する政府ができる可能性は皆無だった。

ナショナリズムとムスリム

ナショナリズムも、それを言い出した当のヨーロッパ人たちは二〇世紀後半に脱却し始めるが、やはり問題を引き起こしてきた。ウンマの統一は、長きにわたって重んじられてきた理想だった。それが今では、ムスリム世界は王国や共和国に分割され、しかも、その国境は西洋列強によって恣意的に引かれたものだった。

国民意識を醸成するのも、それまでムスリムたちは自分たちをオスマン帝国の国民でありダール・アル＝イスラーム（イスラームの家）の一員であると考えてきたため、容易なことではなかった。ときには、ナショナリズムとされたものが純粋に否定的な立場を取り、西洋を追い払いたいという願望と同一視されることもあった。

新たな国家の中には、建国の時点ですでに国民どうしの対立が運命づけられている国もあった。例えばかつてのスーダンは、南部はキリスト教徒が多く、北部はムスリムが多かった。自らのアイデンティティーを信仰する宗教で決めるのが当然だった人々にとって、「スーダン人」としての共通の国民意識を築くことは難しかったに違いない［南部は二〇一一年に南スーダン共和国として独立した］。

レバノンでは、問題はさらに深刻だった。レバノンの住民は、信者数がほぼ同じ三つの宗教コミュニティー――スンナ派、シーア派、マロン派キリスト教徒――に分かれており、各コミュニティーは昔から常に互いに独立していた。三者が権力を分担し合うことなど不可能だった。

住民同士の緊張状態は内戦（一九七五〜九〇年）へと発展し、国は無残にも引き裂かれた。

これ以外の、シリアやエジプトやイラクなどの国々でも、ナショナリズムはエリート層に採用されても、それより保守的な大衆には受け入れられなかった。イランでは、パフラヴィー朝の唱えるナショナリズムが、シーア派との関係を断ち切って国の基盤をイスラーム以前の古代ペルシア文明に置こうとするものだったため、イスラームと直接対立することになった。

民主主義も問題だった。近代性をイスラーム的な下部構造に移植したいと思っていた改革者たちは、民主主義の理念は本質的にイスラームと対立するものではないと主張した。

実際、イスラーム法は基本原理としてシューラー（協議）とイジュマー（合意）を掲げ、法律はウンマを代表する人々の「合意」によって承認されなければならないとしてきた。また、正統カリフは多数決で選ばれた。こうしたことは、どれも民主主義の理念とよく一致していた。問題の一端は、西洋が民主主義を「人民の人民による人民のための政府」として制度化したことにあった。イスラームでは、政府に正当性を与えるのは神であって人民ではない。人間をそうした地位に高めるのは、神の主権を簒奪《さんだつ》する行為であるから、偶像崇拝（シルク）と見なされかねなかった。それでも、ムスリム諸国が西洋のこの標語に従うことなく代議政体を導入することは不可能ではなかった。

だが、民主主義の理想は実践の場で堕落することが多かった。イランでは、一九〇六年の立憲革命後にマジュリス（議会）が開設されたものの、ロシアが国王を後押しして議会を解散させた。

また、一九二〇年代にイギリスがイランを保護領にしようとしたとき、アメリカはイギリスを非難し、イギリスがイランでの選挙結果を自国に有利になるようたびたび不正に操作していると主張した。そのアメリカは、後に国民に不人気だった国王モハンマド・レザー・パフラヴィーを支援した。国王は自身の近代化政策を推し進めるため議会を解散したのみならず、民主主義が保障するはずの基本的人権をイラン人にはまったく認めなかったから、アメリカの行為は、ダブル・スタンダードの存在を示唆するように思われた。西洋は、自国民に向けて民主主義を高らかにうたう一方で、ムスリムは残酷な独裁政治に従うべきだと考えていたのだ。

エジプトでは、一九二三年から一九五二年の間に総選挙が一〇回実施され、そのほぼすべてでワフド党が国民の支持を受けて勝利したのに、わずか五回しか政権を担当できなかった。決まってイギリスやエジプト国王に下野を強要されたからだ。

クルアーンの理想と近代化の矛盾

このように、宗教を私的領域に追いやる近代的で民主的な国民国家を築くのは、ムスリムたちにとっては困難なことだった。しかし、ほかの解決策もあまりよいとは思われなかった。

一九三二年に成立したサウディアラビア王国は、ワッハーブ運動の理念を基盤としていた。同国の公式見解によれば、政府はクルアーンを字義どおりに解釈して政治を行うのだから憲法は必要ないという。しかし、クルアーンには法律的部分はほんのわずかしかなく、現実にはもっと複雑な法学によって補完する必要があると、一貫して考えられてきた。だがサウディアラビアは、自分たちはアラビア半島に残る純粋な初期イスラームの後継者であり、ウラマーから国家の正当性を認められていると主張した。その一方で、歴代の国王は保守的な宗教観を強制してきた。今も女性は姿が見えないよう（ムハンマドの時代にそんな習慣はなかったにもかかわらず）全身を布で覆われて隔離され、賭博《とばく》と飲酒は禁止され、窃盗犯に対する腕の切断刑など伝統的な刑罰が法体系に組み込まれている。

ただし、ほとんどのムスリム国家やムスリム組織は、クルアーンに忠実に従うのに、こうした近代以前の刑罰が必要だとはまったく考えていない。例えばムスリム同胞団は、ごく初期の頃から、サウディアラビアがイスラーム法の身体刑を執行するのは不適切で時代錯誤だと非難しており、むしろ支配エリート層が膨大な財産を蓄えて富の分配を不公平にしていることこそ、クルアーンのもっと重要な価値観に反していると批判している。

イスラーム的であり世俗的であるパキスタン

これとは異なる近代イスラームの実験を行ったのがパキスタンだ。建国の父ムハンマド・アリー・ジンナー（一八七六〜一九四八年）は、近代的な政教分離の理念を抱いていた。インド亜大陸では、アウラングゼーブ時代以降、ムスリムたちは不満と不安を感じていた。自分たちのアイデンティティーが失われるのではないかと恐れ、多数派であるヒンドゥー教徒の力を恐れていたのである。

そうした感情は、一九四七年イギリスによってインドとパキスタンが分離独立した後、宗教間の暴力が双方で爆発して数万人が命を落とすと、いっそう強くなった。ジンナーは、自分の作る政治の場は、ムスリムが宗教的アイデンティティーによって規定されたり行動を制限されたりすることのないものにしたいと思っていた。しかし、イスラーム的な象徴を盛んに活用するムスリム国家にとって「世俗的」であるとは、はたしてどういうことなのだろうか？　アブール・アーラー・マウドゥーディー（一九〇三～七九年）が設立した団体ジャマーアテ・イスラーミーは、シャリーアの規範をもっと厳格に適用するよう求め、一九五六年にパキスタンは、憲法で正式にイスラーム共和国と規定された。これは人々の願望を反映したものであり、次にはこれを国の政治制度に具体化しなくてはならなかった。

ムハンマド・アユーブ・ハーン将軍の政権（一九五八～六九年）は、今まで見てきた急進的な世俗化の典型例だ。彼は宗教施設の信託財産（ワクフ）を国有化し、マドラサでの教育に制限を課し、純粋に世俗的な法体系を新設した。その目的は、イスラームを国家の統制に従う市民宗教にすることにあったが、これは当然ながらイスラーム主義者との対立を招き、結局ハーンは失脚した。

一九七〇年代に入ると、イスラーム主義勢力が反政府活動の主な中心となり、左派で世俗主義者のズルフィカール・アリー・ブットー首相（一九二八〜七九年）は、飲酒と賭博を禁止にして彼らをなだめようとしたが、それだけでは十分でなく、一九七七年七月に熱烈なムスリムだったムハンマド・ズィヤーウル・ハックがクーデタを成功させて、イスラーム色を強めた政権を打ち立てた。伝統的なムスリムの服装を再び認め、イスラーム的な刑法と商法を復活させた。しかし、そのハック大統領でさえ、政治問題や経済問題では明らかに世俗主義的な政策を取り、イスラームからは距離を取った。彼が一九八八年に飛行機事故で死亡して以降、パキスタンの政治は、民族対立と派閥抗争と、エリート層の汚職事件が中心となり、イスラーム主義者は影響力を減らしている。イスラームは、今もパキスタンのアイデンティティーにとって重要であり、公的生活のあらゆる場面で見られるが、現実の政治に影響を及ぼすには至っていない。

こうした折衷策は、同じように権力の住み分けを実施したアッバース朝とモンゴルの例を連想させる。パキスタンはイスラーム諸勢力を無理やり同調させたようだが、このような国政のあり方は理想から遠くかけ離れている。インドもそうだが、この国では核兵器に膨大な額を支出する一方で、国民の少なくとも三分の一が絶望的な貧困のうちに暮らしており、このような状況は本当のムスリムには耐えがたいものだ。

国家に抑圧されていると感じるムスリム活動家たちは、隣国アフガニスタンを支配する原理主義的なターリバーン政権に期待を寄せている［アフガニスタンでは二〇〇一年のアメリカ同時多発テロ後にアメリカなどの攻撃を受けてターリバーン政権が崩壊した。パキスタンでは、一九九九年に軍人のムシャラフがクーデタで政権の座に就いた後、二〇〇八年以降は文民政権が続いている」。

近代のなかの宗教

ムスリムが二〇世紀になっても理想的な政治制度をまだ見いだせずにいるからと言って、イスラームが近代性と両立しないというわけではない。イスラームの理想を国家の構造に組み込んで正しい指導者を見つけ出そうとする努力に、ムスリムたちはいつの時代も真剣に取り組んできた。真にイスラーム的な国家という概念は、どの宗教的価値観もそうだが、人知を超越したものであるため、人間に分かる形式では完全に表現することが絶対にできず、弱くて欠点のある人間には、どうしても捉えきることができない。

今日では宗教的な生活を送るのが難しく、現代文化の持つ非宗教的な合理主義は、すべての主要な伝統的宗教を信じる人々に、それぞれ特有の問題を提起している。例えばキリスト教徒は、政治よりも教義を重視し、自分たちの信仰を現代人の感性に響くものにするため、目下さまざまな教義上の問題に取り組んでいる。例えば、彼らが信じるキリストの神性をめぐる議論では、以前に定式化された教義にこだわる者もいれば、もっと過激な解釈を求める者もいる。この種の議論は、ときには苦悩が伴い、激論になることさえあるが、それはこうした問題が、キリスト教徒の世界観の中心にある宗教性の核心に触れるものだからだ。ムスリムにとって、これと同じジレンマが、近代的なイスラーム国家を求める努力なのである。どの時代でも敬虔な人々はみな、時代時代の近代性がもたらす挑戦に、自分たちの伝統を立ち向かわせなくてはならない。ムスリム政治の理想的な形態を探し求める行為も、異常なものと見るのではなく、本質的かつ典型的な宗教活動と見なすべきなのである。

Ⅲ 原理主義

原理主義という信仰形態

欧米メディアは、戦闘的でときには暴力も辞さない熱狂的な信仰形態である「原理主義」について、これは純粋にイスラーム的な現象だという印象をしばしば与えている。しかし、これは事実ではない。原理主義は世界的な動きであり、近代がもたらす諸問題への反応として、どの主要な信仰にも見られるものだ。ユダヤ教原理主義もあれば、キリスト教原理主義もあるし、ヒンドゥー教原理主義や仏教原理主義、スィク教原理主義、さらには儒教原理主義というものさえ存在する。

この信仰形態が最初に登場したのは、二〇世紀初頭のアメリカのキリスト教徒たちからだった。これは偶然ではなかった。原理主義は一枚岩の運動ではない。原理主義運動のひとつひとつが、たとえ同じ伝統的宗教の中であっても、すべて個別に発展し、独自のシンボルや熱狂の対象を持っているが、その多様な主張はどれも非常によく似ている。今までも指摘されてきたことだが、原理主義運動は、西洋近代の到来に対して反射的にすぐ起こるのではなく、近代化のプロセスがかなり進展してから形成される。宗教心の厚い人々は、本書でこれまで見てきたムスリムの改革者たちと同じように、初めのうちは伝統的な宗教を改革して、近代文化と調和させようと努力する。

しかし、こうした穏健なやり方が実を結ばないことが分かると、一部の者はもっと過激な手段に訴え、ここから原理主義運動が生まれるのである。原理主義が近代のショーケースであるアメリカでまず登場し、それから世界の他の地域で現れたのは、今思えばまったく当然のことだった。三つの一神教のうち、原理主義の特徴が最後に現れたのは実はイスラームで、それは近代文化がムスリム世界に根を張り始めた一九六〇年代後半から一九七〇年代のことだった。この頃すでにキリスト教とユダヤ教では、信徒たちが近代の体験にさらされていた期間がムスリムよりも長かったため、原理主義がしっかりと定着していた。

どの信仰の原理主義運動にも、一定の共通した特徴がある。まず、近代体験に対して深い失望と幻滅をあらわにしている。近代が約束してくれたものがすべて実現されたわけではなかったからだ。また、心からの恐怖も隠さない。これまで筆者が研究してきたどの原理主義運動も、世俗的な権力者たちが宗教を根絶させようとしていると例外なく信じ込んでいる。これは必ずしも被害妄想的な反応だとは言えない。

これまで見てきたとおり、ムスリム世界では世俗化が非常に強権的に進められることが多かった。原理主義者たちは、近代が押し寄せる以前の「黄金時代」に思いをはせるが、中世に戻ろうとしているわけではない。いずれも本質的に近代的な運動であり、ほかの時代に登場することはありえない。すべての運動が、宗教に対して斬新な再解釈を行い、しばしば過激な解釈も下す。

こうした原理主義は、近代という舞台に欠くことのできない要素なのだ。近代が根づいた場所では、どこであろうと原理主義運動が意識的な反応として起こる可能性がある。原理主義者たちは、近代の歩みに対する不満を表現する際、自分たちの伝統が持つ、近代化に抗する諸要素を極端に強調することが多い。彼らはみな――アメリカにおいてさえ――民主主義と世俗主義を厳しく批判している。女性解放は近代文化の代表的な特徴のひとつであるため、原理主義者は農耕社会における因襲的な性的役割分担を重視し、女性にヴェールの着用を強要したり家庭に戻そうとしたりする傾向がある。つまり原理主義者のコミュニティーは、近代化の影の部分と見なすことができるし、近代という実験の暗黒面に光を当てることのできる存在だとも言える。

つまり原理主義は、強引な世俗化と共生関係にあるのだ。原理主義者たちは、リベラルな体制派や近代化を進める権力者から攻撃を受けているという思いをほとんど常に抱いており、その結果、彼らの考えや行動はさらに過激になる。例えば、アメリカのテネシー州でプロテスタントの原理主義者が公立学校で進化論を教えるのをやめさせようとして起こした有名なスコープス裁判（一九二五年）以降、彼らは世俗主義的な報道機関から激しい嘲笑を受けたため、その神学はさらに反動的となって、極端な聖書無謬《むびゅう》説を採るようになり、政治的見解は左派から極右へと変わった。

一般に世俗主義者の攻撃が激しくなると、原理主義者の反応はそれに輪をかけて大きくなることが多い。すなわち原理主義は、世俗的な文化を楽しむ者と、それを不安視する者とに二極分化した社会の亀裂を明らかにするものなのである。この両陣営は、時間がたつにつれて次第に互いを理解できなくなっていく。このように原理主義は、最初は自らの文化や民族内にいる自由化推進派や世俗主義者との内部対立として始まる。

例えばムスリム原理主義者は、初めのうちは西洋やイスラエルなどの外敵ではなく、近代に肯定的な意見を持つ同国人や同じムスリムに反対することが多い。ほとんどの場合、原理主義者はまず主流文化から離れて、純粋な信仰を守る孤立的集団を作ろうとする（例えば、エルサレムやニューヨークの超正統派ユダヤ教徒のコミュニティーがそうだ）。ときにはその後に、社会の主流を正しい道に引き戻して世界の脱世俗化を進めるために、さまざまな形で攻勢に出ることもある。原理主義者は全員が自分たちは生き残りを賭けた戦いをしていると思っており、すでに追いつめられているため、この窮状から何としてでも脱出しなくてはならないと信じ込む傾向が強い。こうした考えから、テロリズムに走る者がごくまれに出てくる。しかし、ほとんどの者たちは暴力行為に手を染めることはなく、もっと穏健で合法的な方法で自分たちの信仰を復興させようと努力している。

イスラーム原理主義

原理主義者たちは、宗教を周縁部から舞台中央へ押し戻したという点では成功を収め、宗教は国際情勢で再び重要な役割を担うようになった。世俗化が盛んに進められていた二〇世紀半ばには、まさかこのような事態になるとは思いもよらなかっただろう。少なくとも、一九七〇年代以降のイスラーム世界については間違いなくそう言える。

しかし原理主義は、単に宗教を政治目的に「利用する」だけのものではない。基本的には、公的生活から神を追放した世俗主義に対する抵抗であり、宗教的な価値観を近代世界に広めようとする、たいていは成功の望みの薄い試みなのである。しかし、原理主義者を突き動かしている絶望感と恐怖は、ときとして宗教的伝統をゆがめ、寛容と和解を説く教えを切り捨てて攻撃的な側面を強調する傾向も持っている。

イスラーム原理主義は、こうした一般的な特徴と非常によく合致する。よって、イスラームにはムスリムに近代を熱狂的・暴力的に拒絶させる好戦的で狂信的な特性がもともと備わっていると考えるのは、正しくない。ムスリムたちは、世界各地の他の信仰の原理主義者に理解を示し、近代の世俗文化に対する彼らの深い疑念を共有している。

ただ注意しておきたいのは、ムスリムたちが「原理主義」という言葉の使用に反対していることだ。彼らが実に的確に指摘しているように、この語はアメリカのプロテスタントが誇りの印として作った造語で、アラビア語にうまく翻訳することができない。アラビア語の「ウスーリーヤ」が使われることもあるが、そもそも「ウスール」とは、前にも述べたとおり、イスラーム法学の基本原理を指す語であり、全ムスリムがウスールを承認しているのだから、ムスリム全員がウスーリーヤを支持しているという主張も成り立つ。いずれにせよ、この戦闘的な宗教運動を総称するには、いろいろ問題点はあっても今のところは「原理主義」という言葉しかなく、もっと満足の行く代替語もなかなか思いつかないのが現状である。

世俗主義への反抗とジハードの主張

原理主義の初期の理論家のひとりが、パキスタンでジャマーアテ・イスラーミーを創設したマウドゥーディーだ。彼は、強大な西洋諸国はイスラームを粉砕するため力を結集させていると考えた。よってムスリムは、自分たちの宗教と文化を存続させたいのなら、この迫り来る世俗主義と戦うため団結しなくてはならないと訴えた。それまでもムスリムは敵対的な社会と遭遇して大災厄を経験していたが、アフガーニー以降、イスラームの議論には新たな特徴が生まれていた。西洋の脅威を受けて、ムスリムは初めて守勢に回ったのである。

マウドゥーディーは、世俗主義的な精神すべてに反対し、イスラーム版の解放の神学を提唱していた。いわく、神のみが主権者であるのだから、誰も他の人間が出した命令に従う義務はない。宗主国に対する革命は正当な行為であるばかりか、義務でもある。マウドゥーディーは世界的ジハードを呼びかけた。預言者ムハンマドがジャーヒリーヤ時代（イスラーム以前の野蛮な「無明」時代）と戦ったように、ムスリムはありとあらゆる手段を尽くして西洋による近代のジャーヒリーヤに抵抗しなくてはならない。ジハードはイスラームの中心的な教義だと、マウドゥーディーは訴えた。

これは革新的なことだった。それまで、ジハードがイスラームの五柱（五行）に匹敵するものだと主張した者はいなかったが、マウドゥーディーは、この新説は現在の緊急事態に照らせば正しいと認められると思っていた。文化的・宗教的に滅ぼされるかもしれないという緊迫感と恐怖によって、イスラームはさらに過激で暴力性を秘めたものへとゆがめられていった。ただし、スンナ派におけるイスラーム原理主義の真の創設者は、マウドゥーディーから強い影響を受けたエジプト人サイイド・クトゥブ（一九〇六〜六六年）だ。もっとも、彼は最初から過激論者だったわけではなく、当初は西洋文化や世俗主義的な政治を熱心に支持していた。一九五三年にムスリム同胞団に加入した後も、改革者として、西洋の民主主義にイスラーム的な要素を盛り込んで、まったく世俗的なイデオロギーの行き過ぎを避けようと考えていた。しかし一九五六年、同胞団の一員だったことからナセルによって投獄されると、送られた強制収容所で、宗教的な人間と世俗主義者は同じ社会で平和共存などできないと確信するに至った。

同胞団のメンバーが拷問を受けて処刑されるのを目の当たりにし、ナセルがエジプトで公然と宗教を周縁的な役割に押し込めようとしている様子を見て、そこにジャーヒリーヤの特徴すべてを見いだした。彼はジャーヒリーヤを、これまでもこれからも信仰の敵である野蛮状態だと定義し、ムスリムには、預言者ムハンマドの例にならって、このジャーヒリーヤと死ぬまで戦う義務があると考えた。

しかも、マウドゥーディーが非ムスリム社会のみをジャーヒリーヤと見なしたのに対し、クトゥブはさらに踏み込んでいた。ジャーヒリーヤという語は、伝統的なムスリム史学ではもっぱらアラビアにおけるイスラーム以前の時代を指すのに使われていたが、それをクトゥブは現代ムスリム社会にも適用した。ナセルのような支配者は、表向きはイスラームを信奉しているように見えても、その言動から背教者であることは明々白々であり、よってムスリムたちは、かつてムハンマドが（当時のジャーヒリーヤだった）偶像崇拝を行うマッカの支配者たちを屈服させたように、このような政府を転覆させる義務があると訴えたのである。

イスラーム教義解釈のゆがみ

ナセルの強引な世俗化政策をきっかけに、クトゥブはイスラームのうち、クルアーンのメッセージとムハンマドの生涯の両方をゆがめた教えを信じるようになった。クトゥブはムスリムたちに、ムハンマドを見習って、社会の主流から（ムハンマドがマッカからマディーナへのヒジュラを行ったように）離れ、暴力的なジハードに従事せよと告げた。

しかし、そもそもムハンマドが最終的に勝利を収めることができたのは、非暴力という巧みな手段を用いたからだ。クルアーンは、宗教上の問題について力で強制することには断固反対しており、その見解は――排他と分離を説くのではなく――寛容で他者を排除しないものだった。しかしクトゥブは、クルアーンの説く寛容は、イスラームが政治的に勝利して真のムスリム国家が樹立された後にのみ求められると主張した。こうして、原理主義的宗教の中核にある深い恐怖から、妥協を許さぬ強固な新説が誕生した。クトゥブは天寿を全うできなかった。ナセル本人の強硬な要求により、彼は一九六六年に処刑された。

スンナ派の原理主義運動は、どれもクトゥブの影響を受けている。とりわけ目を見張るのが、運動に感化されたムスリムたちが国家指導者たちの暗殺を企てていることだ。

例えばエジプト大統領アンワル・サダトは、自国民に対する抑圧的な政治のためジャーヒリーヤ的な支配者だと非難されて一九八一年に暗殺された。一九九六年にアフガニスタンで実権を握ったターリバーンも、クトゥブのイデオロギーに感化されている。彼らは、自分たちが考える初期イスラームの姿に何としてでも戻るべきだと考えている。ウラマーを政府の指導者に就け、女性にはヴェールを着用させて、外で働くことを認めない。宗教放送のみを認め、石打ちの刑や腕の切断刑などのイスラーム的な刑罰を再び導入している。

西洋の一部の人々はターリバーンを典型的なムスリムだと思っているが、ターリバーン政権はイスラームの重要な教えに背いている。ターリバーン（原意はマドラサの「学生たち」）の大半はパシュトゥーン民族の出身で、非パシュトゥーン民族が同国北部を拠点にターリバーン政権と戦っているため、彼らを狙い撃ちにすることが多い。このような偏狭な民族意識は、ムハンマドもクルアーンも禁じている。少数派集団に対する過酷な処遇も、クルアーンが明確に求めていることに背いている。ターリバーンの女性差別に至っては、ムハンマドの実践例や初期ウンマの行為に完全に反している。

このようなターリバーンは、宗教をきわめて恣意的に解釈するという点で典型的な原理主義者であり（これは、彼らがパキスタンにある一部のマドラサで受けた偏狭な教育を反映している）、その解釈によって信仰を堕落させ、信仰がもともと目指していたのと逆方向へと向かわせている。どの主要な宗教にも言えることだが、ムスリム原理主義者たちは、生き残りを賭けた戦いの中で宗教を弾圧の道具に変え、ひどい場合は暴力を正当化する手段にさえしている。

宗教への回帰と近代化への失望

しかし、ほとんどのスンナ派原理主義者たちは、こうした極端な手段に訴えてはこなかった。一九七〇年代から一九八〇年代に起こった原理主義運動は、これほど過激ではないが着実な方法で周囲の世界を変えようとするものばかりだった。

一九六七年の第三次中東戦争でアラブ諸国がイスラエルに屈辱的な惨敗を喫すると、中東全域で宗教に回帰する動きが起こった。ナセルら指導者たちがかつて進めた世俗主義的政策は信用を失ったように見えた。人々は、ムスリムが負けたのは自分たちの宗教を守らなかったせいだと考えた。さらに、世俗主義と民主主義は西洋では非常にうまく機能したが、イスラーム世界ではエリート層を利するだけで、一般のムスリムには何の恩恵ももたらさないと思われるようにもなった。

原理主義は、植民地主義など近代が持つ主義・主張の一部を否定するという意味で「ポストモダン」運動と見なすことができる。イスラーム世界の各地で、学生や工場労働者たちが、まず身近な環境を変え始めた。サラート礼拝を行えるよう大学や工場にモスクを作り、バンナーに倣ってイスラームに基づく福祉団体を立ち上げて、イスラームが世俗主義的な政府よりも人民の役に立つことを実証した。学生たちは、芝生の木陰を――または、ときには掲示板を――イスラーム・ゾーンと宣言し、それによって自分たちは、世俗主義的な社会で周縁部に追いやられたイスラームを中央部に押し戻すための、小さいながらも重要な一歩を踏み出し、世界の一部を――それがどれほど狭くとも――イスラームのために取り戻したのだと実感した。彼らは宗教の領域を押し広げ続けた。その様子は、イスラエルのユダヤ教原理主義者たちが占領下の西岸地区に入植地を建設してアラブ人の土地を奪い、ユダヤ教の保護下に置いていくのとよく似ていた。

ヴェール着用の意味

イスラーム服への回帰についても、その根底には同じ考え方がある。これを（例えばターリバーンのように）人々の意に反して着用させる場合、それは強制となり、レザー・シャー・パフラヴィーの強権政治と同じように、反発を招くことになるだろう。

しかし、ムスリム女性の多くは、ヴェール着用を、社会が混乱して本来進むべき道からそれる前の、植民地以前の時代に回帰することを象徴的に示すものだと思っている。もちろん、女性たちは単に時計の針を逆に戻そうとしているのではない。各種の調査によると、ヴェールを着用する女性の大部分は、ジェンダーなどの問題について進歩的な意見を抱いている。女性が、農村地帯から大学へ進み、男女を問わず家族で初めて基本的な読み書きだけで終わらず高等教育を受ける者である場合、イスラーム服を着用することで連続性を感じ、近代への移行で受ける精神的ショックを、着用しない場合よりも小さくすることができる。

彼女たちは近代世界に入るためにやってくるが、あくまでも自分の望む形で、近代に宗教的な意味を与えるイスラーム的な枠組みの中で入ってくるのである。またヴェール着用は、近代のあまり賛同できない側面を無言のうちに批判する行為と見なすこともできる。ヴェールを着けることで、性的なことについて「すべてをさらす」西洋の奇妙な衝動を拒絶しているのだ。

西洋では、こんがりと日焼けして鍛え上げられた肉体を特権の証しとして見せびらかすことが多く、老化の兆しに抵抗して今の人生に執着しようとする。それに対して、衣類で覆われたイスラーム的な肉体は神の超越性を目指していることを示し、誰もが同じ服を着ることで、階級による差別を取り除き、西洋式の個人主義よりも共同体の方が重要であることを強調している。

イラン・イスラーム革命

人々は、近代的な思想や主張を理解可能なものにする方法として、しばしば宗教を利用してきた。例えば、一七七六年のアメリカ独立革命の時点でアメリカのカルヴァン主義者は、全員が建国の父たちの抱いていた世俗主義的な精神を共有していたわけではないし、理解していたわけでもなかった。この革命にキリスト教的な色合いを施すことで、彼らは世俗主義者たちとともに新国家建設のため戦うことができたのである。

スンナ派やシーア派の原理主義者の中にも、近代文化の異質な特性を身近なものとするため宗教を利用し、分かりやすくなるよう意味的・信仰的背景を与えている者がいる。ここでも彼らは、西洋が定めたのとは異なる文化的条件でも近代化は可能だと無言のうちに訴えている。

一九七八〜七九年のイラン革命は、こうした視点から考えるとよい。一九六〇年代、ルーホッラー・ホメイニー（一九〇二〜八九年）は、イランの人々を率いて街頭に出て、憲法を無視した国王モハンマド・レザー・パフラヴィーの冷酷な政策に反対した。彼は国王を、フサインがカルバラーで死ぬ原因を作ったウマイヤ朝カリフのヤズィード一世になぞらえた。ヤズィード一世と言えば、シーア派では不当な支配者の代表だ。ムスリムには、このような専制政治と戦う義務があるとホメイニーは説いた。一般大衆は、社会主義者から革命を呼びかけられてもまったく共感しなかっただろうが、ホメイニーの呼びかけは彼らに最も深く根づいた伝統と共鳴するものだったため、これに応じることができた。

ホメイニーは、国王による世俗的な民族主義に代わるシーア派思想を提供した。次第に彼はイマームのようになっていき、歴代のイマームと同じく、不当な支配者によって攻撃され、投獄され、危うく殺されそうになった。歴代イマームの何人かと同じく亡命を余儀なくされ、財産を没収された。アリーやフサインと同じく、勇気をもって不正に抵抗し、真のイスラーム的価値観を擁護した。歴代の全イマームと同じく、神秘主義の実践者として知られていた。息子をカルバラーで殺されたフサインと同じく、ホメイニーの息子モスタファも国王の手先によって殺された。

一九七八年、事実上の政府広報紙である新聞『エッテラーアート』にホメイニーを中傷する非難記事が掲載され、街頭デモに参加した若いマドラサの学生たちが多数殺されるという衝撃的な事件が起こると、これをきっかけに革命が勃発したが、このときホメイニーは、まるで隠れイマームのように遠くから（具体的には亡命先であるナジャフから）作戦を指示していたらしい。世俗主義者と知識人は、民衆から草の根の支持を得られるのはホメイニーしかいないと考え、ウラマーたちと積極的に力を合わせた。

このイスラーム革命は、二〇世紀のイデオロギーによって引き起こされた唯一の革命だった（ロシア革命と中国革命は、どちらもカール・マルクスが唱えた一九世紀の理論に感化されて始まった）。ホメイニーは、シーア派の思想に対して根本的に新しい解釈を展開していた。それは、隠れイマームが不在の間は、神の霊感を受け、イスラーム法に精通している法学者のみが国家を正当に支配できるという説だ。それまで何百年もの間、十二イマーム派は聖職者が政治に参加するのを禁じてきたが、革命家たち（ただし、ウラマーの多くを除く）は、このヴェラーヤテ・ファキーフ（法学者の統治）論を喜んで受け入れた（法学者の統治論は、それまでも法学者たちの間で議論されていたが、詳しいことは分かっておらず、長らく異説あるいは異端と思われていた。これをホメイニーは自らの政治思想の中核に据え、後にはイラン統治の基盤とした）。

カルバラーを表すシンボルが、革命期にあちこちで見られた。死者を弔う伝統的な追悼儀式や、フサインを悼むアーシュラーの行事が、政権に反対するデモ活動になった。カルバラーの神話に力を得て、一般のシーア派信徒は銃を構える国王の兵士たちに勇気をもって立ち向かい、何千人もが死んでいった。その中には、殉教を意味する白い死装束を着ている者もいた。宗教は、中東で最も安定していて強力だと見られていたパフラヴィー朝を倒すほど強大な勢力になったのである。

しかし、原理主義者の例に漏れず、ホメイニーの思想もイスラーム本来の姿をゆがめるものであった。テヘランでアメリカ人を人質に取った事件（と、このイランの例に触発されて後にレバノンでシーア派の過激派が起こした人質事件）は、クルアーンに明記された捕虜の処遇についての命令に背いている。捕虜は、尊厳をもって遇し、できるだけ速やかに解放しなくてはならないとされている。しかも捕虜を捕まえた者には、自分の財産から身代金の一部を出す義務さえあった。そもそもクルアーンは、通常の戦争以外で捕虜を取ることをはっきりと禁じており、よって戦闘が行われていないときに人質を取るのは明らかに違反行為だ（クルアーン２章１７８節、８章67節、47章４節）。

また革命後にホメイニーは、いわゆる「表現の統一」が必要だと主張して、反対意見をすべて抑圧した。そもそも表現の自由に対する要求は、革命の重要な焦点のひとつだったし、それに加えて、イスラームは行動の画一化を求めはしても、思想の画一化を求めたことは一度もなかった。宗教問題について強制するのはクルアーンでは禁じられており、ホメイニーの精神的な師であるムッラー・サドラーも強制を嫌悪していた。

ホメイニーは、一九八九年二月一四日に作家サルマン・ラシュディに対し、小説『悪魔の詩』でムハンマドを冒瀆的に描いたとして、死刑を宣告するファトワー（法学裁定）を出したが、これは、思想の自由を熱心に擁護したサドラーの立場に反するものだ。このファトワーは、アズハル大学のウラマーとサウディアラビアのウラマーによって非イスラーム的と宣告され、翌月にはイスラーム諸国会議に加盟する四九か国のうち四八か国がファトワーを非難した。

その反面、もしかするとイスラーム革命は、イランの人々が自分たちの望む形で近代に入るのを助けるものだったのかもしれない。ホメイニーは亡くなる直前、権限をもっと議会に移譲しようとしており、マジュリス（議会）議長のハーシェミー・ラフサンジャーニーは、おそらくホメイニーの承諾を得てのことと思われるが、法学者の統治論に民主主義的な解釈を与えた。近代国家である以上、民主主義が必要であることはシーア派信徒も分かっていたが、このとき民主主義に、民衆の大多数が受け入れられるようイスラーム的な装いが施された。この処置は成功したようで、一九九七年五月二三日に大統領選挙が実施され、モハンマド・ハータミーが地滑り的な勝利を収めた。就任後ただちにハータミーは、西洋ともっと建設的な関係を築きたいという考えを明確にし、一九九八年九月には、ラシュディへのファトワーには政府として今後関与しないと表明した。

この決定は後にイランの最高指導者ハーメネイーによって承認された。ハータミー当選は、国民の大部分が抱く、多元主義をさらに推し進め、イスラーム法の解釈を柔軟にし、民主主義を拡大し、女性政策をもっと進歩的なものにしてほしいという強い願いを示すものだった。しかし、この戦いはまだ終わっていない。

かつてホメイニーに反対した保守的な聖職者たちは、ホメイニーが対処する時間をほとんど持てないまま亡くなったため、ハータミーによる改革の多くを阻止できる力を今なお保持している。クルアーンの精神に従いつつ現代の情勢にも対応できる現実的なイスラーム国家を築く努力は、今なおイランの国民にとって大きな関心事なのである［ハータミーの後、大統領職はアフマディネジャドを経て二〇一七年現在はロウハーニーが務めている」。

Ⅳ　マイノリティーとしてのムスリム

ムスリムへの偏見

イスラーム原理主義という亡霊に西洋社会は震え上がっているが、同じように広まっていて同じように暴力的な他の信仰の原理主義には、それほど脅威を感じていないようだ。このことは、西洋人が自国に住むムスリムたちへ向ける態度にも確かに反映されている。ムスリムは、ヨーロッパに五〜六〇〇万人、アメリカ合衆国には七〜八〇〇万人、居住している。今では、ドイツとフランスにモスクがそれぞれ一〇〇〇か所ずつあり、イギリスにも五〇〇か所ある。

現在西洋にいるムスリムの約半数は、一九五〇年代から一九六〇年代に移民してきた親から西洋で生まれた人々だ。彼らは、親たちのような従順な態度は取らず、親よりよい教育を受けており、社会でもっと注目されて、もっと評価されたいと思っている。ときには、そうした思いが軽率な行動につながることもある。

例えば、一九九〇年代初頭にカリーム・スィッディーキー［一九三一〜九六年。パキスタン系イギリス人のイスラーム活動家］はイギリスでムスリム議会の設立を呼びかけたが、この試みはイギリス人ムスリムの大半からほとんど支持を得られなかったばかりか、人々にムスリムは主流社会に融合する気がないのではないかと不安がらせることにもなった。

また、『悪魔の詩』事件のときには、イングランド北部の都市ブラッドフォードのムスリムたちが同書を焚書《ふんしょ》にしたこともあり、ムスリム・コミュニティーに対する敵意が高まった。ほとんどのイギリス人ムスリムは、この小説を嫌っていたかもしれないが、ラシュディが殺されるのを見たいなどとは決して思っていなかった。ヨーロッパ人は、ムスリムである同国人と偏見なく自然に付き合うのは難しいと感じているようだ。

ドイツでは、トルコからの出稼ぎ労働者が人種暴動で殺害され、フランスでは、自分の意志でヒジャーブ（ヴェール）を着けて登校している女子学生が、メディア報道で徹底的に批判されている。イギリスでは、ムスリムたちが子供たちのため宗教教育を行えるセパレート・スクール（少数派学校）を作ってほしいと嘆願すると、しばしば激しい抗議の声が上がるが、これがユダヤ教徒やローマ・カトリック信徒あるいはクエーカー信徒の場合だったら、特別な学校に人々がこれほど反対することはない。まるでムスリムを、イギリス社会の転覆を企む内通者と見ているような感じだ。

アメリカ社会とムスリム

アメリカでは、ムスリムはもっと順調に生活している。アメリカに移民してきたムスリムは、教育水準の高い中流階級だった。ヨーロッパではムスリム・コミュニティーが依然としてほとんど労働者階級であるのに対し、アメリカでは医師や研究者あるいはエンジニアとして働いている。

アメリカのムスリムは、自分たちは自らの意志でアメリカにいると考えている。アメリカ人になりたいと思っており、人種のるつぼと呼ばれるこの国で融合できる見込みはヨーロッパよりも高い。公民権運動の時代には何人かのムスリムが多くの人から尊敬を受け、ブラック・パワーやムスリム・パワーの象徴となった。

中でも有名なのは、黒人分離主義組織ネーション・オヴ・イスラームのカリスマ的指導者マルコム・X（一九二五〜六五年）だろう。ただ、ネーション・オヴ・イスラームは異端的な組織だった。一九三〇年にデトロイトの行商人ウォーレス・ファード・ムハンマドが創設し、ファードが一九三四年に謎の失踪を遂げてからはイライジャ・ムハンマド（一八九七〜一九七五年）が指導者となったネーション・オヴ・イスラームは、神がファードの姿を借りて現れたのだと主張し、白人はもともと悪魔だと規定し、来世は存在しないと説いたが、そうした見解は、イスラームから見ればすべて異端である。ネーション・オヴ・イスラームは、長年の奴隷状態に対する補償としてアフリカ系アメリカ人に独立した国家を与えよと要求し、今も西洋に対してかたくなに敵対的な態度を取り続けている。

ただしマルコム・Xは、イライジャ・ムハンマドが道徳的にだらしない人物であることに気づくと、ネーション・オヴ・イスラームに幻滅し、支持者とともにスンナ派イスラームに改宗した。その二年後、この脱退行為のため彼は暗殺された。その後ネーション・オヴ・イスラームはアメリカ・ムスリム伝道団と改称し、完全に正統派の教義を採用して、メンバーをアズハル大学に留学させ、もっと公正な社会を白人アメリカ人と協力して実現させる方法を模索した。しかしメディアは、伝道団から別れた過激な少数派の方を圧倒的に多く取り上げている。おそらく異常で排他的な立場の方が、西洋人がイスラームに対して抱く、本質的に不寛容で狂信的な宗教という先入観に合致するからなのだろう。

インドにおけるムスリム

インドには、一九四七年にパキスタンへ移住しなかったムスリムとその子孫たちが、一億一五〇〇万人いる。かなりの人数だが、その多くは西洋にいるムスリムたち以上に苦境に立たされていると思い、危険にさらされていると感じている。インドのヒンドゥー教徒とムスリムは、どちらも一九四七年の分離独立に伴う悲劇的な暴力事件を今も引きずっている。もちろん今では、多くのヒンドゥー教徒がインドでムスリムの権利を擁護しているのだが、それでもムスリムはメディアでたたかれることが多い。閉鎖的な考え方を非難され、内心パキスタンやカシュミール分離派を支持していると責められ、子供を作りすぎるとして攻撃され、後進的だと批判されているのだ。

インド人ムスリムは、今も村から追い出され、いい仕事には簡単にありつけず、それなりのホテルでは宿泊を拒否されることも多い。ムガル朝時代の栄光を今に伝えるのは、タージ・マハルやラール・キラー、デリーのジャーマー・マスジドといった巨大な建造物だけだが、そうした建築物はヒンドゥー教原理主義組織のインド人民党（BJP）にとっても重要な場所になっている。BJPは、こうした建物は実はヒンドゥー教徒が建てたのだとか、もともとインドの寺院があったのをムスリムたちが破壊してモスクを建てたのだなどと主張している。BJPが主な標的としていたのは、ムガル朝創始者バーブルがアヨーディヤに建てたバーブリー・モスクで、一九九二年一二月にBJPは、報道機関と軍隊が近くで見守る中、このモスクを一〇時間で破壊した。

この一件がインドのムスリムたちに与えた衝撃はすさまじいものだった。彼らは、この象徴的な破壊行為はさらなる困難の始まりにすぎず、ムスリムとその記憶はすぐさまインドから抹消されるのではないかと不安になった。この「滅ぼされる」という恐怖があったため、『悪魔の詩』が出版されると、これを信仰への新たな脅威と考えて猛烈に反対した。だが、宗教対立と不寛容は、インドのイスラームが築いてきた非常に寛容で文明的な伝統に反するものだ。ここでも、恐怖と抑圧が信仰をゆがめてしまったのである。

V　進むべき道

キリスト教徒の敵対感情

一一世紀末、十字軍がエルサレムでユダヤ教徒とムスリム合わせて約三万人を虐殺し、活気あふれるイスラームの聖都を血の臭いが漂う墓場に変えた。五か月もの間、町をめぐる谷や水路は腐敗の進む死体で埋め尽くされ、その数は、遠征後にとどまった少数の十字軍兵士では処理できないほど多く、それまでアブラハムを始祖とする三宗教が五〇〇年近くイスラーム支配下で比較的平和裏に共存してきたエルサレムでは、いつまでも死臭が消えなかった。

ムスリムにとっては、これがキリスト教徒である西洋との最初の出会いであった。当時の西洋は、五世紀の西ローマ帝国崩壊から続いていた暗黒時代から抜け出し、国際舞台に復帰しようと奮闘しているところだった。ムスリムは十字軍に敗れはしたが、いつまでも土地を奪われたままではおかなかった。一一八七年、サラーフッディーンはエルサレムをイスラーム側に奪い返し、十字軍は、その後も一〇〇年ほど中東で粘り続けたものの、この地域での長いイスラームの歴史の中では取るに足らない一時的な事件と見なされた。

イスラーム世界の住民の大半は、十字軍の影響をまったく受けず、西ヨーロッパには何の関心も持たずにいた。そもそも西ヨーロッパ自体、十字軍の時代に文化が大きく発展したものの、依然としてムスリム世界よりも遅れた地域のままだった。

しかし、ヨーロッパ人は十字軍を忘れなかったし、年を追うごとに全世界を支配するかに思えてくるダール・アル＝イスラームの存在を無視することもできなかった。十字軍以降、西洋のキリスト教世界の人々は、画一的でゆがんだイスラーム像を作り、イスラームを立派な文明の敵と見なすようになった。

こうした敵対感情は、やはり十字軍で犠牲となったユダヤ教徒に対するヨーロッパ人の偏見と深く結びついていたし、キリスト教徒の行状に対する潜在的な懸念を反映していることも多かった。例えば十字軍の時代、ムスリム世界に対する一連の残酷な宗教戦争を仕掛けたのはキリスト教徒であるにもかかわらず、ヨーロッパの学識ある神学者たちはイスラームを、剣でしか広めることのできなかった、もともと暴力的で不寛容な信仰だと決めつけた。イスラームを狂信的なまでに不寛容だとする作り話は、西洋では常識として広く受け入れられていった。

原理主義による暴力

しかし、二〇世紀も終わろうとする今日、一部のムスリムはこの西洋人が持つ偏見のとおりに行動して、史上初めて、神の名による暴力をイスラームの重要な義務にしてしまったようだ。こうした原理主義者たちは、西洋の植民地主義と、植民地時代以降の西洋による帝国主義を、しばしば「サリービーユーン」すなわち十字軍と呼んでいる。植民地化という十字軍は、中世の十字軍ほど暴力的ではなかったが、その影響はもっと破壊的だった。強力だったムスリム世界は従属圏に引きずりおろされ、ムスリム社会は、急速に進む近代化政策の中で大きく混乱した。

これまで見てきたように、世界各地で、何であれ主要な宗教を信じる人々は、西洋近代の衝撃を受けて動揺し、戦闘的でたいてい不寛容な熱狂的信仰形態である原理主義を生み出してきた。原理主義者は、自分たちの考える近代的な世俗文化の悪影響を修正しようと努力しながら反撃に転じ、その過程で、イスラームを含むすべての世界宗教の特徴である思いやりと正義と慈悲という中核的な価値観から離れていく。宗教は、人間活動の例に漏れずしばしば悪用されるが、本来の力を発揮すれば、個々人を神聖不可侵な存在と見なす感覚を人々に養わせ、それによって、残念ながら人類が何かと言うと振るう残忍な暴力を和らげるようにすることができる。

クーデタによるイスラーム政権成立阻止

宗教は残虐行為に手を染めた過去があるが、世俗主義も、その短い歴史の中で同じくらい暴力的になれることを実証している。今まで見てきたように、強引な世俗化と弾圧は、宗教的な不寛容と憎しみを激化させることが多い。

これが悲劇的な形で具体化したのが、一九九二年のアルジェリアだった。宗教復興運動が起きた一九七〇年代、アルジェリアのイスラーム主義者たちは、世俗的な民族主義政党である民族解放戦線（FLN）の支配に対抗していた。FLNは、一九五四年にフランスの植民地支配からの独立を目指す革命を主導し、一九六二年に同国で社会主義政権を打ち立てていた。フランスからの独立を勝ち取ったアルジェリア革命は、同じくヨーロッパからの独立を目指していたアラブ人やムスリムに大きな勇気を与えた。

FLNは、当時の中東にあった他の世俗的・社会主義的政権と同じく、西洋に倣ってイスラームを私的領域に追いやっていた。しかし一九七〇年代になると、ムスリム世界の各地で、こうした世俗主義的イデオロギーが、約束してくれたものを与えてくれないことに人々は不満を抱くようになっていった。イスラーム主義組織であるイスラーム救済戦線（FIS）の創設メンバーだったアッバースィー・マダニーは、近代世界に合ったイスラーム的政治イデオロギーを生み出したいと考えた。

アルジェリアの貧困地区にあるモスクの指導者《イマーム》アリー・ベンハーッジュは、FISの急進派を率いていた。徐々にFISは、政府の許可を得ずに独自のモスクを建て始めた。その勢力はフランスのムスリム・コミュニティーにも広がった。フランスでは、労働者たちが工場やオフィスに祈りの場所を要求し、ジャン＝マリー・ル・ペン率いる極右政党の怒りを呼んだ。

一九八〇年代、アルジェリアは経済危機に見舞われた。FLNは、国内では民主化と産業の国有化を進めてきたが、長年の間にすっかり腐敗していた。保守派は、民主主義的な改革をさらに進めるのに消極的だった。アルジェリアでは人口が爆発的に増加し、人口が三〇〇〇万に達していたが、その大半は三〇歳未満で、失業者が多く、住宅不足も深刻だった。各地で暴動が起きた。不況とFLNの無為無策に不満を募らせた若者たちは、変化を求めてイスラーム政党に期待を寄せた。

一九九〇年六月、FISは地方選挙で都市部を中心に圧勝した。FISの活動家は大半が理想に燃える若者で、立派な教育を受けていた。誠実で行政手腕も高いと評判だったが、女性に伝統的なイスラーム服の着用を強制するなど、教条的・保守的な一面もあった。しかし、FISは反西洋ではなかった。指導者たちは、ヨーロッパ連合との関係を改善して西側から新たな投資を呼び込みたいと語っていた。地方選挙での勝利を受けてFISは、一九九二年に予定されていた第二回国会議員選挙でも勝てると確信していた。

しかし、アルジェリアにイスラーム政権が誕生することはなかった。軍部がクーデタを起こして、FLN出身でリベラルなベンジディッド大統領（彼は民主化を約束していた）を失脚させ、FISを弾圧して指導者を投獄したのである。もし、選挙がこのように暴力的かつ憲法を無視した形で妨害されたのがイランやパキスタンだったら、西洋からは非難の声が上がっただろう。このようなクーデタは、イスラームはもともと民主主義を嫌っていて、近代世界とは基本的に相いれないのだとする西洋側の言い分を証明する実例と見なされたはずだ。

だが、クーデタで成立を阻止されたのがイスラーム政権だったため、西洋のメディアは歓喜の声を上げた。いわく、アルジェリアはイスラームの脅威から救われ、首都アルジェのバーとカジノとディスコは閉鎖を免れた。つまり、どういう理屈か分からないが、この非民主的な行動によってアルジェリアの民主主義は守られたというのである。フランス政府は、新たに就任したFLN強硬派のラミン・ゼルワール大統領に肩入れし、同大統領がFISとは今後一切対話しないとの立場を取ると、その決断を支持した。当然ながらムスリム世界は、西洋が再びダブル・スタンダードを示したことにショックを受けた。

穏健なFISの分裂、過激派のテロ開始

その先には予想どおりの悲劇が待っていた。FISが法律の正当な手続きから排除されると、これに激怒し、正義が実現されないことに絶望した一部の過激なメンバーたちは、分派してゲリラ組織である武装イスラーム集団（GIA）を結成し、アルジェ南方の山岳地帯でテロ活動を開始した。大虐殺が行われ、村々では住民が皆殺しになった。ジャーナリストや知識人も、世俗主義者か宗教者かを問わず、ターゲットになった。

一般には、こうした残虐行為はイスラーム主義者にすべての責任があると考えられていたが、次第に数々の疑問が投げかけられ、実はアルジェリア国軍の一部がGIAの信用を落とすため虐殺を黙認し、ときには積極的に加担していたのではないかとの疑念が生まれた。とうとう、どうしようもない膠着《こうちゃく》状態に陥った。FLNもFISも、解決策を模索する現実派と、交渉

を断固拒否する強硬派とが内部対立を起こして分裂した。

最初のクーデタで選挙を実力で阻止した結果、宗教を重視する人々と世俗主義者との間での全面戦争となったのである。一九九五年一月、ローマ・カトリック教会が救いの手を差し伸べ、両陣営を和解させるためローマでの会合を準備したが、ゼルワール政権は参加を拒否した。こうして絶好の機会は失われた。イスラーム主義者によるテロが増え、国民投票による憲法改正で宗教政党はすべて禁止された。

このアルジェリアの悲劇的な事例を、今後再び繰り返してはならない。抑圧と強制は、不満を抱く少数派ムスリムを、イスラームの中心的な教義すべてに背く暴力へと押しやった。強引な世俗化政策は、真の信仰とは似ても似つかぬ狂信的態度を生み出した。さらに、この一件は民主主義の理念を汚すことにもなった。西洋は民主主義の普及に熱心でありながら、民主的なプロセスによって選挙に勝利したイスラーム政権が成立しそうになると、どうやら民主主義に制限を加えるようだからだ。

イスラーム政党への期待

ヨーロッパとアメリカの人々が、イスラーム世界の内部に存在する多種多様な政党や集団について何も知らないことも明らかになった。穏健なＦＩＳが、最も暴力的な原理主義グループと見なされ、西洋人の頭の中では、暴力と不法行為と反民主的な行動に結びつけられたが、当時実際にそうした行為を行っていたのは、FLNの世俗主義者たちであった。

だが、西洋が好むと好まざるとにかかわらず、当初FISが地方選挙で圧勝したことから、国民が何らかの形のイスラーム政権を望んでいたのは明らかだった。このことは、エジプト、モロッコ、およびチュニジアに明確なメッセージを送った。こうした国々の世俗主義的な政権は、国内で宗教意識が高まっていることに以前から気づいていた。二〇世紀半ばには世俗主義が優勢で、イスラームは完全に過去のものになったと考えられていた。それが今では、中東のどの世俗主義的政権も、真に民主的な選挙を実施すればイスラーム政権が生まれるかもしれないことを、不本意ながらも認めている。

たとえばエジプトでは、イスラームは一九五〇年代のナセル主義に劣らぬほどの支持を得ている。イスラーム服は至る所で見られるが、ムバーラク政権が世俗主義的であることを考えれば、これを意図的に着用しているのは明らかだ［二〇一一年の政変でムバーラク政権は崩壊したが、新政権をめぐってイスラーム主義勢力とリベラル・世俗勢力との対立が深まり、二〇一三年の政変で一応の安定を見た］。世俗主義国家であるトルコでも、最新の世論調査では、人口の約七〇パーセントが自分は信仰心が厚いと答え、二〇パーセントが一日に五回礼拝を行っていると回答した。ヨルダンではムスリム同胞団への支持が広がっており、パレスチナ人はヤースィーンのイスラーム団体に頼っている。一九六〇年代に圧倒的な支持を誇っていたパレスチナ解放機構（PLO）は、今では多くの人々から対応が遅くて汚職もひどく、時代遅れの組織と見なされている。中央アジア諸国では、何十年も続いたソ連による迫害が終わり、ムスリムたちは自分たちの宗教を再発見している最中だ。

人々は、世俗主義的なイデオロギーがそのホーム・グラウンドである西洋諸国で実にうまく機能するのを見て、同じイデオロギーをいろいろと試してきた。そして今ではムスリムたちは、自国の政府にもっとイスラームの規範に従ってほしいと、ますます願うようになってきている。それが具体的にどのような形を取るかは、まだはっきりしていない。エジプトでは、ムスリムの大多数がシャリーアを国の法律にしたいと思っているようだが、トルコでそう思っている人は三パーセントしかいない。しかし、そのエジプトでも一部のウラマーたちは、農耕社会の法典であるシャリーアを近代というまったく異なる状況に適応させるのは、きわめて難しい問題だと認めている。ラシード・リダーも、そのことにはすでに一九三〇年代に気づいていた。しかし、だからと言って不可能だということにはならない。

イスラームの理念と近代の融和を目指して

ムスリムが今ではひとり残らず西洋への憎悪に満ち満ちているというのは、真実ではない。近代化の初期には多くの主要な思想家たちがヨーロッパ文化に憧れていたし、二〇世紀末には、最も著名で影響力のあるムスリムの思想家たちの一部が、再び西洋と接触しようとしていた。イランのハータミー大統領は、こうした潮流を示す例のひとりにすぎない。

同じくそうしたひとりであるイランの知識人アブドルカリーム・ソルーシュは、ホメイニー政権で重職を歴任し、保守的なムジュタヒドからたびたび攻撃を受けながらも、政権内の人々に強い影響を与えている。ソルーシュは、ホメイニーを敬愛しているものの、ホメイニーにとらわれることなく自身の思想を展開している。彼は、現在イラン人には三つのアイデンティティーがあると主張する。それは、イスラーム以前、イスラーム時代、および西洋の三つで、イラン人はこの三者を融和させるよう努力しなくてはならない。ソルーシュは、西洋の世俗主義を認めず、人間にはいつの時代にも霊的なものが必要だと信じ、イラン人はシーア派の伝統を守ると同時に近代科学も学ぶべきだと提言している。また、イスラームは近代的な工業社会に対応できるようフィクフを発展させると同時に、二一世紀に通用する人権思想と経済理論を展開しなくてはならないとも語っている。

スンナ派の思想家たちも同様の結論に達している。チュニジアのナフダ党を率いるラーシド・ガンヌーシーは、西洋人がイスラームに向ける敵意は無知から生まれたものだと思っている。また、キリスト教が思想や創造性を弾圧した過去の苦い体験も原因だという。ガンヌーシーは、自ら「民主主義的イスラーム主義者」と名乗り、イスラームと民主主義は対立するものではないと思っているが、ひとりの人間を分割してバラバラにすることはできないとして、西洋の世俗主義を否定している。ムスリムが抱くタウヒードの理念は、肉体と精神、知性と霊性、男性と女性、道徳と経済、東洋と西洋といった二元論を認めない。

ムスリムたちは近代を求めているが、それはこれまでアメリカやイギリスやフランスから強制されてきた近代とは違うものだ。ムスリムは、西洋の能率的なところや見事なテクノロジーを称賛し、西洋では流血の惨事なしに政権交代が可能なことに感心している。しかし、西洋社会に目を向けても、そこには光も心も霊性もない。ムスリムたちの願いは、自分たちの宗教的・道徳的伝統を守りながら、それと同時に、西洋文明の特に優れた側面を取り入れるよう努力することだ。

ユースフ・アブドゥッラー・カラダーウィーは、アズハル大学を卒業したムスリム同胞団員で、カタール大学スンナ・スィーラ研究所の所長を務めた人物だが「現在はカタールに本部を置く国際ウラマー連盟の会長」、その彼も同様の考えを示している。彼は中庸の態度が正しいと考え、近年ムスリム世界に登場した偏狭な考え方は、他者の考えや意見を遮断するので人の心を貧しくすると固く信じている。預言者ムハンマドは、私は両極端を避ける「中正」な宗教生活をもたらしに来たと語っており、カラダーウィーは、イスラーム世界の一部地域で現在見られる過激主義はムスリムの精神と相いれないもので、長続きしないだろうと考えている。イスラームは平和の宗教であり、そのことは、ムハンマドが人々の反対を押し切ってクライシュ族とフダイビーヤで和議を結んだことを、クルアーンが「輝かしい勝利」（クルアーン48章1節）と呼んで称《たた》えていることからも明らかだ。

カラダーウィーは、西洋はムスリムが自分の宗教に従って暮らし、自ら望む場合にはイスラームの理念を政治制度に組み込む権利を認めるようにならなくてはならないと主張する。西洋は、生き方はひとつだけではないことを理解しなくてはならない。多様性は、世界全体のためになる。神は人間に自分で選択する権利と能力を与えてくださったのだから、ある者は宗教的な生き方を――イスラーム国家も含めて――選ぶかもしれないし、ある者は世俗的な理想の方を選ぶかもしれない。

「西洋にとっては、ムスリムが宗教的で、自分たちの宗教を守り、道徳的になろうと心がけている方がよい」とカラダーウィーは主張する（Joyce M. Davis, *Between Jihad and Salaam: Profiles in Islam*, New York, 1997, p. 231）。これは重要な点を指摘している。多くの西洋人も、自分たちの生活に霊性が欠けていることに不安を抱くようになってきている。だからと言って、必ずしも近代以前の宗教的な生活スタイルに戻りたいわけでも、伝統的な制度宗教に回帰したいわけでもない。それでも人々の間で、本来の力を発揮したときに宗教は人間が正しい価値観を養うのを助けてきたという認識が徐々に広まってきている。

イスラームは何世紀も前から、社会正義、平等、寛容、行動を伴う思いやりの精神といった概念を、ムスリムが良心に従って実践すべき最も重要な事柄としていた。ムスリムたちは、こうした理想を常に実現させてきたわけではないし、理想を社会制度や政治制度に組み入れるのに苦労することもたびたびあった。しかし、これを実現させようとする努力は、何世紀ものあいだ、イスラーム的な霊的生活の原動力になっていた。西洋人は、イスラームが健全かつ強力であり続けることは自分たちのためにもなるのだということに気づかなくてはならない。

イスラームから過激な思想が生まれ、宗教の最も神聖な規範の数々を踏みにじる暴力をあおってきたことが、すべて西洋のせいだというわけではない。だが、こうした状況を西洋が少なからず後押ししたのは確かなことで、だからこそ西洋は、あらゆる原理主義的見解の根底にある恐怖と絶望を和らげるため、二一世紀にはイスラームをもっと正確に理解する力を養わなければならないのである。

あとがき

二〇〇一年九月一一日、一九人のムスリム過激派がジェット旅客機四機をハイジャックし、ニューヨークの世界貿易センタービルとワシントンの国防総省に突っ込んで三〇〇〇人近くの命を奪った。四機目はペンシルヴェニア州で墜落した。ハイジャック犯たちは、サイイド・クトゥブの影響を強く受けたイスラーム軍事組織〔アル・カーイダ〕の指導者ウサーマ・ビン・ラーディンの信奉者だった。

アメリカに対するこの残忍極まりない攻撃で、近代に対する原理主義者の戦いは新たな段階に入った。本書が最初に出版された二〇〇〇年の時点で、私は、もしムスリムが自分たちの宗教が攻撃されているとの思いを持ち続ければ、原理主義者の暴力はおそらくもっと過激になり、新たな形を取るだろうと予想していた。ハイジャック犯らは、何人かはハイジャック機に搭乗する前、イスラームで禁じられているにもかかわらずアルコールを飲み、全員が普段からナイト・クラブに通うなど、普通のムスリム原理主義者とはまったく異なる行動を取っていた。普通の原理主義者なら、徹底して正統的な生活を送り、ナイト・クラブなど今も昔も真の信仰の敵であるジャーヒリーヤを象徴するシンボルだと見なしていたはずだ。

大多数のムスリムは、この九月一一日の大惨事のあまりの恐ろしさにたじろぎ、このような蛮行はイスラームの最も神聖な教義に反するものだと主張した。クルアーンは、あらゆる侵略戦争を非難し、正義の戦争は自衛のための戦争だけだと説いている。しかし、ウサーマ・ビン・ラーディンとその信奉者たちは、ムスリムは今まさに攻撃を受けているのだと主張した。その証拠に、アメリカ軍部隊がアラビアの聖なる土地に駐留し、アメリカ軍とイギリス軍の戦闘機が絶えずイラクを爆撃し、アメリカが主導する対イラク経済制裁で何千人もの市民や子供が死に、何百人ものパレスチナ人がアメリカの中東における主要同盟国イスラエルの手で殺され、サウディアラビア王家などビン・ラーディンが腐敗した抑圧者と見なす政府をアメリカが支援していることを指摘した。だが、アメリカの外交政策をどう評価しようとも、このどれかを理由に、クルアーンでもシャリーアでも認められていない、あのような殺人行為を正当化することはできない。イスラーム法は、ムスリムが自分の選んだ宗教を自由に信仰できる国に宣戦布告することを禁じているし、罪のない民間人を殺すことは厳禁している。原理主義的見解の中核にある不安と怒りは、原理主義者が守ろうとしている伝統をほとんど常にゆがめてしまう傾向があり、このことを何よりも明白に示したのが、九月一一日の事件だった。宗教の名をかたってこれほど非道で邪悪な行為をした例は、今までほとんどなかった。

事件の直後から、西洋諸国ではムスリムに対する反発が起こった。ムスリムが街頭で襲われ、中東風の風貌をした人は飛行機への搭乗を禁じられた。女性はヒジャーブを着けて外出するのを恐れ、公共建築物には「サンド・ニガー」［中東出身者への蔑称］は国へ帰れと落書きされた。誰もが、イスラームという宗教にはムスリムを残虐行為や暴力に駆り立てる何かがあるのだと思い込み、その思い込みをメディアが何度も繰り返し広めた。こうした状況を危険と察知したジョージ・W・ブッシュ大統領は、ただちに声明を出し、イスラームは偉大で平和的な宗教であり、ビン・ラーディンとハイジャック犯を、イスラームを代表する典型的な人間と見なしてはならないと述べた。さらに、ワシントン大聖堂での追悼式典ではムスリム一名を隣に立たせるよう配慮し、モスクを訪問してアメリカ人ムスリムに対する支援の意志を明らかにした。これは、それまでまったくなかった非常に歓迎すべき展開だった。サルマン・ラシュディ事件のときや、イラクの大統領サダム・フセインに対する砂漠の嵐作戦の最中には、似たようなことは何ひとつ起こらなかった。それに、アメリカ人がこのテロ攻撃に恐れおののきながらも、書店に出掛けてイスラームに関する本を手当たり次第に読み、ムスリムの信仰を理解しようと努力したのも、勇気づけられる光景だった。

西洋の人々がイスラームの正しい知識と理解を得ることが今ほど重要だった時代はない。九月一一日を境に世界は変わった。すでに私たちは、恵まれた西洋諸国に住んでいるからといって、世界の他の地域で起きている出来事は自分たちには無縁だなどとは、もはや言っていられないことを理解している。今日ガザやイラクやアフガニスタンで起きていることが、明日になったらニューヨークやワシントンやロンドンに影響を及ぼすかもしれないし、それに以前は強大な国民国家にしかできなかった大量殺戮が、近いうちに少人数グループでも実行可能になると考えられている。目下アメリカが進めているテロとの戦いでは、正確な情報と知識が何より重要となる。もしもイスラームのゆがんだイメージを広め、イスラームを本質的に民主主義と正しい価値観の敵だと見なし、中世の十字軍のような偏狭な見方に逆戻りすれば、結果は悲惨なことになるだろう。そうしたやり方は、私たちと同じ地球に住む一二億のムスリムたちの反感を買うばかりか、イスラームと西洋社会の双方に共通の特徴である、真理に対する真摯な愛と、侵すことのできない他者の権利を尊重する態度とを踏みにじることになるのだから。

解題

池田美佐子

西洋の人々がイスラームの正しい知識と理解を得ることが今ほど重要だった時代はない。……もしもイスラームのゆがんだイメージを広め、イスラームを本質的に民主主義と正しい価値観の敵だと見なし、中世の十字軍のような偏狭な見方に逆戻りすれば、結果は悲惨なことになるだろう。

これは、二〇〇一年にアメリカで9・11事件が起こった直後、本書『イスラームの歴史』のペーパーバック版に著者カレン・アームストロングが書き加えた「あとがき」の一節である。それから一五年あまりを経て、この言葉は色褪せることがないばかりか、国際情勢の新たな展開によってより一層切実なものとなっている。

9・11とその後の世界

アメリカのブッシュ政権は9・11事件後のアフガニスタンへの報復攻撃に続いて、二〇〇三年には大量破壊兵器の問題をめぐってイラクを攻撃しフセイン政権を崩壊させた。アメリカは安定した親米国家の誕生を目論《もくろ》んだが、その思惑に反して、戦後のイラクは反米闘争や宗派対立によって混乱が続いた。きわめて暴力的なIS（イスラミック・ステート）もここから発生した。

ISはアル・カーイダの流れを汲《く》み、二〇一一年に始まった隣国シリアの内戦に乗じて勢力を拡大していった。二〇一四年には、アブー・バクル・バグダーディーを預言者ムハンマドの後継者のカリフとし、シリアとイラク両国にまたがる「カリフ制国家」の樹立を宣言した。ISもアル・カーイダと同様に、異教徒に対するジハード（聖戦）を説いたが、アル・カーイダが国境を越えたグローバルな活動に主眼を置くのに対して、ISはよりローカルな展開に重点をおき、国家の形成や領地の拡大をめざした。カリフ制や主に女性を対象とした奴隷制を復活させたこと、日本人も含めた外国人や異教徒に対する残忍な殺害方法なども、ISの特徴として際立っている。

二〇一七年六月現在、ISの勢力は急速に後退しつつある。イラク軍の攻勢によってイラクのISの拠点であるモースルは大方イラク軍の手に落ち、アメリカ軍を中心とする有志連合やロシアの空爆によってISの首都とされたシリアのラッカの陥落も時間の問題とされる。しかし、ISは世界へのテロの拡散を新たな目標とし、その影響力はしばらく続くであろう。

中東やヨーロッパなど世界各地では、ISを始めとする過激派組織の直接あるいは間接の影響をうけたテロ活動が多発している。ヨーロッパでは、二〇一五年一一月の一三〇人の死者を出したパリ同時多発テロ事件や二〇一六年三月のベルギーでの連続テロ事件、同年七月のフランス・ニースのトラックテロ事件、最近では今年五月イギリスのマンチェスター・アリーナ自爆テロ事件が記憶に新しい。加えてヨーロッパには、内戦によって祖国を後にしたシリア人などの難民が大量に押し寄せた。異教徒ムスリムに対する偏見に加え、国内の治安悪化、財政負担、労働市場の悪化などを懸念した人々の間で反イスラーム感情が高まり、それに呼応して極右政党が勢力を増している。アメリカでも昨年秋にアメリカ第一主義を掲げるトランプ氏が大統領選挙に勝利し、大統領就任まもなく、国内の治安維持を理由として、イスラーム教徒が多数を占める中東・アフリカ七カ国の人々の入国を禁止する大統領令を発した。

トランプ新政権の誕生は、アームストロングの懸念をさらに強める結果となった。ブッシュ政権も含めて従来のアメリカの政権は、アル・カーイダやISなどの組織を非イスラーム的であるとみなし、「テロとの戦い」を掲げながらも、これらは本来のイスラームと一線を画するという立場を採った。ところが、トランプ政権は同組織をイスラームの範疇《はんちゅう》内にある「過激派イスラーム」と規定し、イスラームは内在的に過激な性格を有することを示唆した。

「クルアーンか、剣か」誤解され続けるイスラーム

しかし、イスラームは本質的に攻撃的だという見方は、今に始まったものではない。たとえば、西洋では「クルアーンか、剣か」のイメージが歴史的に流布し、現代の西洋人の間でも広く共有されている。日本においても、イスラームに対して否定的な見方が主流であると言わざるを得ない。私たちのイスラームについての情報や見方は西洋の影響を大きく受けているからである。アームストロング自身も例外ではない。彼女はイスラームを本格的に研究する以前は、「イスラームは本質的に暴力的で狂信的であると考えていた」と自伝において告白している。一般に流布しているイメージをアメリカの政権やヨーロッパの極右政党がさらに後押しするような今日の状況は、イスラーム世界全体の反感を招き、イスラームと西洋の対立というアームストロングが最も警戒する事態に陥りかねない。

カレン・アームストロング著の『イスラームの歴史』(Karen Armstrong, *ISLAM: A Short History*) は、9・11事件の前年二〇〇〇年にロンドンで初版が刊行された。本書は、冒頭に引用した「あとがき」を加えた二〇〇一年刊行のペーパーバック版を訳出したものである。

アームストロングは、本書を含めイスラーム関連の本を一九八〇年代後半より今日に至るまで数多く執筆している。邦訳されたものだけでも『聖戦の歴史』(一九八八年、邦訳二〇〇一年)、『ムハンマド』(一九九一年、同二〇一六年)、『神の歴史』(一九九三年、同一九九五年) などがあ

る。『イスラームの歴史』執筆後も、歴史上繰り返される暴力の原因は宗教に由来するのかを問うた『*Fields of Blood: Religion and the History of Violence*』（二〇一四年）など多数ある。他にも、二冊の自伝やキリスト教や仏教に関するものなど比較宗教の視点から幅広いテーマをカバーし、今日まで精力的に著作活動を続けている。また、三〇カ国語以上に翻訳された『神の歴史』をはじめ、その著書は多くの言語に翻訳されている。

本書『イスラームの歴史』には、アームストロングの一貫した信念ともいえるものが見られる。イスラームをキリスト教やユダヤ教と同じ土台にたつ宗教と捉え、「イスラーム」の内部に徹底して身を寄せ、西洋の歪《ゆが》んだイスラーム観に修正を迫る姿勢である。彼女はそれを声高に訴えるのではなく、膨大な資料をもとに静かな思索と深い感性をもって事実を掘り起こしていく。この姿勢は、彼女の自伝を読んだり、インタビューを聴いたりするまでもなく、本書の行間から読み取ることができる。

アームストロングはこれを「共感（compassion）」という言葉で表現する。自身の紆余《うよ》曲折《きょくせつ》の人生でのさまざまな出会いや経験の中で醸成され、『神の歴史』の執筆中にたどり着いた言葉である。「共感」とは、他者を憐《あわ》れんだり、理性をもって相手を理解することではなく、他者に寄り添い感じることであるという。「共感」の発見は、一度は神と決別した彼女が全く新しい形の「信仰」のあり方にたどり着く個人的な体験でもあった。その経緯については二冊目の自伝『*The Spiral Staircase*』（二〇〇四年）で詳しく語っている。

「なぜ？」をとことん繰り返す姿勢

アームストロングは一九四四年イギリスのバーミンガム近郊の町で生まれた。一七歳でカトリック修道院に入門し、同時にオックスフォード大学でも勉学を続けた。しかし、内面的な葛藤の末、七年後に神との決別を決心し修道院を去った。その後、教師やテレビの司会者などさまざまな経験と挫折を繰り返したのち、一九八四年にイギリスのテレビ局「チャンネル4」から聖パウロの生涯を描くドキュメンタリー番組『最初のキリスト教徒』の制作を依頼され、エルサレムを訪れた。これがアームストロングの転機となる。彼女にとって抽象的な世界でしかなかったユダヤ教やイスラームが、突如として現実の信仰する人々や建造物として立ち現れた。ユダヤ神学校で交わされる議論そのものが信仰の表現であると悟り、ムスリムが祈りを捧《ささ》げるアル・アクサー・モスクの広い空間やその静寂さに心の安らぎを覚えた。

エルサレムでの経験に加え、旅の直前に出会ったユダヤ教の学者から聞いた言葉が、後の「共感」の発見につながっていく。学者曰《いわ》く、〝紀元前一世紀のユダヤ教指導者ヒレルの黄金律「自分がされたくないことを他の人にしてはいけない」――これのみがユダヤ律法であり、その他は法解釈に過ぎない。宗教において大事なことは教義を信じることではなく、信仰を行為で表すことである〟これはまさに彼女がエルサレムで出会ったユダヤ教やイスラームのあり方であった。

その後、三つの一神教をテーマとした『神の歴史』に取りかかるが、サルマン・ラシュディの事件を契機に、一般の西洋人に預言者ムハンマドについて正しく伝える必要を感じ、『ムハンマド』の執筆を始める。この過程で、アームストロングは自我を消し、高い集中力をもって七世紀のムハンマドの内面に迫る手法を会得する。

そして再開した『神の歴史』の執筆が、彼女のさらなる転機となる。ある高名なイスラーム史家の著書の脚注に引用されたルイ・マシニョンの心理社会学的な「共感の科学」の一節に出会うのである。重要なことは他者の信仰や儀礼を理性的に理解することではなく、それに寄り添って感じることであり、そのために「なぜ？」をとことん繰り返し、対象の核に迫って内面化することである。アームストロングはこの一節を机の前に貼り、何度も読み返した。

ユダヤ教学者の言葉、エルサレムでの経験、『ムハンマド』の執筆で得た感覚が、この一節を介して一挙に結びつき、アームストロングのなかで「共感」という言葉に収斂《しゅうれん》していった。同時に、「共感」はユダヤ教、キリスト教、イスラームのみならず、仏教や儒教など偉大な宗教の教えに共通する本質であると確信するようになった。自分がなぜ神を信じることができなくなったかという長年の謎もこれで解けた。近代のキリスト教は、本来の直感的共感的な神への道を失っていたからである。「共感」は、すべての主要な宗教の本質であり、アームストロングが執筆するすべての著書の根幹をなすものであり、彼女の人生そのものの指針となった。

イスラームの歴史の重要性

本書『イスラームの歴史』は、このような道のりを経て書かれたものである。七世紀のアラビア半島でムハンマドが受けた神の啓示から誕生したイスラームの一四〇〇年の歴史が描かれている。アラビア半島の小さなイスラーム共同体（ウンマ）は、まもなく西はスペインへ、東は中央アジア、インドへと急速に広がり、新しい環境と人々を包摂し発展していった。栄華を極めた大帝国を築き、さらに分裂と再生を繰り返した。この過程でムスリムたちは、神の言葉であるクルアーンとムハンマドが残した手本を手がかりに、複雑化し変化し続ける共同体の現実に対応したイスラームのあり方を模索した。

アームストロングは、イスラームという宗教の大きな特徴として、歴史の中に神を見いだそうとしてきたことを「まえがき」で指摘している。イスラームはムスリムに対して公正な共同体を建設し、その中で人々が等しく大切に扱われることを求めてきたからである。たとえば、ムハンマドの死後、イスラーム共同体の指導者をめぐって激しい論争や対立が繰り返され、また、イスラーム帝国がイスラームの理想からかけ離れて行くにつれて、学者たちがイスラーム共同体を守るためにシャリーア（イスラーム法）の形成に尽力した。これらはイスラームを理解する上で重要なポイントとなる。

一方で、完全に理想的な共同体の実現については懐疑的である。「真にイスラーム的な国家という概念は……人知を超越したものである」とし、それを実現しようとすることは実際のところ不可能だと述べている。
このように、アームストロングはイスラームにおける「歴史」の重要性を意識してその「外面史」を執筆したが、彼女の「外面史」は先に述べたように対象を内面化した「共感」の視点に支えられていることを忘れてはいけない。本書を手にした読者は、一四〇〇年に及ぶ壮大なイスラームの歴史を一気に旅し、その歴史の豊かさ、深さを感じるに違いない。そう感じるのは、アームストロングが自らを対象に沈潜させ、イスラームの内面を深く見つめているからに他ならない。たとえば、ムスリムのクルアーンに対する愛着を以下のように表現している。

ムスリムは、神の姿を見ることはできないが、クルアーンの朗誦《ろうしょう》を聞くたびに神の言葉を耳にし、自分は神の前にいるのだという感覚を抱いた。啓示された語句を声に出して言うとき、それは神の言葉が自分の舌や口にあるということであり、聖典を携えているのは、神を自分の手に持っているということだ。

また、ムスリムがなぜシャリーアを遵守するかについては、一般に見られるような外面的な解釈ではなく、次のようにムスリムの内面に光を当てる。
宗教上の思想や慣行が根づくのは、熱心な神学者が訴えるからでもなければ、確実な歴史的・合理的根拠があるのを証明できるからでもない。それが信者に神の超越性を実際に感じさせるからだ。今日もなおムスリムたちはシャリーアに深い愛情を感じているが、それはシャリーアによって彼らがムハンマドという模範的人物を非常に深いレベルで内在化し、ムハンマドを七世紀の人物ではなく、自分たちとともに日々を生きる存在と感じ、自分たちの一部としてきたからだった。

さらには、信仰の内的世界を追求したシーア派、ファイラスーフ、スーフィーなどの神秘主義や哲学を志した人々についての彼女の筆は静かに熱を帯び、これらの人々に深く心を寄せていることがわかる。

アームストロングがイスラームに寄り添い内面化する作業は、一方で西洋の歴史を見つめ直すことと表裏一体をなす。イスラームを好戦的で破壊的と評する西洋そのものは、いったいどうなのか。むしろ、時と場合によっては西洋の方がより好戦的で破壊的であったのではないか。彼女は中世の十字軍の侵略や近代におけるイスラーム諸国の植民地化を例に挙げ、その実態を明らかにした。十字軍の侵略については、以下のように書き記している。

一一世紀末、十字軍がエルサレムでユダヤ教徒とムスリム合わせて約三万人を虐殺し、活気あふれるイスラームの聖都を血の臭いが漂う墓場に変えた。五か月もの間、町をめぐる谷や水路は腐敗の進む死体で埋め尽くされ、……それまでアブラハムを始祖とする三宗教が五〇〇年近くイスラーム支配下で比較的平和裏に共存してきたエルサレムでは、いつまでも死臭が消えなかった。

このような描写を読むとき、私たちは自《おの》ずと一一世紀のエルサレム住民の気持ちになり、キリスト教徒はなんと好戦的で野蛮であったかと感じる。この反応は、専門家も含めた現代の多くの非ムスリムがもつイスラーム観への疑問へとつながる。

イスラームの近代が語るもの

アームストロングは本書の前半では、幾多の苦難に遭遇しながらも高度な文明を築いたイスラーム世界を描いた。しかし、後半の記述は西洋近代との出会いによって深く苦悩するイスラームの姿が中心となる。イスラーム世界にとって、近代西洋は十字軍にも増して大きな脅威となり、イスラーム社会にもたらした物理的、政治的、文化的、社会的な破壊力は計り知れなかった。これに対抗するため、イスラーム世界は西洋が三〇〇年の時間を費やした近代化を急ピッチで進めることを強いられた。しかし、植民地化という拘束のもとで、これを一挙に成し遂げようとすることはほとんど不可能であった。イスラームの精神を損なうことなく、独自の近代化はいったいどのように達成できるのか。イスラーム社会は一九世紀より今日にいたるまで、この問いの答えを探し求めて試行錯誤を繰り返している。しかし、まだ明確な答えは出ていないという。

現在横行する暴力的なイスラーム原理主義者（アームストロングは「原理主義者」という言葉を広く定義し、きわめて暴力的な組織から、イスラームの教えに基づいて福祉活動に従事する人々まで含んでいる）の一部についても、アームストロングはこの観点から説明する。ほんの一握りの彼らが暴力に走るのは、近代化を前に追い詰められた状況にあり、生き残りをかけた戦いをしているのである。ただし、これはイスラームに限ったことではない。キリスト教も含めどの宗教にも暴力的な歴史があった一方で、ほとんどの原理主義者は穏健かつ合法的な方法で、近代との折り合いの道を探っていると強調する。

このように、アームストロングは、イスラームが西洋近代に直面して苦闘し、そのあるべき道を模索する姿を見つめている。しかし、彼女は同時に、西洋さらには全世界の人々も、イスラームが直面する問いに等しく向き合うべきだと訴えているように感じる。安全な高みからイスラームの非近代性を批判するのではなく、自分たちの「近代」を今一度捉え直すべきではないのかとの問いかけである。世俗的近代がもたらした恐るべき暴力を指摘し、西洋にも霊的生活が欠けていると感じる人々がいると語り、近代西洋の植民地主義を否定するイスラームの運動を「ポストモダン」と評するとき、アームストロングは「近代」を人類の長い歴史のなかで相対化し、はるか先をも見据えているように思える。

（いけだ・みさこ　中東近現代史）

アブール・アーラー・マウドゥーディー（1903〜79年）：パキスタンの原理主義理論家。その思想はスンナ派世界に強い影響を与えている。

ムハンマド・アユーブ・ハーン：パキスタンの大統領（在任1958〜69年）。強引な世俗化政策を推進したため失脚した。

ズルフィカール・アリー・ブットー：パキスタンの大統領・首相（在任1971年〜77年）。イスラーム主義者に譲歩したが、熱烈なムスリムだったズィヤーウル・ハックにクーデタで倒される。

ズィヤーウル・ハック：パキスタン大統領（在任1977〜88年）。イスラーム色の強い政権を目指したが、それでも宗教を政治問題や経済問題から引き続き分離させた。

サイイド・クトゥブ（1906〜66年）：ムスリム同胞団のメンバー。ナセル政権によって処刑された。そのイデオロギーは、スンナ派のあらゆる原理主義の中核である。

ルーホッラー・ホメイニー（1902〜89年）：パフラヴィー朝に対するイスラーム革命の精神的指導者で、革命後はイランの最高指導者（在任1979〜89年）となる。

モハンマド・ハータミー：イランの大統領（在任1997〜2005年）。イランでイスラーム法のもっと柔軟な解釈を目指し、西洋との関係改善もを望んでいた。

マルコム・X（1925〜65年）：黒人分離主義組織ネーション・オヴ・イスラームのカリスマ的指導者。アメリカ公民権運動の中で脚光を浴びる。1963年、異端的なネーション・オヴ・イスラームから離れ、支持者とともにスンナ派の主流派へ移るが、そのため2年後に暗殺された。

アブドルカリーム・ソルーシュ（1945年〜）：イランの主要な知識人。西洋の世俗主義を否定する一方で、シーア派によるイスラーム法の柔軟な解釈を訴えている。

ラーシド・ガンヌーシー（1941年〜）：チュニジアのナフダ党を率いる活動家。自ら「民主主義的イスラーム主義者」と名乗っている［1988年からイギリスに亡命していたが、2010年の政変後に帰国］。

ロッパの書籍をアラビア語に翻訳し、エジプトで近代化の思想を広めた。

マフムト二世：オスマン朝第30代スルタン（在位1808～39年）。西欧化改革に着手した。

アブデュルメジト一世：オスマン朝第31代スルタン（在位1839～61年）。ギュルハネ勅令を発布して専制支配を抑え、統治をオスマン朝臣民との契約関係に基づくものとした。

ムハンマド・アリー（1769～1849年）：アルバニア人のオスマン軍将校。エジプトをオスマン朝から事実上独立させ、エジプトの大々的な近代化を成し遂げた。

イスマーイール・パシャ：エジプトの統治者（在位1863～79年）で、ヘディーヴ（副王）の称号を与えられた。野心的な近代化政策を進めたが、そのため財政が破綻し、やがてエジプトはイギリスに占領されることになった。

アフガーニー（ジャマールッディーン）（1838/9～97年）：イラン人改革者。ヨーロッパを政治的・文化的優位に立たせないため、全ムスリムは宗派を問わず結束してイスラームを近代化すべきだと説いた。

ムハンマド・アブドゥ（1849～1905年）：エジプト人改革者。ムスリムが西洋の新たな理念を理解して国を再統一できるよう、イスラームの諸制度を近代化しようとした。

ムハンマド・ラシード・リダー（1865～1935年）：カイロでサラフィー主義運動を開始したジャーナリスト。完全に近代化されたイスラーム国家の樹立を提唱した最初の人物。

ムハンマド・イクバール（1877～1938年）：インドの詩人・哲学者。イスラームの合理性を主張して、西洋近代と完全に両立できることを証明しようとした。

ハサン・バンナー（1906～49年）：エジプト人改革者で、ムスリム同胞団の創設者。1949年、世俗主義のエジプト政府によって暗殺される。

アフマド・ヤースィーン（1936～2004年）：イスラエル占領下のガザ地区で福祉活動を行うイスラーム団体の創設者。テロ組織ハマースは、この運動から生まれた［2004年にイスラエルの攻撃で殺害される］。

ガマール・アブドゥッ・ナセル：エジプト大統領（在任1956～70年）として、軍の力を背景に民族主義的・世俗主義的・社会主義的政権を率いた。

レザー・シャー・パフラヴィー：イラン国王（在位1925～41年）で、パフラヴィー朝の創始者。世俗主義的・民族主義的政策を強引に進めた。

ハサン・モダッレス（1937年没）：イランの聖職者。マジュリス（議会）で国王レザー・シャーを批判したため、政権側に殺された。

モハンマド・レザー・パフラヴィー：イラン・パフラヴィー朝第２代の王（在位1941～79年）。その強引な近代化政策と世俗化政策は、イスラーム革命を招いた。

ムハンマド・アリー・ジンナー（1876～1948年）：インド・パキスタン分離独立時の全インド・ムスリム連盟の指導者。そのためパキスタン建国の父として称えられている。

皇帝アクバルの多元主義に反対した。

シャー・ジャハーン：ムガル朝第５代皇帝（在位1628～58年）。その治世でムガル文化は最高に優雅で洗練されたものとなった。タージ・マハルの建設を命じた皇帝でもある。

アウラングゼーブ：ムガル朝第６代皇帝（在位1658～1707年）。アクバルの寛容政策を廃止し、ヒンドゥー教徒とスィク教徒の反乱を招いた。

シャー・ワリーウッラー（1703～62年）：インドのスーフィー改革者。西洋近代のイスラームに対する脅威に初めて気づいたムスリム思想家のひとり。

スレイマン一世：オスマン朝第10代スルタン（在位1520～66年）。イスラーム世界ではカーヌーニー（「立法者」）と呼ばれ、西洋では「壮麗王」として知られている。独特の制度を次々と作り、その治世でオスマン朝の領域は最大になった。

スィナン（1588年没）：イスタンブルのスレイマニイェ・モスクと、エディルネのセリミイェ・モスクの設計者。

エビュッスウード・エフェンディ（1490～1574年）：シャリーア国家であるオスマン朝の法律原理を打ち立てた。

ムハンマド・イブン・アブドゥルワッハーブ（1703～91年）：スンナ派の改革者で、イスラームの基本原理への徹底的な回帰を実現させようと努力した。彼に由来するワッハーブ運動は、現在サウディアラビアでイスラームの一形態として実践されている。

アフマド・イブン・イドリース（1760～1837年）：ネオ・スーフィズムの改革者で、モロッコ、北アフリカ、イエメンで活動した。ウラマーに頼らず、もっと生き生きとしたイスラームを直接民衆に伝えようとした。

ムハンマド・イブン・アリー・サヌースィー（1859年没）：ネオ・スーフィズムの改革者。サヌースィー教団を創設し、同教団は今もリビアで広く崇敬されている。

セリム三世：オスマン朝第28代スルタン（在位1789～1807年）。オスマン朝の西洋化改革を試みた。

第５章　戦うイスラーム

サイイド・アフマド・ハーン（1817～98年）：インド人改革者。イスラームを近代西洋の自由主義に適応させようと努め、インド人にヨーロッパ人と協力して西欧の諸制度を受け入れるよう説いた。

アタテュルク（旧名ムスタファ・ケマル）（1881～1938年）：世俗的な近代トルコの建国者。

マルコム・ハーン（1833～1908年）：イランの世俗主義的改革者。

アーカー・ハーン・ケルマーニー（1854/5～96年）：イランの世俗主義的改革者。

モハンマド・ホサイン・ナーイーニー（1860～1936年）：イランのムジュタヒド。その著書『共同体への訓戒とその改善』でシーア派の立場から立憲政治の概念を強く支持した。

リファーア・タフターウィー（1801～73年）：エジプトのウラマー。公刊された日記には、ヨーロッパ社会に対する熱烈な評価が記されている。ヨー

イスラーム史の重要人物

ジャラールッディーン・ルーミー（1207〜73年）：非常に強い影響を残したスーフィーの指導者。民衆の中に信奉者が多く、創設したメヴレヴィー教団は「踊るデルヴィーシュ」としてよく知られている。

アフマド・イブン・タイミーヤ（1263〜1328年）：スーフィズムの影響に対抗して、クルアーンとスンナの根本原理に回帰しようとした改革者。ダマスカスで獄死。

アブドゥッラフマーン・イブン・ハルドゥーン（1332〜1406年）：『歴史序説』の著者。ファイラスーフだった彼は、哲学の諸原理を歴史研究に適用し、絶え間なく流れ行く諸々の出来事の背後にある不変の法則を探った。

ムラト一世：オスマン朝第３代スルタン（在位1360〜89年）。コソヴォの戦いでセルビア軍を破った。

メフメト二世：オスマン朝第７代スルタン（在位1451〜81年）。1453年にビザンツ帝国の首都コンスタンティノープルを征服したことから「征服者」と呼ばれている。

第４章　世界帝国の時代

イスマーイール一世（1487〜1524年）：イラン・サファヴィー朝の初代王。国民に十二イマーム派を強制した。

セリム一世：オスマン朝第９代スルタン（在位1512〜20年）。マムルーク朝からシリア、パレスチナ、エジプトを奪った。

アッバース一世：イラン・サファヴィー朝第５代の王（在位1588〜1629年）。その治世はサファヴィー朝の最盛期で、イスファハーンには壮麗な宮殿が建ち、国外からシーア派のウラマーが招かれてイラン人に十二イマーム派の正統教義を広めた。

ムハンマド・バーキル・マジュリスィー（1700年没）：サファヴィー朝時代のウラマー。十二イマーム派がイランの国教となった後、ファルサファの教義を徹底的に弾圧したりスーフィーを迫害したりして、十二イマーム派の教義が持つ魅力的な特徴を削いだ。

ミール・ダーマード（1631年没）：イスファハーンで神秘主義哲学の学派を開く。ムッラー・サドラーの師。

ムッラー・サドラー（1640年没）：シーア派の神秘主義哲学者。その著作は、イランを中心に知識人や革命家、近代化推進論者に影響を与えた。

ナーディル・シャー・アフシャール（1747年没）：サファヴィー朝の崩壊後、シーア派イランの軍事力を一時的に復興させた人物。

アーカー・ムハンマド・シャー・カージャール（1797年没）：イラン・カージャール朝の創始者。

アクバル：インドのムガル朝第３代皇帝（在位1556〜1605年）。ヒンドゥー教徒と協力する寛容政策を打ち立て、その治世はムガル朝の最盛期となった。

アブルファズル（1551〜1602年）：スーフィーの歴史家で、ムガル朝皇帝アクバルの伝記作者。

アフマド・スィルヒンディー（1624年没）：スーフィーの改革者で、ムガル朝神体験は高められた自我意識を獲得したときに可能だと説き、「陶酔スーフィー」の激しい陶酔は、真の神秘主義者が越えなくてはならない段階のひとつにすぎないと主張した。

第３章　イスラーム世界の繁栄

アブー・アリー・イブン・スィーナー（980〜1037年）：西洋ではアヴィセンナの名で知られる、ファルサファの最盛期を代表する人物。宗教的・神秘主義的体験をファルサファと結びつけた。

アブー・アル＝ワリード・アフマド・イブン・ルシュド（1126〜98年）：ファイラスーフ。スペイン・コルドバのカーディー。西洋ではアヴェロエスの名で知られており、その合理主義哲学は、ムスリム世界よりも西洋に大きな影響を与えた。

イブン・ハズム（994〜1064年）：スペインの詩人で、コルドバの宮廷に仕えた宗教思想家。

アブー・ジャアファル・タバリー（923年没）：シャリーア学者・歴史家。神を敬えとの呼びかけを受けた数々の共同体の盛衰を、主にムスリムのウンマを中心に追った世界史を執筆した。

ニザームルムルク：セルジューク朝を1063年から1092年まで治めた有能なペルシア人宰相。

アブー・ハーミド・ムハンマド・ガザーリー（1058〜1111年）：バグダードの神学者で、スンナ派を明確に定義すると同時に、スーフィズムを信仰の本流に組み込んだ。

ヤフヤー・スフラワルディー（1191年没）：スーフィー哲学者。イスラーム以前の古代イラン神秘主義を基盤とした照明（イシュラーク）学派の創始者。異端の疑いをかけられてアイユーブ朝によりアレッポで処刑された。

ムヒーッディーン・イブン・アラビー（1240年没）：スペインの神秘主義者・哲学者。ムスリム世界を広く旅した。著述家として多くの著作と強い影響力を残した彼は、霊性が哲学と完全に融合した、統一的多元主義の神学を説いた。

ユースフ・イブン・アイユーブ・サラーフッディーン（1193年没）：クルド人の将軍で、シリアからエジプトに及ぶ広大な帝国のスルターンになり、ファーティマ朝を倒した後でエジプトをスンナ派に戻し、十字軍をエルサレムから追い出した。アイユーブ朝の創始者で、西洋ではサラディンの名で知られている。

ナースィル：アッバース朝末期の第34代カリフ（在位1180〜1225年）。イスラームの諸制度を使ってバグダードでの統治を強化しようとした。

アラーウッディーン・ムハンマド：ホラズムシャー朝第７代の王（在位1200〜20年）。イランに強力な君主制を打ち立てようとしたが、モンゴルの怒りを買い、モンゴルによる最初の侵略を招いた。

ルクヌッディーン・バイバルス（1277年没）：マムルーク朝第５代スルターン。パレスチナ北部のアイン・ジャールートでモンゴル軍を破ったほか、シリア沿岸で最後まで抵抗していた十字軍の拠点をほとんど排除した。

リダーは——おそらく人手に掛かって——死んだ。

ハサン・アシュアリー（935年没）：ムウタズィラ学派とアフル・アル＝ハディースを両立させた哲学者。その原子論的存在論は、スンナ派の霊的思想を説き明かす主流な学説のひとつとなった。

ムタワッキル：アッバース朝第10代カリフ（在位847～61年）。シーア派のイマームたちをサーマッラーの兵舎に軟禁した。

アリー・ハーディー：シーア派の第10代イマーム。848年、カリフのムタワッキルにサーマッラーへ呼び出されて軟禁された。868年、サーマッラーの兵舎で没す。

ハサン・アスカリー（874年没）：シーア派の第11代イマーム。サーマッラーの兵舎でアッバース朝のカリフによる軟禁生活を送り、そのまま没す。ほとんどのイマームと同じく、彼もアッバース朝によって毒殺されたと信じられている。

ムハンマド・ムンタザル：隠れイマームとされる人物。シーア派における第12代イマームで、伝説によると、874年に命を守るため身を隠したという。934年、彼は「幽隠」状態に入ったとの宣言が出され、神が奇跡的な力によってイマームの姿を見えなくしたため、以後イマームはシーア派信徒と直接接触できなくなったとされた。彼は最後の審判の直前にマフディー（救世主）として再臨し、神の敵を滅ぼして正義と平和が実現された黄金時代をもたらすという。

イスマーイール・イブン・ジャアファル：父ジャアファル・サーディクからシーア派の第7代イマームに指名された人物。一部のシーア派信徒（イスマーイール派。別名、七イマーム派）は、彼こそがアリー・イブン・アビー・ターリブの直系子孫のうちイマーム位を継ぐべき最後の人物だったと信じ、ジャアファル・サーディクの次子で十二イマーム派から第7代イマームとして崇敬されているムーサー・カーズィムを、イマームとして認めない。

ヤアクーブ・イブン・イスハーク・キンディー（870年頃没）：最初の主要なファイラスーフ。バグダードでムウタズィラ学派と密接に協力する一方、古代ギリシアの賢人たちにも知識を求めた。

アブー・ナスル・ファーラービー（950年没）：史上最も合理主義的なファイラスーフ。実践的なスーフィーでもあり、アレッポにあったハムダーン朝に宮廷音楽家として仕えた。

アブー・ヤズィード・バスターミー（874年没）：初期の代表的「陶酔スーフィー」で、神へのファナー（消滅）の教義を説き、長期にわたる神秘主義の修行の末、極限まで高められた自分自身が神そのものにほかならないと気づいた。

フサイン・イブン・マンスール（通称ハッラージュ。「綿すき人」の意）：最も有名な「陶酔スーフィー」のひとり。法悦状態で神と完全に合一したとの確信を得て「アナー・アル＝ハック！（我は真理なり！）」と叫んだと言われている。異端の罪で922年に処刑された。

バグダードのジュナイド（910年没）：初期の「醒めたスーフィー」のひとり。

ウマル二世：ウマイヤ朝第８代カリフ（在位717～20年）。宗教運動の原理に従った統治を試みた。帝国内の被支配民族にイスラームへの改宗を積極的に働きかけた最初のカリフである。

マンスール：アッバース朝第２代カリフ（在位754～75年）。反体制派のシーア派を徹底的に弾圧し、王朝の首都を新都バグダードに移した。

マフディー：アッバース朝の第３代カリフ（在位775～85年）。敬虔なムスリムたちの信仰を認め、フィクフの研究を奨励して、信仰心の厚い者たちが政権と妥協できるようにした。

ハールーン・アッラシード：アッバース朝第５代カリフ（在位786～809年）。その治世は、カリフの絶対権力が最高に達した時期で、その後援により文化が大きく花開いた。

アリー・ザイヌルアービディーン（712/3年没）：シーア派の第４代イマーム。神秘主義者で、マディーナに引きこもって暮らし、自分から政治に関わることはなかった。

ムハンマド・バーキル（735年没）：シーア派の第５代イマーム。マディーナで隠遁生活を送り、十二イマーム派の特徴であるクルアーンの秘教的解釈法を編み出したと言われている。

ザイド・イブン・アリー（740年没）：シーア派第５代イマーム（ムハンマド・バーキル）の弟。ザイドは政治活動に熱心で、指導者の地位を要求しており、おそらくそれに対抗するため、兄の第５代イマームは静寂主義の哲学を展開したのかもしれない。以後、シーア派信徒のうち熱心に政治に関わり、十二イマーム派のように政治活動から手を引くことのなかった人々は、ザイド派と呼ばれた。

ジャアファル・サーディク（765年没）：シーア派の第６代イマーム。イマームに関する教義を発展させ、信徒たちに政治から手を引いて、クルアーンの説く神秘主義的な瞑想に集中せよと説いた。

マーリク・イブン・アナス（795年没）：イスラーム法学派のひとつマーリク学派の創始者。

ムハンマド・イブン・イドリース・シャーフィイー（820年没）：イスラーム法の法源（ウスール）を定めてフィクフ研究に革命を起こした。法学派のひとつシャーフィイー学派の創始者。

ブハーリー（870年没）：権威あるハディース集の著者。

ムスリム・イブン・ハッジャージュ（875年没）：権威の高いハディース集の編纂者。

マアムーン：アッバース朝第７代カリフ（在位813～33年）。その治世からアッバース朝の衰退が始まった。

アフマド・イブン・ハンバル（780～855年）：ハディースの収集家で、法学者。アフル・アル＝ハディースの中心人物であり、その精神はイスラーム法学派のひとつハンバル学派に引き継がれた。

アリー・リダー：シーア派の第８代イマーム。第７代カリフのマアムーンは、帝国内で不満を募らせているシーア派信徒を懐柔するため、817年にアリー・リダーを後継者に指名したが、この措置は支持を得られず、翌年ウマル・イブン・ハッターブ：預言者ムハンマドの教友のひとり。ムハンマドの死後、第２代カリフになり（在位634〜44年）、アラブ人による最初期の征服戦争と軍営都市の建設を推進した。ペルシア人捕虜に暗殺される。

ウスマーン・イブン・アッファーン：イスラームに最初に改宗したひとりで、ムハンマドの娘婿。第３代カリフ（在位644〜56年）になるが、前任者２名ほど有能な統治者ではなかった。その政策は縁故主義だと批判されて反乱が起こり、その混乱の中、マディーナで暗殺された。彼の死をきっかけに第一次内乱が始まった。

ハサン・イブン・アリー（669年没）：アリー・イブン・アビー・ターリブの息子で、預言者ムハンマドの孫。シーア派信徒からは第２代イマームとして崇敬されている。父が殺害されると、シーア派信徒は彼をカリフに擁立するが、ハサンは政治から手を引くことに同意してマディーナに退去し、静かで多少ぜいたくな暮らしを送った。

第２章　イスラーム国家の発展

ムアーウィヤ・イブン・アビー・スフヤーン：ウマイヤ朝の初代カリフ。在位期間は661年から680年までで、第一次内乱による混乱を収めてムスリム共同体に強力で効率的な政府をもたらした。

ヤズィード一世：ウマイヤ朝第２代カリフ（在位680〜82年）。フサイン・イブン・アリーをカルバラーで殺害させた人物としてもっぱら記憶されている。

フサイン・イブン・アリー（626〜80年）：アリー・イブン・アビー・ターリブの次男で、預言者ムハンマドの孫。カリフのヤズィード一世の手の者に殺された。シーア派信徒からは第３代イマームとして崇敬されており、その死は毎年ムハッラム月に追悼されている。

アブドゥッラー・イブン・ズバイル（692年没）：第二次内乱でウマイヤ朝に反抗した中心人物のひとり。

アブドゥルマリク：ウマイヤ朝第５代カリフ（在位685〜705年）。内乱後にウマイヤ朝の勢力を回復させた。691年には、彼が建立を命じた岩のドームが完成した。

ハサン・バスリー（728年没）：バスラの説教師で、宗教改革の指導者。ウマイヤ朝のカリフを率直に批判した。

ワースィル・イブン・アター（748年没）：合理的神学を唱えるムウタズィラ学派の創始者。

アブー・ハニーファ（699〜767年）：フィクフの開拓者で、法学派のひとつハナフィー学派の創始者。

ムハンマド・イブン・イスハーク（767年没）：預言者ムハンマドの最初の本格的な伝記の執筆者。執筆に際しては、ハディースの伝承を丹念に精査した。

ワリード一世：ウマイヤ朝第６代カリフ（在位705〜15年）。その治世は、ウマイヤ朝の絶頂期だった。

イスラーム史の重要人物

第1章　イスラームの成立

イスマーイール：聖書ではイシュマエルの名で登場する預言者。アブラハムの長男で、神の命令で母ハガルとともに荒れ野に追放されたが、神によって救われた。ムスリムの言い伝えによると、ハガルとイスマーイールはマッカで暮らし、アブラハムが訪ねてくると、アブラハムとイスマーイールはカアバ神殿（もともとは、最初の預言者で人類の父であるアダムが建てたもの）を再建したという。

ハガル：聖書の登場人物。アラビア語ではハジャール。アブラハムの妻で、アブラハムの息子イシュマエル（アラビア語ではイスマーイール）の母。イスマーイールがアラブ諸民族の父になったことから、ハガルはイスラームの女性指導者のひとりとして崇敬され、マッカへの大巡礼（ハッジ）での儀式では格別の敬意が払われている。

ムハンマド・イブン・アブドゥッラー（570頃～632年）：クルアーンをムスリムらに伝え、アラビア半島に一神教と政治統一をもたらした預言者。

ハディージャ：預言者ムハンマドの最初の妻で、ムハンマドの夭折しなかった子供たち全員の母。イスラームに最初に改宗した人物でもあり、ヒジュラ以前の、マッカでクライシュ族によるムスリムへの迫害が行われていた時期（616～19年）に、おそらく食料不足が原因で死んだ。

アリー・イブン・アビー・ターリブ：預言者ムハンマドのいとこ。その被後見人にして娘婿であり、最も近縁な男性親族だった。656年に第4代カリフになるが、661年にハワーリジュ派の過激派に殺された。シーア派信徒は、アリーが預言者ムハンマドの跡を継ぐべきだったと信じ、イスラーム共同体の初代イマームとして崇敬している。その廟所はイラクのナジャフにあり、シーア派にとって重要な巡礼地になっている。

アブー・バクル：最初期のイスラーム改宗者のひとり。預言者ムハンマドの親友で、ムハンマドの死後、初代カリフとなった（在位632～34年）。

アブー・ハカム（イスラームの伝承では「無知な男」を意味するアブー・ジャフルの名で呼ばれている）：マッカでのムハンマドに対する反対運動の中心人物。

アブー・スフヤーン：アブー・ハカムの死後、預言者ムハンマドに対する反対運動を指導したが、やがてムハンマドは無敵だと気づき、イスラームに改宗した。マッカのウマイヤ家の一員で、息子のムアーウィヤはウマイヤ朝の初代カリフとなった。

アーイシャ：預言者ムハンマド寵愛の妻で、ムハンマドは彼女に抱かれて亡くなった。アブー・バクルの娘で、第一次内乱ではマディーナ側を率いてアリー・イブン・アビー・ターリブと対立した。

ラ」） 8世紀に登場してカラームを展開した学派。

ムジュタヒド：イジュティハードを行う権利を獲得している法学者。通常はシーア派で使われる用語。

ラーシドゥーン：「正統カリフ」と訳される、預言者ムハンマドのすぐ後に続いた4人の後継者のこと。いずれもムハンマドの教友で、アブー・バクル、ウマル・イブン・ハッターブ、ウスマーン・イブン・アッファーン、およびアリー・イブン・アビー・ターリブの4名を指す。

スーフィー、スーフィズム：スンナ派の神秘主義思想。
スンナ：慣習。預言者ムハンマドの習慣と宗教的慣行のことで、後世のため教友と親族によって記録され、現在ではイスラームの理想的規範と見なされている。そのためスンナはイスラーム法に組み込まれており、ムハンマドという手本を細かく模倣して神への完全な服従（イスラーム）を実践できるようになっている。
スンナ派：ムスリムの多数派を示す用語。４人の正統カリフ（ラーシドゥーン）を敬い、既存のイスラーム的政治秩序を正当とする。
タウヒード：一にすること。神の唯一性を意味し、ムスリムは、私生活や社会生活の中で、諸制度や重要事項を統合したり、神の全体的な主権を理解したりすることによって神の唯一性を再現しようとしている。
タリーカ：特定のスーフィーの「道」に従う教団。各タリーカには、独自のズィクルがあり、崇敬すべき指導者がいる。
ダール・アル＝イスラーム：イスラームの家。ムスリムの支配下にある地域。
タワーフ：カアバの周囲を回る儀式。
ハッジ：マッカへの巡礼。
ハディース（複数形はアハーディース）：話。言い伝え。預言者ムハンマドの言行を記録した伝承で、クルアーンの一部ではないが、後世の人々のため教友と親族によって記録された。
バーティン：存在や聖典の「隠された」側面。五感や合理的思考では知ることができないが、神秘主義の瞑想や直観を用いた修行で認識される。
ハーンカー：修道場。スーフィーがズィクルなどの活動を行う建物。ここにスーフィーの導師が住み、弟子の指導を行う。
ヒジュラ：預言者ムハンマドと最初のムスリム共同体が622年にマッカからマディーナへ「移住」したこと。「聖遷」と訳される。
ピール：スーフィーの導師。弟子たちを神秘的な道へ導く者。
ファキーフ：法学者。イスラーム法の専門家。
ファトワー：法学者がイスラーム法に関する問題について出す正式な法的見解または裁定。
フィクフ：イスラーム法学。神聖なムスリム法典についての研究とその運用。
フィトナ：誘惑または試練。具体的には、正統カリフ（ラーシドゥーン）とウマイヤ朝時代初期にムスリム共同体を分裂させた内乱を指す。
フトゥーワ：都市に住む若い男性の団体組織。12世紀以降に登場し、その独特の入会儀式、儀礼、リーダーへの忠誠の誓いなどに、スーフィーの理念と儀式からの強い影響が見られる。
マズハブ（「選ばれた道」）：四つある正統的なイスラーム法学派。
マドラサ：ムスリムの高等教育機関。ここでウラマーはフィクフやカラームなどの学科を研究する。
マワーリー：従属者。初期にイスラームへ改宗した非アラブ人を指す言葉。彼らはムスリムになったとき、名目上どこかの部族の従属者にならなくてはならなかった。
ムウタズィラ：（語源は、アラビア語で「身を引いた」を意味する「イウタザラームのため聖戦を行う戦士を意味するようになった。またガーズィーは、ダール・アル＝イスラームの前線地帯で襲撃を行う組織集団も指す。

カーディー：シャリーアをつかさどる裁判官。

カラーム：神学的問題についての、イスラーム的な前提に基づく議論。この語は、伝統的なムスリムの教義神学を指すのに使われることが多い。

キブラ：ムスリムが礼拝時に向く「方向」。最初期には、キブラはエルサレムだったが、後にムハンマドがマッカに変えた。

グラート：極端派。初期のシーア派信徒が採用した、教義の一部を強調する極端な説。

ザカート：「浄化」の意［通常は「喜捨」と訳される］。収入や資産の一定割合（通常は2.5パーセント）を支払う義務のことで、すべてのムスリムは貧しい者を助けるため毎年ザカートを支払わなくてはならない。

サラート：ムスリムが毎日５回行う礼拝。

シーア派信徒：シーア・アリー（アリー党）に属する人々。預言者ムハンマドの最近親男性アリー・イブン・アビー・ターリブこそ正統カリフ（ラーシドゥーン）に代わって指導者となるべきだと信じ、アリーとその妻でムハンマドの娘ファーティマの血を受け継ぐ直系男性子孫を歴代イマームとして崇敬する。多数派であるスンナ派との違いは、まったく政治的な理由による。

ジズヤ：人頭税。ズィンミーが軍事的保護を受ける代償として支払わなくてはならなかった。

ジハード：奮闘。努力。これが、クルアーンで使われているこの語の第一義で、具体的にはイスラーム共同体やムスリム個人が悪い習慣を改めようとする内的努力を指す。狭い意味では、宗教のために実施される戦争を指す。

シャハーダ：ムスリムの信仰告白。「アッラー以外に神はなし。ムハンマドはアッラーの使徒である」と唱える。

ジャーヒリーヤ：無明時代。もともとは、アラビア半島におけるイスラーム以前の時代を指すのに使われていた。今日ではムスリム原理主義者が、神に背を向けて神の主権に従うのを拒否していると彼らが判断した社会を、たとえ表向きはムスリム社会であろうとも、すべて例外なくジャーヒリーヤと呼ぶことが多い。

シャリーア：「水場に至る道」の意。クルアーン、スンナ、およびハディースから導かれた聖なるイスラーム法典。

ズィクル：神の「想起」。特に、神の名を念仏のように唱えることによって、意識を別の状態へと導くこと。スーフィーの修行法のひとつ。

ズィンミー：イスラーム世界にいる「保護下に置かれた被支配民」。クルアーンで認められた宗教を信じる人々すなわちアフル・アル＝キターブを含み、具体的にはユダヤ教徒、キリスト教徒、ゾロアスター教徒、ヒンドゥー教徒、仏教徒、スィク教徒などを指す。ズィンミーは、宗教の自由を完全に認められ、自分たちの共同体を各自の慣習法に従って運営することができたが、イスラームの統治を受け入れなくてはならなかった。

アラビア語の用語解説

アハーディース：「ハディース」参照。
アフル・アル＝キターブ：啓典の民。クルアーンで、ユダヤ教徒やキリスト教徒など、以前に下された聖典を信奉する人々を指す言葉。ただし、ムハンマドも含め初期のムスリムはほとんどが字を読めず、書物もないに等しい状況だったため、この語は「先行する啓示の民」と訳す方が適切だとの説がある。
アフル・アル＝ハディース：ハディースの徒。ウマイヤ朝の時代に初めて現れた学派で、法学者がイジュティハードを使うのを認めず、法律はすべて根拠の確かなハディースに基づくべきだと主張した。
アミール：軍事指揮官。
アーラム・アル＝ミサール：祖型の世界。人間の霊魂の世界で、ムスリム神秘主義者による幻視体験の源であり、創造的想像力のある場所。
アーリム：「ウラマー」参照。
アンサール：最初のムスリムたちが622年にマッカを追われたとき、彼らに住まいを提供して預言者ムハンマドの「援助者」となったマディーナのムスリムたち。その後も、最初のムスリム共同体を建設する事業を支援した。
イジュティハード：法学者がシャリーアを現在の状況に適用する際に行う「独自の法解釈」。14世紀、スンナ派は「イジュティハードの門」は閉鎖されたと宣言し、法学者は自分の理性に頼るのではなく、過去の権威者が下した法的裁定に従わなくてはならないとした。
イジュマー：法的裁定に正当性を与えるムスリム共同体の「合意」。
イスラーム：神の意思への「服従」。
イマーム：ムスリム共同体の指導者。シーア派信徒は、この語を預言者ムハンマドの娘ファーティマとその夫アリー・イブン・アビー・ターリブの子孫を指すのに用いている。シーア派では、ムハンマドの血を引く子孫こそ、ムスリム共同体の真の統治者であるべきだと考えられているからだ。
イルファーン：ムスリム神秘主義。
イルム：何が正しく、ムスリムはどう振る舞えばよいのかについての知識。
ウラマー（単数形はアーリム）：知識人。イスラームの法的・宗教的伝統を守る者。
ウンマ：ムスリム共同体。
カアバ：聖都マッカにある立方体の形をした神殿。ムハンマドは、カアバ神殿を唯一神にささげ、ここをイスラーム世界で最も聖なる場所とした。
ガズウ：本来は、イスラーム以前の時代にアラブ人が略奪目的で行っていた「襲撃」を意味した。ガズウを行う戦士をカーズィーと言い、後にイス

ワード・W・サイード著『オリエンタリズム』(板垣雄三・杉田英明監修、今沢紀子訳、平凡社、1986年・1993年)
SOUTHERN, R. W., *Western Views of Islam in the Middle Ages* (Cambridge, Mass., 1962) R・W・サザーン著『ヨーロッパとイスラム世界』(鈴木利章訳、岩波書店、1980年)

——*This Religion of Islam* (Gary, Indiana, n.d.)
RUTHVEN, Malise, *A Satanic Affair: Salman Rushdie and the Rage of Islam* (London, 1990)
SICK, Gary, *All Fall Down: America's Fateful Encounter with Iran* (London, 1985)
SIDAHMED, Abdel Salam and Anoushiravan Ehteshami (eds.), *Islamic Fundamentalism* (Boulder, 1996)

イスラームと女性

AFSHAR, Haleh, *Islam and Feminisms: An Iranian Case-Study* (London and New York, 1998)
AHMED, Leila, *Women and Gender in Islam: Historical Roots of a Modern Debate* (New Haven and London, 1992) ライラ・アハメド著『イスラームにおける女性とジェンダー：近代論争の歴史的根源』(林正雄・岡真理・本合陽・熊谷滋子・森野和弥訳、法政大学出版局、2000年)
——*A Border Passage: From Cairo to America-A Woman's Journey* (New York, 1999)
GÖLE, Nilüfer, *The Forbidden Modern: Civilization and Veiling* (Ann Arbor, 1996)
HADDAD, Yvonne Yazbeck and John L. Esposito (eds.), *Islam, Gender, and Social Change* (Oxford and New York, 1998)
KARAM, Azza M., *Women, Islamisms and the State: Contemporary Feminisms in Egypt* (New York, 1998)
KEDDIE, Nikki R. and Beth Baron (eds.), *Women in Middle Eastern History: Shifting Boundaries in Sex and Gender* (New Haven and London, 1991)
MERNISSI, Fatima, *Women and Islam: An Historical and Theological Enquiry* (trans. Mary Jo Lakehead, Oxford, 1991)
——*The Harem Within: Tales of a Moroccan Girlhood* (London, 1994) ファティマ・メルニーシー著『ハーレムの少女ファティマ：モロッコの古都フェズに生まれて』(ラトクリフ川政祥子訳、未來社、1998年)
——*Women's Rebellion and Islamic Memory* (London, 1996) ファティマ・メルニーシー著『ヴェールよさらば：イスラム女性の反逆』(庄司由美・白崎順子・藤田万里子・山本章子訳、アストラル、2003年)

西洋のイスラーム観

ARMSTRONG, Karen, *Holy War: The Crusades and their Impact on Today's World* (London, 1988; New York, 1991) カレン・アームストロング著『聖戦の歴史：十字軍遠征から湾岸戦争まで』(塩尻和子・池田美佐子訳、柏書房、2001年)
DANIEL, Norman, *Islam and the West: The Making of an Image* (Edinburgh, 1960)
——*The Arabs and Medieval Europe* (London and Beirut, 1975)
GIBB, H. A. R. and H. Bowen, *Islamic Society and the West* (London, 1957)
HOURANI, Albert, *Islam in European Thought* (Cambridge, 1991)
KABBANI, Rana, *Europe's Myths of Orient* (London, 1986)
——*Letter to Christendom* (London, 1989)
KEDAR, Benjamin Z., *Crusade and Mission: European Approaches toward the Muslims* (Princeton, 1984)
RODINSON, Maxime, *Europe and the Mystique of Islam* (London, 1984)
SAID, Edward W., *Orientalism: Western Conceptions of Orient* (New York, 1978) エド

イスラーム原理主義

APPLEBY, R. Scott (ed.), *Spokesmen for the Despised: Fundamentalist Leaders of the Middle East* (Chicago, 1997)

ARMSTRONG, Karen, *The Battle for God: Fundamentalism in Judaism, Christianity and Islam* (London and New York, 2000)

CHOUEIRI, Youssef M., *Islamic Fundamentalism* (London, 1990)

FISCHER, Michael M. J., *Iran: From Religious Dispute to Revolution* (Cambridge, Mass. and London, 1980)

GAFFNEY, Patrick D., *The Prophet's Pulpit: Islamic Preaching in Contemporary Egypt* (Berkeley, Los Angeles and London, 1994)

HAMAS, *The Covenant of the Islamic Resistance Movement* (Jerusalem, 1988)

HEIKAL, Mohamed, *Autumn of Fury: The Assassination of Sadat* (London, 1984)　モハメド・ヘイカル著『サダト暗殺：孤独な「ファラオ」の悲劇』（佐藤紀久夫訳、時事通信社、1983年）

HUSSAIN, Asaf, *Islamic Iran, Revolution and Counter-Revolution* (London, 1985)

JANSEN, Johannes J. G., *The Neglected Duty: The Creed of Sadat's Assassins and Islamic Resurgence in the Middle East* (New York and London, 1988)

KEPEL, Gilles, *The Prophet and Pharoah: Muslim Extremism in Egypt* (trans. Jon Rothschild, London, 1985)

KHOMEINI, Sayeed Ruhollah, *Islam and Revolution* (trans. Hamid Algar, Berkeley, 1981)

LAWRENCE, Bruce B., *Defenders of God: The Fundamentalist Revolt Against the Modern Age* (London and New York, 1990)

MARTY, Martin E. and R. Scott Appleby (eds.), *Fundamentalisms Observed* (Chicago and London, 1991)

——*Fundamentalisms and Society* (Chicago and London, 1993)

——*Fundamentalisms and the State* (Chicago and London, 1993)

——*Accounting for Fundamentalisms* (Chicago and London, 1994)

——*Fundamentalisms Comprehended* (Chicago and London, 1995)

MAUDUDI, Abul A'la, *Islamic Law and Constitution* (Lahore, 1967)

——*Jihad in Islam* (Lahore, 1976)

——*The Economic Problem of Man and Its Islamic Solution* (Lahore, 1978)

——*Islamic Way of Life* (Lahore, 1979)

MILTON-EDWARDS, Beverley, *Islamic Politics in Palestine* (London and New York, 1996)

NASR, Seyyed Vali Reza, *The Vanguard of the Islamic Revolution: The Jama'at-i Islami of Pakistan* (London and New York, 1994)

QUTB, Sayyid, *Islam and Universal Peace* (Indianapolis, 1977)　サイイッド・クトゥブ著「イスラームと世界平和」『イスラーム原理主義のイデオロギー：サイイッド・クトゥブ三部作：アルカイダからイスラム国まで　オバマ大統領が憎む思想』（岡島稔・座喜純訳・解説、ブイツーソリューション、2015年）所収

——*Milestones* (Delhi, 1988)　サイイッド・クトゥブ著「道しるべ」『イスラーム原理主義のイデオロギー：サイイッド・クトゥブ三部作：アルカイダからイスラム国まで　オバマ大統領が憎む思想』（岡島稔・座喜純訳・解説、ブイツーソリューション、2015年）所収

VALIUDDIN, Mir, *Contemplative Disciplines in Sufism* (London, 1980)

近代世界に対するイスラームの反応

AHMED, Akbar S., *Postmodernism and Islam: Predicament and Promise* (London and New York, 1992)

AKHAVI, Shahrough, *Religion and Politics in Contemporary Iran: Clergy-State Relations in the Pahlavi Period* (Albany, 1980)

AL-E AHMAD, Jalal, *Occidentosis: A Plague from the West* (trans. R. Campbell, ed. Hamid Algar, Berkeley, 1984)

DAVIS, Joyce M., *Between Jihad and Salaam: Profiles in Islam* (New York, 1997)

DJAIT, Hichem, *Europe and Islam: Cultures and Modernity* (trans. P. Heinegg, Berkeley, 1985)

ESPOSITO, John L. (ed.), *Voices of Resurgent Islam* (New York and Oxford, 1983)

——*The Islamic Threat: Myth or Reality?* (Oxford and New York, 1995) ジョン・L・エスポズィート著『イスラームの脅威：神話か現実か』(内藤正典・宇佐美久美子監訳、明石書店、1997年)

——with John J. Donohue (eds.), *Islam in Transition: Muslim Perspectives* (New York and Oxford, 1982)

——with Yvonne Yazbeck Haddad (eds.), *Muslims on the Americanization Path?* (Atlanta, 1998)

GELLNER, Ernest, *Postmodernism, Reason and Religion* (London and New York, 1992)

GILSENAN, Michael, *Recognizing Islam: Religion and Society in the Modern Middle East* (London, 1990)

HALLIDAY, Fred, *Islam and the Myth of Confrontation: Religion and Politics in the Middle East* (London and New York, 1996)

HANNA, Sami A, and George H. Gardner (eds.), *Arab Socialism: A Documentary Survey* (Leiden, 1969)

HOURANI, Albert, *Arabic Thought in the Liberal Age, 1798-1939* (Oxford, 1962)

IQBAL, Allama Muhammad, *The Reconstruction of Religious Thought in Islam* (Lahore, 1989)

KEDDIE, Nikki R., *An Islamic Response to Imperialism: Political and Religious Writings of Sayyid Jamal ad-Din 'al-Afghani'* (Berkeley, 1968)

MATIN-ASGARI, Afshin, 'Abdolkarim Sorush and the Secularization of Islamic Thought in Iran', *Iranian Studies*, 30, 1997

MITCHELL, Richard P., *The Society of the Muslim Brothers* (London, 1969)

RAHMAN, Fazlur, *Islam and Modernity: Transformation of an Intellectual Tradition* (Chicago, 1982)

SHARI'ATI, Ali, *On the Sociology of Islam* (Berkeley, 1979)

——*What Is To Be Done: The Enlightened Thinkers and an Islamic Renaissance* (n.p., 1986)

——*Hajj* (Tehran, 1988)

TIBI, Bassam, *The Crisis of Political Islam: A Pre-Industrial Culture in the Scientific-Technological Age* (Salt Lake City, 1988)

VOLL, John O., *Islam: Continuity and Change in the Modern World* (Boulder, 1982)

AL-FARABI, *Philosophy of Plato and Aristotle*（trans. Muhsin Mahdi, Glencoe, Ill., 1962）
CORBIN, Henri, *Histoire de la philosophie islamique*（Paris, 1964） アンリ・コルバン著『イスラーム哲学史』（黒田壽郎・柏木英彦訳、岩波書店、1974年）
FAKHRY, Majid, *A History of Islamic Philosophy*（New York and London, 1970）
LEAMAN, Oliver, *An Introduction to Medieval Islamic Philosophy*（Cambridge, 1985） オリヴァー・リーマン著『イスラム哲学への扉』（中村廣治郎訳、ちくま学芸文庫、2002年）
McCARTHIE, Richard, *The Theology of al-Ashari*（Beirut, 1953）
MOREWEDGE, P., *The Metaphysics of Avicenna*（London, 1973）
—— (ed.), *Islamic Philosophical Theology*（New York, 1979）
—— (ed.), *Islamic Philosophy and Mysticism*（New York, 1981）
NETTON, I. R., *Muslim Neoplatonists: An Introduction to the Thought of the Brethren of Purity*（Edinburgh, 1991）
ROSENTHAL, F., *Knowledge Triumphant: The Concept of Knowledge in Medieval Islam*（Leiden, 1970）
SHARIF, M. M., *A History of Muslim Philosophy*（Wiesbaden, 1963）
VON GRUNEBAUM, G. E., *Medieval Islam*（Chicago, 1946）
WATT, W. Montgomery, *Free Will and Predestination in Early Islam*（London, 1948）
——*Muslim Intellectual: The Struggle and Achievement of Al-Ghazzali*（Edinburgh, 1963）
——*The Formative Period of Islamic Thought*（Edinburgh, 1973）

イスラームの神秘主義と霊的思想

AFFIFI, A. E., *The Mystical Philosophy of Muhyid Dín-Ibnul ʻArabí*（Cambridge, 1939）
ARBERRY, A. J., *Sufism: An Account of the Mystics of Islam*（London, 1950）
BAKHTIAR, L., *Sufi Expression of the Mystic Quest*（London, 1979） ラレ・バフティヤル著『スーフィー：イスラムの神秘階梯』（竹下政孝訳、平凡社、1982年）
CHITTICK, William C., *The Sufi Path of Love: The Spiritual Teachings of Rumi*（Albany, 1983）
——*The Sufi Path of Knowledge: Ibn al-Arabi's Metaphysics of Imagination*（Albany, 1989）
CORBIN, Henri, *Avicenna and the Visionary Recital*（trans. W. Trask, Princeton, 1960）
——*Creative Imagination in the Sufism of Ibn Arabi*（trans. W. Trask, London, 1970）
——*Spiritual Body and Celestial Earth: From Mazdean Iran to Shiʻite Iran*（trans. Nancy Pearson, London, 1990）
MASSIGNON, Louis, *The Passion of al-Hallaj*, 4 vols.（trans. H. Mason, Princeton, 1982）
NASR, Seyyed Hossein (ed.), *Islamic Spirituality*, 2 vols.（London, 1987）
NICHOLSON, Reynold A., *The Mystics of Islam*（London, 1914） R・A・ニコルソン著『イスラムの神秘主義：スーフィズム入門』（中村廣治郎訳、平凡社ライブラリー、1996年）
SCHIMMEL, A., *Mystical Dimensions of Islam*（Chapel Hill and London, 1975）
——*The Triumphant Sun: A Study of the Works of Jalàloddin Rumi*（London and The Hague, 1978）
SMITH, Margaret, *Rabia the Mystic and Her Fellow Saints in Islam*（London, 1928）

KEDDIE, Nikki R.（ed.）, *Scholars, Saints and Sufis: Muslim Religious Institutions in the Middle East since 1500*（Berkeley, Los Angeles and London, 1972）
——（ed.）, *Religion and Politics in Iran: Shi'ism from Quietism to Revolution*（New Haven and London, 1983）
LAPIDUS, Ira M., *A History of Islamic Societies*（Cambridge, 1988）
LEWIS, Bernard, *The Arabs in History*（London, 1950） バーナード・ルイス著『アラブの歴史』全二巻（林武・山上元孝訳、みすず書房、1967年・1985年）
——*Islam: from the Prophet Muhammad to the Capture of Constantinople*, 2 vols.（New York and London, 1976）
——*The Jews of Islam*（New York and London, 1982）
——*The Muslim Discovery of Europe*（New York and London, 1982） バーナード＝ルイス著『ムスリムのヨーロッパ発見』全二巻（尾高晋己訳、春風社、2000～2001年）
——*The Middle East: 2000 years of History from the Rise of Christianity to the Present Day*（London, 1995） バーナード・ルイス著『イスラーム世界の二千年：文明の十字路　中東全史』（白須英子訳、草思社、2001年）
MAALOUF, Amin, *The Crusades Through Arab Eyes*（London, 1984） アミン・マアルーフ著『アラブが見た十字軍』（牟田口義郎・新川雅子訳、ちくま学芸文庫、2001年）
MOMEN, Moojan, *An Introduction to Shi'i Islam: The History and Doctrines of Twelver Shi'ism*（New Haven and London, 1985）
MOTTAHEDEH, Roy, *The Mantle of the Prophet: Religion and Politics in Iran*（London, 1985）
NASR, Seyyed Hossein, *Ideals and Realities of Islam*（London, 1966）
PETERS, F. E., *The Hajj: The Muslim Pilgrimage to Mecca and the Holy Places*（Princeton, 1994）
——*Mecca: A Literary History of the Muslim Holy Land*（Princeton, 1994）
PETERS, Rudolph, *Jihad in Classical and Modern Islam*（Princeton, 1996）
RAHMAN, Fazlur, *Islam*（Chicago, 1979）
RUTHVEN, Malise, *Islam in the World*（London, 1984）
SAUNDERS, J. J., *A History of Medieval Islam*（London and Boston, 1965）
SMITH, Wilfred Cantwell, *Islam in Modern History*（Princeton and London, 1957） ウィルフレッド・キャントウェル・スミス著『現代イスラムの歴史』全二巻（中村廣治郎訳、中公文庫、1998年）
VON GRUNEBAUM, G. E., *Classical Islam: A History 600-1258*（trans. Katherine Watson, London, 1970）
WALKER, Benjamin, *Foundations of Islam: The Making of a World Faith*（London, 1998）
WATT, W. Montgomery, *Islam and the Integration of Society*（London, 1961）
——*The Majesty that was Islam: The Islamic World 660-1100*（London and New York, 1974）
WENSINCK, A. J., *The Muslim Creed: Its Genesis and Historical Development*（Cambridge, 1932）
WHEATCROFT, Andrew, *The Ottomans*（London, 1993）

イスラームの哲学と神学

読書案内

預言者ムハンマド

ANDRAE, Tor, *Mohammed: The Man and His Faith* (trans. Theophil Menzel, London, 1936)

ARMSTRONG, Karen, *Muhammad, A Biography of the Prophet* (London, 1991)

GABRIELI, Francesco, *Muhammad and the Conquests of Islam* (trans. Virginia Luling and Rosamund Linell, London, 1968)　F・ガブリエリ著『マホメットとアラブの大征服』(矢島文夫訳、平凡社、1971年)

GUILLAUME, A. (trans. and ed.), *The Life of Muhammad: A Translation of Ishaq's Sirat Rasul Allah* (London, 1955)

LINGS, Martin, *Muhammad, His Life Based on the Earliest Sources* (London, 1983)

NASR, Sayyed Hossein, *Muhammad, Man of God* (London, 1982)

RODINSON, Maxime, *Mohammed* (trans. Anne Carter, London, 1971)

SARDAR, Ziauddin and Zafar Abbas Malik, *Muhammad for Beginners* (Cambridge, 1994)　ジアウッディン・サーダー、ザファール・マリク著『ムハンマド：コミック版』(堀たほ子訳、心交社、1995年)

SCHIMMEL, Annemarie, *And Muhammad Is His Messenger: The Veneration of the Prophet in Islamic Piety* (Chapel Hill and London, 1985)

WATT, W. Montgomery, *Muhammad at Mecca* (Oxford, 1953)

——*Muhammad at Medina* (Oxford, 1956)

——*Muhammad's Mecca: History in the Qur'an* (Edinburgh, 1988)

ZAKARIA, Rafiq, *Muhammad and the Quran* (London, 1991)

イスラーム史

AHMED, Akbar S., *Living Islam, From Samarkand to Stornoway* (London, 1993)

——*Islam Today, A Short Introduction to the Muslim World* (London, 1999)

ALGAR, Hamid, *Religion and State in Iran, (1785-1906)* (Berkeley, 1969)

BAYAT, Mangol, *Mysticism and Dissent: Socioreligious Thought in Qajar Iran* (Syracuse, NY, 1982)

ESPOSITO, John L., *Islam, the Straight Path* (rev. edn, Oxford and New York, 1998)

—— (ed.), *The Oxford History of Islam* (Oxford, 1999)　ジョン・エスポジト編『オックスフォード　イスラームの歴史』(小田切勝子訳、共同通信社、2005年)

GABRIELI, Francesco, *Arab Historians of the Crusades* (trans. E. J. Costello, London, 1984)

HODGSON, Marshall G. S., *The Venture of Islam: Conscience and History in a World Civilization*, 3 vols. (Chicago and London, 1974)

HOURANI, Albert, *A History of the Arab Peoples* (London, 1991)　アルバート・ホーラーニー著『アラブの人々の歴史』(阿久津正幸編訳、第三書館、2003年)

HOURANI, Albert with Philip S. Khoury and Mary C. Wilson (eds.), *The Modern Middle East* (London, 1993)

ことを受け、ハマースがイスラエルに住むユダヤ人民間人を標的に自爆攻撃を行う。イスラエルのイツハク・ラビン大統領、オスロ合意に調印したことを理由にユダヤ人過激派に暗殺される

1996 アフガニスタンで原理主義組織ターリバーンが権力を握る

1997 イランで、リベラルな聖職者モハンマド・ハータミーが地滑り的勝利で大統領に当選する

1998 ハータミー大統領、イラン政府はホメイニーがサルマン・ラシュディに死刑を宣告したファトワーには今後一切関与しないと表明

2001 9月11日、ウサーマ・ビン・ラーディンの組織アルカーイダのメンバーと思われるムスリム過激派19名が、アメリカの旅客機をハイジャックし、世界貿易センターと国防総省に激突する。10月7日、報復としてアメリカはアフガニスタンのターリバーンとアルカーイダに対して軍事作戦を開始する

ィッド合意に調印する
1977-88　パキスタンで、敬虔なムスリムであるズィヤーウル・ハックがクーデタを成功させ、イスラーム色がさらに強い政権を立てる。ただし、この政権も宗教を現実の政治から分離する
1978-79　イラン革命。ホメイニーが、イスラーム共和国最高指導者になる（在任1979-89年）
1979　パキスタンの原理主義理論家アブール・アーラー・マウドゥーディー没。サウディアラビアのスンナ派原理主義者数百人が、マッカのカアバ神殿を占拠し、自分たちの指導者はマフディー（救世主）だと主張する。サウディアラビアは、この集団を武力で鎮圧する
1979-81　テヘランのアメリカ大使館が占拠されてアメリカ人が人質となる
1981　アンワル・サダト、ムスリム過激派からエジプト国民への高圧的で不公平な対応と、イスラエルとの和平条約締結を非難されて、暗殺される
1987　パレスチナの民衆が、イスラエルによるヨルダン川西岸地区とガザ地区の占領に抗議してインティファーダ（蜂起）を始める。ヤースィーンのイスラーム団体から生まれたイスラーム組織ハマース、イスラエルおよびＰＬＯとの闘争を開始
1989　ホメイニー、イギリス人作家サルマン・ラシュディが小説『悪魔の詩』で預言者ムハンマドを冒瀆的に描いたとして、死刑を宣告するファトワーを出す。１か月後、このファトワーは、イスラーム諸国会議の加盟国49か国のうち48か国から非イスラーム的だとして非難される。ホメイニーの没後、ハーメネイーがイランの最高指導者となり、現実路線のラフサンジャーニーが大統領となる
1990　アルジェリアのイスラーム救済戦線（ＦＩＳ）、地方選挙で世俗主義のＦＬＮに圧勝する。1992年の第２回国政選挙でも勝利が確実視される。イラクの世俗主義的支配者サダム・フセイン、クウェートに侵攻する。これを受け、1991年にアメリカが西側と中東の同盟諸国とともにイラクに対して砂漠の嵐作戦を実施する
1992　アルジェリアで、ＦＩＳが政権の座に就くのを阻止するため軍がクーデタを起こし、ＦＩＳを弾圧する。その結果、過激なメンバーが恐ろしいテロ作戦を開始する。インドで、ヒンドゥー至上主義政党のインド人民党のメンバーが、アヨーディヤのバーブリー・モスクを破壊する
1992-99　セルビアとクロアチアの民族主義者たちが、ボスニアとコソヴォのムスリム住民を組織的に殺害して故郷から追う
1993　イスラエルとパレスチナ、オスロ合意に調印
1994　ヘブロンのモスクで29人のムスリムがユダヤ人過激派に殺された

1951-53 イラン首相モハンマド・モサッデクと国民戦線、イランの石油を国有化する。王政反対デモを受けて王はイランを脱出するが、ＣＩＡとイギリス情報機関が手配したクーデタにより権力の座に復帰し、ヨーロッパの石油会社と新たな契約を結ぶ

1952 エジプトで、ナセル率いる自由将校団が革命を起こし、国王ファールークを退位させる。ナセルは、ムスリム同胞団を弾圧し、何千人もの同胞団員を強制収容所へ送る

1954 アルジェリアで、世俗主義組織の民族解放戦線（ＦＬＮ）がフランスによる植民地支配に反対して革命を起こす

1956 パキスタンで最初の憲法が公布される。エジプトのナセル、スエズ運河を国有化する

1957 イラン国王モハンマド・レザー・パフラヴィー、アメリカのＣＩＡとイスラエルのモサドから支援を受けて、秘密警察サーヴァークを作る

1958-69 パキスタンで、ムハンマド・アユーブ・ハーン将軍の世俗主義的な政権

1963 イラン国王モハンマド・レザー・パフラヴィー、近代化を進める白色革命を宣言。宗教はさらに周縁に追いやられ、イラン社会内部の亀裂が深まる。イランのルーホッラー・ホメイニー、パフラヴィー政権を批判し、イラン全土で街頭デモを呼びかけたため投獄され、後にイラクに亡命する。アルジェリアでＦＬＮが社会主義政権を樹立

1966 ナセル、エジプトの指導的原理主義理論家サイイド・クトゥブの処刑を命じる

1967 イスラエルとアラブ諸国の間で第三次中東戦争。イスラエルが勝利し、アラブ諸国が屈辱的大敗を喫したことで、それまでの世俗主義的政策は信用が崩れ、中東全域で宗教復興運動が起こる

1970 ナセル没。後継者となったアンワル・サダトは、エジプトのイスラーム主義者を懐柔して支持を得ようとする

1971-77 パキスタンのアリー・ブットー首相、世俗主義的な左派政権を率いる。政権はイスラーム主義者に譲歩するが、十分なものではなかった

1973 アフマド・ヤースィーン、相互扶助のためのイスラーム団体を設立し、パレスチナ解放機構（ＰＬＯ）の世俗的民族主義に反対するキャンペーンを行って、パレスチナにとってのイスラーム的アイデンティティーを探る。イスラーム団体はイスラエルの支援を得る。エジプトとシリア、第四次中東戦争でイスラエルを攻撃。戦場で大きな戦果を上げたことから、サダトはイスラエルと思い切って和平交渉に臨める立場になり、1978年にキャンプ・デーヴ

1916-21	アラブ人、イギリスと結んでオスマン朝に対して蜂起
1917	バルフォア宣言により、パレスチナでのユダヤ人国家建設にイギリスの支持が正式に与えられる
1919-21	トルコ独立戦争。アタテュルク、ヨーロッパ列強を撃退してトルコ人の独立国家を建てる。共和国成立後は、1924～38年まで大統領として徹底した世俗化・近代化政策を採用する
1920	サイクス・ピコ協定に基づき、第一次世界大戦で敗北したオスマン朝の領土がイギリスとフランスによって分割される。両国は、アラブ人に戦後の独立を約束していたにもかかわらず、各地に委任統治領を設ける
1920-22	ガンディー、インドで大衆を動員してイギリス支配に対する市民的不服従運動をふたつ実施する
1921	レザー・シャー・パフラヴィー、イランでクーデタを成功させてパフラヴィー朝を開く。イランで徹底した近代化・世俗化政策を開始
1922	エジプト、正式に独立を認められるも、イギリスは防衛・外交・スーダン統治を保持する。1923年から1930年の間に、民衆の支持を得たワフド党が選挙で３度大勝するが、３回ともイギリスや国王により下野を余儀なくされる
1932	サウディアラビア王国、建国
1935	ムスリム改革者・ジャーナリストで、インドでサラフィー主義運動を開始したラシード・リダー没
1938	インドの詩人・哲学者ムハンマド・イクバール没
1939-45	第二次世界大戦。1941年にイラン国王レザー・シャーはイギリスによって退位させられ、次の王に息子のモハンマド・レザーが即位する
1940年代	ムスリム同胞団、エジプトで最も強力な政治勢力になる
1945	トルコ、国際連合に加盟し、1946年に複数政党制の国家になる。アラブ連盟、結成
1946	インドで、ムスリム連盟による分離独立運動を受け、宗教対立による暴動が起こる
1947	インドでムスリムが多数派を占める地域がパキスタンとして独立する。インドの分離独立の結果、ムスリムとヒンドゥー教徒の双方で虐殺や殺害事件が頻発する
1948	イギリスによるパレスチナ委任統治が終わり、国連決議を受けてユダヤ人国家イスラエルが成立。アラブ５か国の軍隊が新生ユダヤ人国家に攻め込むも、イスラエル軍はアラブ軍に壊滅的打撃を与える。この戦争中に約75万のパレスチナ人が国を追われ、その後も故郷に帰ることができずにいる

アブドゥらエジプト人改革者のグループと出会う。グループの目的は、イスラームの復興と近代化によってヨーロッパによる文化支配を食い止めることにあった

1872 イランでイギリスとロシアの対立が激化。

1876 オスマン朝第32代スルタンのアブデュルアズィズ、宮廷クーデタにより退位。第34代スルタンのアブデュルハミト二世、説得されて初のオスマン憲法を発布するが、後にこれを停止する。教育・運輸・通信の分野で大規模な改革

1879 エジプトで副王になっていたイスマーイール、退位に追い込まれる

1881 フランス、チュニジアを占領

1881-82 エジプトで同国出身の将校たちによる反乱が起こり、これに立憲主義者と改革者が合流して、副王タウフィークに反乱派による政府を認めさせる。しかし、大衆蜂起の結果、イギリスがエジプトを軍事占領し、総領事としてクローマー卿が派遣される（在任1883-1907年）。秘密結社によるシリア独立運動

1891-92 イランでタバコ・ボイコット運動。指導的ムジュタヒドのファトワーにより、王はイギリス人に与えたタバコの専売利権を撤回する

1894 オスマン朝の支配に反対するアルメニア人活動家１～２万人が、むごたらしく虐殺される

1896 イランのナーセロッディーン・シャー、アフガーニーの弟子に暗殺される

1897 第１回シオニスト会議がスイスのバーゼルで開かれる。その最終目標は、オスマン領のパレスチナにユダヤ人国家を建設することだった。アフガーニー没

1898 イギリス、スーダンを占領

1901 イランで石油が発見され、採掘権がイギリスに与えられる

1903-11 インドで、イギリスによるベンガル分割令を受け、イギリスはヒンドゥー教徒とムスリムを分離するつもりではないかとの懸念が広がって宗教対立への不安が高まり、全インド・ムスリム連盟が1906年に結成される

1905 エジプト人改革者ムハンマド・アブドゥ没

1906 イラン立憲革命。王は憲法を発布してマジュリス（議会）を制定するも、イギリス・ロシア協商（1907年）とロシアの支援を受けて王が実施した反クーデタにより、憲法は廃止される

1908 青年トルコ革命により、スルタンは憲法を復活させる

1914-18 第一次世界大戦。エジプトはイギリスの保護国となり、イランはイギリス軍とロシア軍に占領される

1805-48 ムハンマド・アリー、エジプトでムハンマド・アリー朝を開き、エジプトの近代化に取り組む
1808-39 オスマン朝第30代スルタンのマフムト二世、国内で近代化改革に着手する
1813 ゴレスターン条約。カージャール朝はカフカース地方をロシアに割譲する
1815 セルビア人、オスマン支配に対して蜂起
1821 オスマン朝からのギリシア独立戦争、始まる
1830 フランス、アルジェリアを占領
1831 ムハンマド・アリー、オスマン領のシリアを占領し、さらにアナトリアへ深く進軍してオスマン朝の領内に事実上独立した国家内国家を作る。ヨーロッパ列強がオスマン朝を救うため介入し、1841年にムハンマド・アリーはシリアからの撤退を余儀なくされる
1837 ネオ・スーフィズムの改革者アフマド・イブン・イドリース没
1839 イギリス、アデンを占領
1839-61 オスマン朝第31代スルタンのアブデュルメジト一世、国家の衰退を食い止めるため、さらなる近代化改革「タンズィマート」を開始する
1843-49 イギリス、インダス川流域を占領
1853-56 クリミア戦争。原因は、少数派であるオスマン領内に住むキリスト教徒の保護権をめぐるヨーロッパ列強の対立
1854 ムハンマド・アリー朝第4代の統治者サイード、スエズ運河の掘削をフランスに認める。エジプト、初めて外国と借款契約を結ぶ
1857-58 イギリス支配に対するインド大反乱。イギリス、最後のムガル皇帝を正式に退位させる。サイイド・アフマド・ハーン、西洋の考え方に沿ったイスラーム改革とイギリス文化の受容を主張する
1860-61 レバノンでドゥルーズ派によるキリスト教徒の虐殺が起こり、フランスはレバノンをフランス人総督が駐留する自治州にするよう要求する
1861-76 オスマン朝第32代スルタンのアブデュルアズィズの治世。改革を続行するが、外国と多額の借款契約を結んだため、国家財政は破綻し、オスマン朝の財政はヨーロッパ諸国の政府に管理されることになる
1863-79 ムハンマド・アリー朝第5代の統治者イスマーイールの治世。大々的な近代化政策を実施するが、外国と借款契約を結んだため財政破綻し、1875年にスエズ運河をイギリスに売却し、エジプトの財政はヨーロッパの管理下に入る
1871-79 イラン人改革者アフガーニー、エジプトに滞在してムハンマド・

ル・マジュリスィー没
1707-12 ムガル朝、南部と東部で領土を失う
1715 オーストリア帝国とプロイセン王国の台頭
1718-30 オスマン朝第23代スルタンのアフメト三世、オスマン朝で初の西洋化改革を試みるも、イェニチェリ軍団の反乱により改革は頓挫する
1722 アフガン人が反乱を起こしてイスファハーンに攻め込み、貴族たちを虐殺する
1726 ナーディル・シャー、イラン・シーア派帝国の軍事力を一時的に回復する
1739 ナーディル・シャー、デリーを略奪してムガル朝によるインド支配を実質的に終わらせる。ヒンドゥー教徒とスィク教徒とアフガン人が覇を競い合う。ナーディル・シャー、イランをスンナ派へ戻そうとする。その結果、指導的なイラン人ムジュタヒドがイランを離れてオスマン領のイラクに逃れ、王の力の及ばない地に権力基盤を築く
1747 ナーディル・シャー、暗殺される。無政府状態が続き、その間にウスール学派の説を信奉するイラン人が、人々に正統性と秩序の源を示して優位に立った
1762 スーフィーの改革者シャー・ワリーウッラー、インドで没
1763 イギリス、分裂したインド諸侯国への支配を広げる
1774 オスマン朝、ロシアに大敗する。オスマン朝はクリミア半島を失い、ロシア皇帝はオスマン領内に住む正教会信徒の「保護者」となる
1779 アーカー・ムハンマド・シャー・カージャール、イランで勢力を伸ばし始め、18世紀末にはカージャール朝を開いて再び強力な政府を築く
1789 フランス革命
1789-1807 オスマン朝第28代スルタン、セリム三世の治世。オスマン朝で新たに西洋化改革を行う基盤を築き、ヨーロッパ各国の首都に初めて正式な大使館を置く
1791 戦闘的なアラブ人改革者ムハンマド・イブン・アブドゥルワッハーブ没
1793 インドに初めてプロテスタントの宣教師が到着
1797-1834 イラン・カージャール朝ファトフ・アリー・シャーの治世。イランでイギリスとロシアの影響力が高まる
1798-1801 ナポレオン、エジプトを占領
1803-13 ワッハーブ派、アラビア半島のヒジャーズを占領してオスマン朝の支配から奪う

1522 オスマン朝、ロードス島を攻略
1524-76 イラン・サファヴィー朝第2代の王タフマースブ一世の治世。国内でのシーア派の優位を強化する。その宮廷は芸術の中心となり、特に絵画で知られる
1526 バーブル、インドにムガル朝を建てる。オスマン朝、モハーチの戦いでハンガリーを破る
1529 オスマン朝、ウィーンを包囲する
1549 ポルトガル、ヨーロッパ初の海上帝国を築く
1552-56 ロシア、ヴォルガ川流域のモンゴル系国家カザン・ハーン国とアストラハン・ハーン国を征服する
1556-1605 インドのムガル朝第3代皇帝アクバルの治世。ムガル朝の最盛期に当たる。アクバルは、ヒンドゥー教徒とムスリムの協力を推進し、領域を南インドへ広げる。また、文芸復興も後援する。この頃、オスマン朝とポルトガルがインド洋で海戦を行う
1571 オスマン朝、キプロス島を攻略
1588 オスマン朝の宮廷建築家スィナン没
1580年代 ポルトガル人、インドでの勢力が後退
1588-1629 イラン・サファヴィー朝の王アッバース一世の治世。イスファハーンに壮麗な宮殿を築く。アゼルバイジャンとイラクからオスマン朝を追い出す
1590年代 オランダ、インドで交易を開始
1601 オランダ、ポルトガルの拠点を奪い始める
1602 スーフィーの歴史家アブルファズル没
1624 改革者アフマド・スィルヒンディー没
1628-58 ムガル朝第5代皇帝シャー・ジャハーンの治世。この時代、文化が洗練の極みに達する。タージ・マハルを建てる
1631 シーア派の哲学者ミール・ダーマード、イスファハーンで没
1640 イランの哲学者・神秘主義者ムッラー・サドラー没
1656 オスマン朝の宰相たちが、国家の衰亡を食い止める
1658-1707 ムガル朝第6代皇帝アウラングゼーブの治世。有力な皇帝としては最後となったアウラングゼーブは、インド全土をイスラーム化しようとして、ヒンドゥー教徒とスィク教徒の強烈な反発を招く
1669 オスマン朝、クレタ島をヴェネツィアから奪う
1681 オスマン朝、キエフをロシアに割譲する
1683 オスマン朝、第二次ウィーン包囲に失敗するも、サファヴィー朝からイラクを奪い返す
1699 カルロヴィッツ条約により、オスマン領ハンガリーがオーストリアに割譲され、オスマン朝の勢力が初めて大幅に後退する
1700 イランで影響力を持ったシーア派ウラマーのムハンマド・バーキ

ン・ルーミー、アナトリアで没
1299 ビザンツ帝国との国境で活動していたガーズィーのひとりオスマン一世、アナトリアにオスマン朝を開く
1326-60 オスマンの子オルハン、オスマン朝を独立国家として確立させて首都をブルサに置き、衰退するビザンツ帝国より優位に立つ
1328 改革者アフマド・イブン・タイミーヤ、ダマスカスで没
1333-54 グラナダ国王ユースフ一世の治世。アルハンブラ宮殿の増築を開始し、息子の代で完成する
1370-1405 ティムール、サマルカンドでチャガタイ・ウルスの勢力を復興し、中東とアナトリアの大半を征服して、デリーを略奪する。しかし、その帝国は彼の死後に崩壊する
1389 オスマン朝、コソヴォ平原の戦いでセルビア軍を破ってバルカン諸国を服属させる。さらに勢力をアナトリアに伸ばすが、1402年、ティムールによって倒される
1403-21 ティムールの死後、第4代スルタンのメフメト一世がオスマン朝を国家として復興させる
1406 ファイラスーフで歴史家のイブン・ハルドゥーン没
1421-51 オスマン朝第6代スルタン、ムラト二世の治世。ハンガリーと西洋に対してオスマン朝の力を誇示する
1453 オスマン朝の第7代スルタンで「征服者」ことメフメト二世、コンスタンティノープルを征服し、イスタンブルと改称してオスマン朝の首都とする
1492 グラナダのムスリム王国、カトリック両王ことフェルナンドとイサベルによって征服される
1501-24 スーフィーであるサファヴィー教団の指導者イスマーイール、イランを征服してサファヴィー朝を建てる。以後、十二イマーム派がイランの国教となり、イスマーイールは国内でスンナ派を徹底的に弾圧しようとしたため、オスマン朝内のシーア派が迫害を受けた
1510 イスマーイール、ホラーサーンからスンナ派のウズベク人を追放し、シーア派の支配を打ち立てる
1513 ポルトガル商人、中国南部に到達する
1514 オスマン朝第9代スルタンのセリム一世、イスマーイールのサファヴィー朝軍をチャルディランの戦いで破り、サファヴィー朝が西進してオスマン朝の領土へ侵攻するのを食い止める
1517 オスマン朝、マムルーク朝からエジプトとシリアを奪う
1520-66 オスマン朝第10代スルタン、スレイマン一世の治世。西洋では「壮麗王」として知られるスレイマン一世は、オスマン朝の領域を拡大させ、独特の制度を次々と発展させる

で、ザンギー朝の対十字軍戦争を引き継いだほか、エジプトのファーティマ朝を破って住民をスンナ派に改宗させる

1180-1225　バグダードで、アッバース朝第34代カリフのナースィルが、もっと有効な統治を進める基盤としてイスラームの青年組織（フトゥーワ）を利用しようとする

1187　サラーフッディーン、ヒッティーンの戦いで十字軍を破り、エルサレムをイスラームの側に取り戻す

1191　スーフィーで哲学者のヤフヤー・スフラワルディー、アレッポで没。異端としてアイユーブ朝に処刑されたものと思われる

1193　イラン系のゴール朝、デリーを占領してインドで支配権を確立する

1198　ファイラスーフのイブン・ルシュド（西洋名アヴェロエス）、コルドバで没

1200-1220　ホラズムシャー朝のアラーウッディーン・ムハンマド、強大なイラン系君主国を建設しようと決断する

1206-90　トルコ系の奴隷王朝、インドでゴール朝を破ってデリー・スルターン朝を開き、ガンジス川の全流域を支配する。しかし、小規模なデリー・スルターン朝の各王朝は、やがてモンゴルの脅威に直面しなくてはならなくなる

1220-31　モンゴルによる最初の大規模襲撃。いくつもの都市が徹底的に破壊される

1225　ムワッヒド朝、スペインから撤退する。やがてスペインでは、ムスリム勢力は小国のグラナダ王国のみとなる

1226-1502　モンゴルのジョチ・ウルス、カスピ海と黒海以北の地を支配し、イスラームに改宗する

1227　モンゴルの指導者チンギス・ハーン没

1227-1370　モンゴルのチャガタイ・ウルス、トランスオクシアナを支配し、イスラームに改宗する

1229-1574　チュニジアでムワッヒド朝に代わってハフス朝が成立

1240　スーフィーの哲学者ムヒーッディーン・イブン・アラビー没

1250　奴隷軍団であるマムルーク、アイユーブ朝を倒してマムルーク朝を起こし、エジプトとシリアを支配する

1256-1335　モンゴル系のイル・ハーン朝、イラクとイランを支配し、イスラームに改宗する

1258　モンゴル軍、バグダードを破壊する

1260　マムルーク朝スルターンのバイバルス、モンゴルのイル・ハーン朝をアイン・ジャールートの戦いで破り、続けてシリア沿岸に残っていた拠点の多くを破壊する

1273　「踊るデルヴィーシュ」と呼ばれる教団の祖ジャラールッディー

セルジューク朝（1038-1118）

990年代 トルコ系で中央アジア出身のセルジューク家、イスラームに改宗する。11世紀初頭、遊牧民の騎馬部隊を率いてトランスオクシアナとホラズムに入る

1030年代 セルジューク朝、ホラーサーンを支配

1040 ガズナ朝からイラン西部を奪い、アゼルバイジャンに入る

1055 初代スルターンのトゥグリル・ベグ、アッバース朝カリフの副官としてバグダードを拠点にセルジューク朝を統治する

1063-72 第２代スルターン、アルプ・アルスランの治世

1065-67 ニザーミーヤ学院がバグダードに建てられる

1071 セルジューク軍、マラズギルトの戦いでビザンツ帝国軍を破ってアナトリアに進出し、やがてエーゲ海沿岸に達する（1080年）。セルジューク朝、シリアでファーティマ朝や現地の支配者たちと戦う

1072-92 第３代スルターンのマリクシャー、ニザームルムルクを宰相として帝国を支配する。トルコ兵部隊、シリアとアナトリアに進入する

1094 ビザンツ皇帝アレクシオス一世コムネノス、セルジューク朝による領土侵略に対抗するため、西洋のキリスト教世界に救援を求める

1095 ローマ教皇ウルバヌス二世、第１回十字軍を呼びかける

1099 十字軍、エルサレムを占領。十字軍は、パレスチナ、アナトリア、シリアに四つの十字軍国家を建てる

1090年代 イスマーイール派、セルジューク朝とスンナ派の支配に対して反乱を起こす。帝国内の各地でトルコ系王朝が起こり始める

1111 神学者・法学者のアブー・ハーミド・ムハンマド・ガザーリー、バグダードで没

1118 セルジューク朝の領域が、独立した諸侯国に分裂する

1118-1258 小王朝が独自に活動する。各王朝とも、アッバース朝カリフの権威は認めるが、実際には近くの強大な王朝の権力に従った。以下、主な王朝を列挙する

1127-83 ザンギー朝。セルジューク朝の将軍が開いた王朝で、十字軍に反撃してシリア統一に乗り出す

1130-1269 ムワッヒド朝。スンナ派の王朝。北アフリカとスペインでガザーリーの思想に沿った改革を試みる

1150-1220 この時期、トランスオクシアナ北西部のホラズムシャー朝がイランに残っていたセルジューク系の小王朝を次々と破る

1169-1250 アイユーブ朝。クルド人の将軍サラーフッディーンが開いた王朝

スペイン・アンダルスの王国

912-61　第８代カリフのアブドゥッラフマーン三世が専制君主として統治
969-1027　コルドバが学問の中心に
1010　中央権力が弱体化し、群小諸王が各地を支配する
1064　詩人・廷臣・神学者のイブン・ハズム没
1085　トレド、キリスト教徒軍のレコンキスタ（国土回復運動）で陥落する

ハムダーン朝（929-1003）

アラブ人部族の王朝で、アレッポとモースルを支配する。宮廷は学者・歴史家・詩人・ファイラスーフを保護する

950　ファイラスーフでアレッポの宮廷音楽家アブー・ナスル・ファーラービー没

ブワイフ朝（930頃-1062）

イランの山岳地帯ダイラム出身で十二イマーム派を信奉するブワイフ家が、930年代にイラン西部で勢力を伸ばし始める

945　ブワイフ朝、バグダードとイラク南部およびオマーンを掌握する。バグダードは優位性を失い始め、代わってシーラーズが学問の中心となる
983　ブワイフ朝の崩壊が始まる。1030年にレイでガズナ朝のマフムードに敗れさらにイラン西部の高原地帯でセルジューク朝に敗れる

イフシード朝（935-969）

トルコ系のムハンマド・イブン・トゥグジュが開き、エジプトとシリアおよびヒジャーズを支配する

シーア派のファーティマ朝（969-1171）

もともと909年にチュニジアで成立。その後、北アフリカ、エジプト、およびシリアの一部を支配し、アッバース朝に対抗してカリフを名乗る

973　ファーティマ朝、首都をカイロに移す。カイロはシーア派の学問的中心地となり、アズハル大学が建てられる

ガズナ朝（977-1187）

999-1030　ガズナのマフムード、北インドにムスリムの恒久的な勢力圏を築き、イランではサーマーン朝の勢力を奪う。壮麗な宮廷を営む
1037　偉大なファイラスーフのイブン・スィーナー（西洋名アヴィセンナ）、ハマダーンで没

861-862　第11代カリフ、ムンタスィルの治世
862-866　第12代カリフ、ムスタイーンの治世
866-869　第13代カリフ、ムウタッズの治世
868　シーア派第10代イマーム没。息子のハサン・アスカリー、サーマッラーでの軟禁生活が続く
869-870　第14代カリフ、ムフタディーの治世
870頃　最初のファイラスーフ（哲学者）であるヤアクーブ・イブン・イスハーク・キンディー没
870-892　第15代カリフ、ムウタミドの治世
874　シーア派第11代イマームのハサン・アスカリー、サーマッラーで軟禁状態のまま没す。息子のムハンマド・ムンタザルは、命を守るため隠れたとされ、隠れイマームと呼ばれている。最初期の「陶酔スーフィー」であるアブー・ヤズィード・バスターミー没
892-902　第16代カリフ、ムウタディドの治世
902-908　第17代カリフ、ムクタフィーの治世
908-932　第18代カリフ、ムクタディルの治世
909　シーア派のファーティマ朝、現チュニジアのイフリーキヤで権力を握る
910　初期の「醒めたスーフィー」であるバグダードのジュナイド没
922　「陶酔スーフィー」のフサイン・イブン・マンスール、通称ハッラージュ（「綿すき人」の意）、神を冒瀆する発言をしたとして処刑される
923　歴史家アブー・ジャアファル・タバリー、バグダードで没
932-934　第19代カリフ、カーヒルの治世
934-940　第20代カリフ、ラーディーの治世
934　隠れイマームが超越的世界に「幽隠」したと宣言される
935　哲学者ハサン・アシュアリー没

これ以降、カリフは俗界の権力を持たず、象徴的な権威を保持するのみとなる。実権は地方の支配者に移り、それぞれが帝国の各地で独自の王朝を建てた。そのほとんどは、アッバース朝カリフの権威を認めていた。10世紀に登場するこうした地方支配者には、シーア派を支持する者が多かった

サーマーン朝（873-999）

スンナ派のイラン系王朝で、ブハラを首都に、ホラーサーン、レイ、ケルマーン、トランスオクシアナを支配した。サマルカンドも重要な都市で、ペルシア文学復興の中心となった。990年代に入ると、サーマーン朝はアムダリア川以東をカラハン朝に、以西をガズナ朝に奪われて衰退していった

アッバース朝の支配から離れる
762　バグダード建設開始。アッバース朝の新首都となる
765　シーア派信徒に教義として政治と距離を取るよう説いた第6代イマームのジャアファル・サーディク没
767　最初の主要なイスラーム法学派を開いたアブー・ハニーファ没
775-785　第3代カリフ、マフディーの治世。フィクフの発展を奨励したほか、敬虔な宗教活動を認め、これにより運動はアッバース朝の専制政治と徐々に両立するようになる
786-809　第5代カリフ、ハールーン・アッラシードの治世。アッバース朝の最盛期。バグダードなど帝国内の各都市で大々的な文芸復興。ハールーン・アッラシードは、学問・科学・芸術を後援したほか、フィクフの研究とハディースの編纂も奨励し、体系的なイスラーム法典（シャリーア）の成立に道を開く
795　法学派のひとつマーリク学派の祖マーリク・イブン・アナス没
801　最初の偉大な女性神秘主義者ラービア没
809-813　ハールーン・アッラシードの子マアムーンとアミーンの兄弟間で内戦勃発。マアムーンが弟アミーンを破る
813-833　第7代カリフ、マアムーンの治世
814-815　バスラでシーア派の反乱。ホラーサーンでハワーリジュ派の反乱。マアムーンは、自らも知識人で、芸術と学問を保護し、それまで支持されていなかったムウタズィラ学派の合理的な神学を好んでいた。また、対立する宗教集団の一部を懐柔することで緊張を和らげようとした
817　マアムーン、シーア派の第8代イマームであるアリー・リダーを後継者に指名する
818　アリー・リダー没。殺害されたものと思われる
833　国家の支援を受けた異端審問（ミフナ）が、民衆の支持を得ているアフル・アル＝ハディース（ハディースの徒）の見解に代えてムウタズィラ学派の見解を強制しようとし、アフル・アル＝ハディースの指導者たちは教義を理由に投獄される
833-842　第8代カリフ、ムウタスィムの治世。トルコ系奴隷軍人から成る私兵部隊を創設し、首都をサーマッラーに移す
842-847　第9代カリフ、ワースィクの治世
847-861　第10代カリフ、ムタワッキルの治世
848　シーア派第10代イマームのアリー・ハーディー、サーマッラーの兵舎に軟禁される
855　アフル・アル＝ハディースの中心的人物で、法学派のひとつハンバル学派の祖アフマド・イブン・ハンバル没

支持を得てカリフに即位
684 ハワーリジュ派、ウマイヤ朝に反旗を翻してアラビア半島中部に独立国を作る。ハワーリジュ派、イラクとイランで蜂起。シーア派、クーファで蜂起
685-705 第5代カリフ、アブドゥルマリクの治世。この時期にウマイヤ朝の支配が回復される
691 ウマイヤ軍、ハワーリジュ派とシーア派の反乱軍を破る。岩のドームがエルサレムで完成する
692 ウマイヤ軍、イブン・ズバイルを破って殺害する。第二次内乱の結果、バスラとマディーナおよびクーファで宗教運動が起こり、さまざまなグループが、私生活と公的生活でクルアーンをもっと厳格に適用するよう求める
705-715 第6代カリフ、ワリード一世の治世。ムスリム軍は北アフリカの征服を続け、スペインにまで勢力を伸ばす
717-720 第8代カリフ、ウマル二世の治世。カリフとして初めてイスラームへの改宗を奨励する。また、宗教運動の理想を実行に移そうと努める
720-724 第9代カリフ、ヤズィード二世の治世。自堕落な支配者で、シーア派とハワーリジュ派でウマイヤ朝に対する不満が広がる
724-743 第10代カリフ、ヒシャームの治世。敬虔だが専制的な支配者で、やはり敬虔なムスリムたちの反感を買う
728 ハディース学者・宗教改革者・禁欲主義者のハサン・バスリー没
732 トゥール・ポワティエの戦い。カール・マルテルがスペイン・ムスリムの小規模な襲撃部隊を破る。アブー・ハニーファ、フィクフ（法学）研究を始める。ムハンマド・イブン・イスハーク、預言者ムハンマドの最初の本格的な伝記を執筆する
743 アッバース家、イランで反ウマイヤ朝の支持を集め始め、シーア派を掲げて戦う
743-744 第11代カリフ、ワリード二世の治世
744-749 マルワーン二世、第12代カリフ位を手にし、反乱軍に対するウマイヤ朝の優位を回復しようと努める。配下のシリア軍がシーア派の反乱鎮圧に成功するが……
749 アッバース家、クーファを占領してウマイヤ朝を倒す
750-754 アブー・アッバース・サッファーフ、アッバース朝の初代カリフとなり、ウマイヤ家の人間をひとり残らず皆殺しにする。これは、イスラームでは見られなかった専制君主制の前兆だった
754-775 第2代カリフ、アブー・ジャアファル・マンスールの治世。彼は主要なシーア派信徒を殺害する
756 ウマイヤ家の生き残りがスペインで独立王国を築き、スペインが

ルシア帝国を破り、人手に余裕がある場合は、その領土を占領した。ムスリムの兵士を駐留させるため、軍営都市としてクーファ、バスラ、フスタートを建設する。ムスリム兵たちはここに住み、現地の被支配民族と交わることはなかった

644 カリフのウマル、ペルシア人捕虜に暗殺される。ウスマーン・イブン・アッファーンが第3代カリフに選ばれる

644-650 ムスリム、キプロス島および北アフリカのトリポリを征服し、イラン、アフガニスタン、スィンドでムスリム支配を確立する

656 カリフのウスマーン、不満を抱いたムスリム兵たちに殺される。不満分子はアリー・イブン・アビー・ターリブを新たなカリフに推戴するが、ムスリム全員がアリーの就任を認めたわけではなかった

656-661 第一次内乱

656 ラクダの戦い。預言者ムハンマドの妻アーイシャと、タルハおよびズバイルは、アリーがウスマーン殺害の報復をしていないとして、アリーに反旗を翻すも、アリー支持派の軍に敗れる。シリアでウスマーンの親族ムアーウィヤ・イブン・アビー・スフヤーンが反乱を起こす

657 スィッフィーンで両陣営間の調停が試みられる。調停はアリーに不利なものとなり、ムアーウィヤはアリーを退位させて、エルサレムで自らカリフを名乗る。ハワーリジュ派がアリー軍から離脱する

661 アリー、ハワーリジュ派の過激派に殺害される。アリー支持派は、アリーの息子ハサンを次のカリフに推戴するが、ハサンはムアーウィヤと和解し、マディーナに退去する

661-680 ムアーウィヤ一世の治世。ムアーウィヤはウマイヤ朝を開き、首都をマディーナからダマスカスに移す

669 ハサン・イブン・アリー、マディーナで没

680 ヤズィード一世、父ムアーウィヤの死を受けてウマイヤ朝の第2代カリフとなる

680-692 第二次内乱

680 クーファのムスリム、シーア・アリー（アリー党）を名乗り、アリー・イブン・アビー・ターリブの次子フサインをカリフに推戴する。フサイン、わずかな軍勢を率いてマディーナからクーファへ向かう途中、カルバラー平原でヤズィードの軍勢に殺される。アブドゥッラー・イブン・ズバイル、アラビア半島で反乱を起こす

683 ヤズィード一世、没。その幼い息子ムアーウィヤ二世も没す。ウマイヤ家でカリフ位を要求していたマルワーン一世、シリア軍の

年表

610 預言者ムハンマド、マッカでクルアーンの最初の啓示を受け、その2年後から布教を始める
616 マッカの支配者層とムハンマドの改宗者たちとの関係が悪化する。迫害が起こり、マッカでのムハンマドの立場が次第に危うくなっていく
620 近くのオアシス集落ヤスリブ（後のマディーナ）に住むアラブ人がムハンマドと接触し、集落の指導者になってほしいと依頼する
622 ムハンマド、ムスリムの家族約70世帯とともにマッカからマディーナへヒジュラ（聖遷）を行い、マッカの支配者層は報復を誓う。ヒジュラをもってイスラーム暦の始まりとする
624 ムスリム勢、バドルの戦いでマッカに大勝する
625 ムスリム勢、マディーナ郊外のウフドの戦いでマッカ軍に大敗する。ユダヤ教徒であるカイヌカーウ族とナディール族が、マッカに内通していたとしてマディーナから追放される
627 ムスリム勢、塹壕の戦いでマッカ軍を大いに破る。このときマッカ軍を支援してムスリムに反抗したユダヤ教徒のクライザ族は、戦いの後に男性たちを皆殺しにされる
628 ムハンマドが積極的に平和を求めた結果、マッカとマディーナの間でフダイビーヤの和議が成立する。ムハンマドは、アラビア半島で最も有力な人物と見られるようになり、アラブ人諸部族の多くが、その傘下に加わる
630 マッカがフダイビーヤの和議を破る。ムハンマド、ムスリムと同盟諸部族から成る大軍を率いてマッカへ進軍する。マッカは敗北を認めて自ら城門を開き、ムハンマドはマッカを無血征服したが、イスラームへの改宗を誰にも強要しなかった
632 預言者ムハンマド没。アブー・バクル、カリフ（ハリーファ。「代理人」の意）に選ばれる
632-634 初代カリフ、アブー・バクルの時代。ウンマを離脱した諸部族に対し、リッダ（背教）との戦いが行われる。アブー・バクル、反乱を鎮めてアラビア半島の全部族を統一する
634-644 第2代カリフ、ウマル・イブン・ハッターブの時代。ムスリム軍、イラクとシリアおよびエジプトに進攻する
638 ムスリムがエルサレムを征服。エルサレムは、マッカとマディーナに次ぐイスラーム世界で第三の聖地となる
641 ムスリム、シリアとパレスチナおよびエジプトを支配。各地でペ

[略号]

[ヤ行]

[ラ行]

[ワ行]

[マ行]

[タ行]

[ナ行]

[ハ行]

[サ行]

[カ行]

索　引

索　引

カレン・アームストロング（Karen Armstrong）

1944年生まれ．オックスフォード大学卒業．ローマ・カトリックの修道女として7年間を過ごす．ユダヤ教系教育機関レオ・ベック・カレッジ（ロンドン）の元講師．1999年にはムスリム公共問題審議会（米）のメディア賞を受賞．

著書『神の歴史――ユダヤ・キリスト・イスラーム教全史』（高尾利数訳，柏書房，1995）
『狭き門を通って――［神］からの離脱』（たかもりゆか訳，柏書房，1996）
『聖戦の歴史――十字軍遠征から湾岸戦争まで』（塩尻和子・池田美佐子訳，柏書房，2001）
ほか

小林朋則（こばやし・とものり）

1967年生まれ．翻訳家．筑波大学人文学類卒業．

訳書『血塗られた慈悲、笞打つ帝国。』（ダニエル・V・ボツマン，インターシフト，2009）
『異端審問――大国スペインを蝕んだ恐怖支配』（トービー・グリーン，中央公論新社，2010）
ほか

イスラームの歴史《れきし》
中公新書 *2453*

2017年9月25日初版
2019年6月10日4版

著　者　K・アームストロング
発行者　松田陽三

本文印刷　三晃印刷
カバー印刷　大熊整美堂
製　　本　小泉製本

発行所　中央公論新社
〒100-8152
東京都千代田区大手町1-7-1
電話　販売　03-5299-1730
　　　編集　03-5299-1830
URL http://www.chuko.co.jp/

Published by CHUOKORON-SHINSHA, INC.
Printed in Japan　ISBN978-4-12-102453-4 C1214

宗教・倫理

b 1

- 2293 教養としての宗教入門　中村圭志
- 2459 聖書、コーラン、仏典　中村圭志
- 2158 神道とは何か　伊藤　聡
- 1130 仏教とは何か　山折哲雄
- 2135 仏教、本当の教え　植木雅俊
- 2416 浄土真宗とは何か　小山聡子
- 2365 禅の教室　藤田一照　伊藤比呂美
- 134 地獄の思想　梅原　猛
- 1661 こころの作法　山折哲雄
- 989 儒教とは何か（増補版）　加地伸行
- 1707 ヒンドゥー教―インドの聖と俗　森本達雄
- 2261 旧約聖書の謎　長谷川修一
- 2423 プロテスタンティズム　深井智朗
- 2076 アメリカと宗教　堀内一史
- 2360 キリスト教と戦争　石川明人
- 2453 イスラームの歴史　K・アームストロング　小林朋則訳
- 2306 聖地巡礼　岡本亮輔
- 48 山伏　和歌森太郎
- 2310 山岳信仰　鈴木正崇
- 2334 弔いの文化史　川村邦光
- 2499 仏像と日本人　碧海寿広